KB211190

Help

상처를 주지 않고 도움을 주고받는 성경적인 방법

Help

헬프

상 처 를 주 지 않 고 도 움 을
주 고 받 는 성 경 적 인 방 법

스티브 코벳 · 브라이언 피커트 지음 | 오세원 옮김

국제제자훈련원

차례

1부 · 성경은 가난한 이웃을 어떻게 돕고 있는가?

2부 · 가난한 이웃에게 성실함으로 손을 내밀라

추천의 글

극심한 가난 가운데 하나님이 한 어린이를 위해 일으키시는 기적을 보면 전율이 일어난다. 하나님이 이 기적을 위해 얼마나 세밀하게 역사하셨는지, 한 사람의 가치에 얼마나 큰 무게감을 두시는지 보게 된다. 하나님 안에서 누군가를 도우려면, 진심으로 대상에 대한 바른 이해와 도움의 균형, 바른 방법을 가져야 한다. 이 책은 이것을 매우 열정적인 태도로 쉽고 구체적으로 제시한다. 무엇보다 활자나 신학에 갇힌 예수님이 아닌, 지금 우리 곁에 생생히 살아 계신 예수님을 만나는 큰 유익을 얻게 된다.

서정인
한국 컴패션 대표

15년 동안 다른 그리스도인들과 함께 국내외 빈곤 문제에 효과적으로 대처하기 위해 노력해온 나로서는 정직한 마음으로 이 책이 이 분야에서 가장 걸출한 책이라고 말할 수 있다. 처음으로 일을 시작하는 사람들은 물론 이미 일을 시작한 지 한참 지난 사람들에게도 도움이 될 만한 내용으로 넘쳐나고, 성경말씀의 정확한 이해와 독자들 마음을 사로잡는 사례들, 현실적이고 실제적인 조언들을 통해 오늘날의 교회에 절실히 필요한 기본적인 지혜를 제공한다. 이 책을 읽으며 마음이 불편해질 독자들도 많을 것이다. 이 책은 많은 교인들이 국내외 가난한 이들을 돕는다는 명분으로 단기선교에만 의지해온, 불건전하고 심지어는 비성경적인 행태를 고스란히 드러내기 때문이다. 하지만 동시에 물질적인 빈곤을 겪는 이들의 존엄과 희망을 지킬 수 있는 실현 가능한 새로운 방법들을 이해하기 쉽게 제공함으로써 새로운 대안을 제시한다. 이웃을 사랑하라는 주님의 말씀을 따르고 또 이를 통해 자신도 변화하고 싶어 하는 모든 그리스도인들에게 이 책은 꼭 읽어야 할 도서목록의 첫 번째 자리를 차지할 만하다.

에이미 셔먼
Amy L. Sherman, 사가모어(Sagamore) 공동체의 믿음연구소 선임연구위원, *Restorers of Hope* 저자

새 천 년을 맞이한 지 10년이 넘은 지금, 우리 복음주의자들이 교회를 통해 이 세상에 큰 변화를 가져올 수 있는 기회를 갖는다는 것은 얼마나 좋은 일인가. 스티브와 브라이언 두 저자는 미국과 세계를 휩쓸고 있는 통전적 복음증거에 기초해 논의를 펼친다. 개인적으로 또한 챌머스 연구소를 통해 미국과 해외에 이 책을 소개함으로써, 가난한 이들을 도우려는 열정으로 가득 찬 하나님 나라의 백성들은 그리스도가 중심이 된 포괄적인 여정 속으로 그들을 잘 이끌어갈 수 있는 탁월한 자격을 갖추고 있으며, 또 그럴 만한 위치에 있다는 것을 보여준다. 관계가 깨져버린 세상에서 이 여정은 가난한 이들뿐 아니라 그리스도인들에게도 많은 보상을 가져다주며, 이 책은 가난으로 고통받는 사람들뿐 아니라 우리에게도 큰 도움이 될 것이라고 믿는다.

로날드 사이더
Ronald J. Sider, '사회 참여를 위한 복음주의운동' 회장이며 팔머(Palmer) 신학대학교 교수, 『가난한 시대를 사는 부유한 그리스도인』(*Rich Christians in an Age of Hunger*, IVP)의 저자

빈곤을 완화하려는 그들의 노력이 엉망이었다고 고백하는 책의 첫 부분에서부터 현장에서 얻은 그들의 방대한 지혜가 묻어 나오는 마지막 장까지, 이 책에는 저자들의 심원한 사고와 현실적인 수단이 훌륭하게 연결되어 있다. 언론인으로서 나는 그들의 이야기를 전달하는 생생한 묘사력에, 그리고 그리스도인으로서 하나님이 당신의 뜻을 이루시기 위해 이 세상에 세우신 교회 안에서 가능한 모든 방안을 강구하는 그들의 열정에 치하를 보낸다. 이 의미 깊은 책의 마지막 페이지를 읽을 때까지 누구든 어떤 구제에든 단돈 한 푼이라도 의미 없이 함부로 내놓아서는 안 될 것이다.

조엘 벨츠
Joel Belz, *World* 잡지 발간인, 작가

스티브 코벳과 브라이언 피커트 두 저자는 그리스도가 명령하신 대로 '지극히 작은 자들'을 섬김으로써 말뿐 아니라 행동으로 복음을 증거하는 데 열정을 지닌 사람들이다. 하지만 부와 권력이 극심하게 불균형을 이루는 오늘날 세상에서 어떻게 하면 지역교회가 변화를 가져오며 그리스도인 개개인이 의미 있는 방식으로 그리스도의 은혜를 드러낼 수 있을까? 또 어떻게 하면 우리는 영적인 우선순위가 부재한 사회적 복음으로 표류하지 않으면서 다른 이웃들의 물질적 필요를 돌볼 수 있을까? 이 책은 바로 그런 질문들에 대해 실제적 도움과 은혜가 충만한 해답을 제공하기 위해 현실 상황의 관점에서 성경적 원리들을 고찰한다.

브라이언 채플
Bryan Chapell, 커버넌트(Covenant) 신학대학교 총장

스티브와 브라이언 두 저자는 그리스도인으로서 빈곤에 대한 우리의 생각과 행동 사이의 큰 괴리를 채워준다. 북미의 교회들은 교인들을 교육시키고 지역적으로든 세계적으로든 실천하게 하는 데 이 책의 도움을 받을 것이다. 성경적인 관점에서 빈곤 문제를 어떻게 생각해야 할지 이 책은 설득력 있게 설명한다. 더 중요한 사실은 저자들이 가난한 이들에게 필요한 것보다는 그들이 이미 가지고 있는 것들, 단지 표출될 기회만을 찾고 있는 그들의 열정과 의지를 향해 빈곤에 대한 담론의 중심을 옮기고 있다는 것이다. 이 책이 소기업개발을 지원하는 사역을 돕기 위한 절절한 호소로 끝맺고 있다는 점도 주목할 만하다.

브라이언트 마이어스

Bryant L. Myers, 풀러(Fuller) 신학교 선교신학원 교수

저자들은 우리에게 이 망가진 세상에 어떻게 복음을 적용해야 할지 재고하라는, 시의적절한 경종을 울린다. 이 책은 우리의 선한 의도들을 어떻게 지속적이고 진정한 변화로 바꿀 수 있는지를 보여준다. 나는 독자들에게 일독을 강력히 추천하는 바이다.

스테판 바우만

Stephan, J. Bauman, 세계구호선교회(World Relief) 이사

가난한 사람들을 위한 운동가가 유행인 시대이다. 하지만 무언가 일을 하기 위해 아프리카로 달려가기 전에 이 책부터 읽어봐야 하지 않을까.

선하기는 하지만 아무런 정보가 없는 의욕은 관련된 모든 사람들에게 피해를 줄 수 있다. 교회나 선교기관, 기독교구제개발기관들이나 후원자들은 '가장 작은 자들'에 대한 사역을 펼치는 데 필요한 바른 정초를 설정하기 위해, 그리고 교회들은 하나님이 원하시는 대로 이런 일들을 수행하기 위해 이 책에서 도움을 받을 수 있다.

대럴 힐드

Daryl Heald, 맥랠란(Maclellan) 재단 이사

스티브와 브라이언은 성경과 사회과학 연구, 공동체개발 현장에서 얻은 지식들을 통합해 독자들이 가난한 사람들에 대해 좀 더 효율적인 사역을 펼칠 수 있는 건전하고 실제적이며 효과적인 방법들을 제시한다. 이 훌륭한 책 안에서 독자들은 북미와 전 세계 빈곤층들의 경제력을 북돋워 줄 장기적인 방법들뿐 아니라 가난한 이들에게 해를 끼치지 않고 진정한 도움을 주는 단기선교에 대한 바른 자세도 깨달을 수 있다. 모든 교회 지도자들과 학자들, 성도들이 꼭 읽어볼 만한 책이다.

스티븐 칠더스

Steven L. Childers, Global Church Advancement 회장 겸 CEO, 올랜도 개혁신학원 실천신학과 부교수

모든 교회 지도자들이 반드시 읽어야 하는 책이다. 이 책은 교회들이 일회용 응급처방식 사역에서 벗어나 그들이 섬기려는 사람들의 삶을 진심으로 변화시킬 수 있는 사역으로 나아가게 해준다. 미국 교회들은 오랫

동안 그들의 선한 의도에 기대려는 사람들만을 만들어왔다. 이 책을 읽음으로써 교회 지도자들은 교회들이 구제를 넘어 회복과 개발의 단계로 옮겨가게 할 수 있을 것이다. 나는 이 책을 적극 추천한다!

진 화이트

Jean White, 교회와 공동체 사역들과 복음전파 사역팀, 북미선교위원회 코디네이터

솔직하게 말하면 나는 내 현재의 사역방법을 재고하게 만드는 이런 책들을 읽을 때 짜증이 나는 게 사실이지만 주님을 더 잘 섬기는 데 도움이 된다면 결국은 감사하는 마음이 들곤 한다. 저자들은 전 세계 사람들의 절박함과 그들을 도우려는 사람들의 무능함이라는 엇박자에 대해 고민을 한다. 빈곤에 처한 사람들은 도움을 필요로 하지만 그들을 돕는 최선의 방법은 무엇일까? 어떻게 해야 그 과정에서 그들이 상처받지 않도록 할 수 있을까? 이는 곧 지금 우리가 당면한 문제이다.

이 책은 훌륭한 사례들을 통해 선한 일을 하려는 사람들이 직면하는 문제들을 잘 보여준다. 선한 일을 하겠다고 마음을 먹고 수고를 다하였는데, 그같이 도우려던 사람들이 오히려 피해를 보았다면 이것을 인정하기란 그들에게는 큰 고통일 것이다. 이 책은 도움이 필요한 사람들에게 도움을 주려는 선한 동기를 비난하는 책이 아니라 제대로 도움을 주라고 격려하는 책으로 받아들여야 한다.

비록 저자들은 학식이 있고 지식과 경험이 풍부했지만 그들조차도 이런 원칙들을 제대로 적용하지 못하고 시행착오를 거쳤음을 고백한다. 실제로 나는 가난을 체험해봤고 가난한 이들을 돕는 사역에도 수년간 몸담

아온 사람으로서 독자들에게 이 책이 제시한 주장들을 숙고해보라고 권하는 바이다.

랜디 네이보스
Randy Nabors, New City Fellowship 교회 목사

이 책은 선한 의도로 출발하고 자원이 넉넉하여 넘치게 지원할 수 있다는 것이 능사가 아니라는, 시의적절한 메시지를 북미 교회들에게 전달한다. 북미 교회들과 성도들은 개발도상국의 공동체들이나 개개인들에 대한 현장 사역의 폭을 넓혀오면서 현장의 동역자들을 귀중한 재능과 자원, 재원을 지닌 동등한 파트너로 생각하지 않는, 균형을 잃은 관계로 치우치게 되었다. 오랫동안 개발도상국의 공동체들과 일을 해나가는 과정에서 자신들의 말과 행동을 일치시켜온 두 저자는 이 건전하지 못하면서 동시에 비성서적인 동향에 신뢰할 만하면서도 겸허한 대안을 제시한다. 이 책은 전 세계에서 벌어지는 일에 깨어 있기를 바라고 성경적 토대 위에서 분별 있게 세계적인 구제와 개발에 힘을 보태려는 모든 이들이 읽어야 할 필독서이다.

폴 팍
Paul Park, First Fruit, Inc. 이사

이 책은 빈곤한 사람들의 삶에 지속적인 변화를 일으키려는 교회라면 꼭 읽어야만 할 책이다. 두 저자는 성경적으로 빈곤을 정의하고, 왜 이제

까지의 빈곤을 퇴치하려는 운동들이 기대에 미치지 못했는지 조명하며, 하나님의 왕국을 도시의 뒷골목들과 세상 끝까지 확장하기 위한 실제적인 방법들을 제시한다.

피터 그리어
Peter Greer, HOPE International 회장

전에 없이 많은 북미의 교회들이 세상의 빈곤 문제의 심각성을 깨닫고 가난한 사람들에 대한 사역을 넓혀가고 있다. 하지만 가난 구제는 말만큼 행동하기가 쉽지 않은 복잡한 영역으로, 선한 의도를 지녔다는 사실만으로는 충분하지 못하다. 잘못된 전제는 관련된 모든 사람들에게 큰 해를 끼칠 수 있는 방법으로 이어지기 때문이다.

진정으로 가난한 이들을 돕고 싶어 하는 교회라면 이 책은 필독서이다. 이 책은 가난과 그 완화를 이해하는 데 필요한 성경적인 관점을 제시한다. 여기서 제시하는 원칙들과 방법들은 교회들이 국내외 상처받은 자들을 위해 효과적인 사역을 펼칠 수 있도록 해줄 것이다.

폴 쿠이스트라
Paul Kooistra, Mission to the World 이사

세계화와 이민, 교외화(郊外化) 추세는 교회들이 그들 앞에까지 밀려온 빈곤층들에 대해 사역을 펼칠 수 있는 새로운 기회들을 부여한다. 우리는 주님이 깊이 사랑하신 이들로부터 달아나던 과거의 실수들을 다시 되풀

이할 수는 없다. 오히려 서로를 변화시키는 관계 속에서 우리의 이웃들과 함께 걸어가는 법을 배워야만 한다. 성공을 위한 왕도는 없다. 하지만 이 책은 우리의 방향을 제시해줄 나침반을 제공한다. 나는 지금 문밖의 세상에서 그리스도의 '몸'이 되고자 하는 모든 교회들에게 이 책을 강력하게 추천한다.

짐 블랜드
Jim Bland, Mission to North America 이사

이 책은 사람들의 삶에 온정주의를 넘어서는 변화를 가져오고, 그리스도처럼 이웃을 전인적으로 부둥켜안고 사랑하려는 그리스도인들의 귀중한 자산이다. 두 저자는 가난한 이들을 도우려는 우리 자신의 연약함이야말로 상처받은 사람들을 치료하려는 우리의 노력에 있어 가장 큰 자산이 될 수 있다는 통찰을 나눠준다.

노엘 카스텔라노스
Noel Castellanos, 기독교공동체개발협회 CEO

두 저자는 독자들에게 빈곤 문제에 대해 기초적이면서도 현실적인 고찰을 제공한다. '우리'와 '그들'을 차별하지 않고 가난한 사람들과 부유한 사람들 모두의 불완전함을 인정하는 마음가짐으로 그들은 성경적이면서도 하나님의 나라에 초점을 맞추고, 지역적 혹은 세계적인 빈곤 문제에 획일적인 접근을 지양하는 선교방식을 권한다. 저자들은 명확하고 단순

한 현실적인 용어들을 사용하고 있지만 그들이 제공하는 해답은 간단하지 않다. 그들은 도심의 빈곤층이 교외 주거 지역으로 이동하는 현상에 주목하며 자산에 기초한 사역, 관심을 가진 탐문, 자원지도 작성, 영세산업 지원 등 효율적이고 시대에 맞는 방법들을 제시한다.

필 올슨
Phil Olson, Church on the Mall 목사, *Churches That Make a Difference* 공저자

서문

2009년도판

가난한 사람들을 돕기 위해 무슨 일이든 해본 적이 있는가? 불과 얼마 전만 해도 북미 복음주의 기독교인들은 이 질문에 "아니요"라고 대답했을 것이다. 내가 뜬금없이 이런 질문을 한 데는 이유가 있다.

나는 미시시피 주 시골에서 가난한 소작농 아들로 태어났다. 덕분에 태어나면서부터 거친 인종차별주의와 고통스러운 가난을 경험해야 했다. 나이가 어느 정도 들어서는 보다 나은 삶을 찾아 미시시피를 등졌다. 그러나 1960년, 하나님의 인도하심에 따라 다시 미시시피로 돌아왔고, 가난한 이들의 영적·물질적·사회적 필요를 돕기 위해 '갈보리의 음성'이라는 이름의 사역을 시작했다.

그 당시 많은 복음주의 기독교인들은 내게 의심의 눈길을 던졌다. 가난한 사람들과 사회 정의를 향해 관심을 기울이는 내 모습이 그들에게는 자유주의자로 비친 것 같다. 나는 그들을 이해할 수 없었다. 나는 성경의 무오성을 단 한 번도 의심해본 적이 없다. 마태복음 25장 31-46절과 요한일서 3장 17, 18절 말씀을 나는 그대로의 진리로 믿는다.

그때에 비하면 지금 복음주의자들은 크게 변화했다. 그들 가운데 많은 사람들이 예수 그리스도의 제자들로서 우리가 가난한 사람들에게 연민을 가져야 한다는 데 동의한다. 아마 독자들 중에도 무료급식소에서 일하거나 가난한 사람들을 위해 음식을 기증하거나 가난한 나라들에 단기선교 여행을 다녀온 사람들이 있을 것이다. 그도 아니라면 적어도 우리가 헌금한 돈의 일부는 노숙자들을 위한 거처를 마련한다든지 아프리카의 에이즈 치료소에서 일하는 선교사들을 돕는 데 사용했을 것이다. 충분하지는 못하지만 대부분 복음주의자들은 다른 사람들을 돕기 위하여 무엇인가를 하고 있다. 아주 좋은 변화임에는 틀림없지만 우리는 다시 다음 질문에 봉착한다.

우리는 가난한 사람들에게 해를 끼친 적이 있는가? 대부분 이 질문에 아니라고 대답하지만 실상 많은 사람들은 가난한 사람들을 돕기 위한 일을 하면서 그들에게 또 심각한 해를 끼치기도 한다. 미국 정부는 이런 실수를 수십 년간 저질러왔다. 좋은 의도로 시작한 일이기는 하지만 각종 복지 프로그램들은 일하는 사람들을 상대적으로 불리한 상황에 처하게 만들었고 가정들의 존립을 위태롭게 했으며 사람들의 의존성을 키워놓았다. 미국 정부는 그들이 도우려던 사람들을 해치는 결과를 가져온 셈이다. 불행한 사실은 교회가 시행하는 사역들도 이와 다르지 않다는 점이다. 근원적인 질환을 치료하는 대신 표면에 나타나는 증상에만 관심을 기울이다가 도움을 주려던 사람들을 해롭게 하고 만다. 주목할 만한 것은 그 과정에서 우리 역시 상처를 입는다는 사실이다. 예수 그리스도의 제자들로서 우리는 이런 상황을 벗어나야 할 책임이 있다.

나는 평생을 가난한 사람들을 위한 그리스도인들의 사역을 돕는 데 바쳤다. 이 책에서 우리 협회나 나에 대한 내용은 이런 경험을 건설적으로 반영해 쓴 것이다. 저자들은 건강한 신학이론과 견실한 연구, 기초원리들과 검증된 전략들을 모두 동원해 우리가 국내외 '이 지극히 작은 자들' 사이에 변화를 일으키는 사역을 감당할 수 있도록 준비시키고자 한다. 하지만 이 책의 진정한 힘은 여기 소개한 다양한 방법들과 수단들에 있지 않다. 이 책의 중심 메시지는 가난한 사람들뿐 아니라 우리 스스로를 변화시키기 위해서는 예수 그리스도의 도우심이 반드시 필요하다는 데 있다.

그런 연유로 나는 독자들이 이 책을 대할 때 지성뿐 아니라 마음의 문을 열기를 바란다. 성경말씀들을 묵상하고 제시한 문제들을 진지하게 반성해보라. 성령이 우리를 바꾸기를 간절히 기도하라. 말씀을 듣는 자만이 아니라 행하는 자가 되도록 노력하라. 하나님께 우리와 우리 교회가 스스로에게, 그리고 가난한 이들에게 아무런 해를 끼치지 않고 그들을 도울 수 있게 해달라고 간구하라.

존 퍼킨스 박사

John Perkins, 기독교공동체개발협회 창설자 겸 명예회장

2012년도판

우리는 긴급한 영적·물질적 곤궁에 처한 세상 속에서 살고 있다. 거의 30억 명 가까이 되는 사람들이 하루에 2달러 이하로 살아가며 그 가운데 10억 명 정도는 극심한 가난 속에서 지낸다. 빈민가에서 굶주림에 허덕이는 이들, 노예로 팔려가는 사람들, 에이즈로 부모를 잃은 고아들, 적절한 방지책만 있어도 충분히 막을 수 있는 질병에 걸려 속수무책으로 죽어가는 사람들이 바로 그러하다. 그들 가운데 일부는 그리스도인 형제자매이며, 또 다른 이들은 그리스도에 대해 들어본 적도 없는 사람들이다.

그렇다면 우리는 무엇을 해야 할까? 세상 가운데 있는 엄청난 필요, 그리고 가난한 자들을 향한 하나님의 긍휼의 관점에서 바라본다면, 교회 공동체에 속한 우리는 어떻게 대응해야 하는가? 바로 이 질문이 이 책의 기초를 이룬다. 스티브 코벳과 브라이언 피커트는 이 엄청난 작업에 착수했으며, 그들이 이 작업을 끝까지 수행해낸 것에 대해 하나님께 감사한다.

그들은 바로 우리가 시작해야 할 지점인 하나님의 말씀에서 출발한다. 실제적 사고나 경제와 관련한 조언은 영원한 진리에 근거하지 않으면 아무런 소용이 없다. 이 책은 저자들이 자신들의 주장을 계속해서 하나님의 권위에 호소한 성경말씀으로 점철되어 있다. 하나님의 구속 역사라는 렌즈를 통해 가난의 경감에 접근하며, 그렇게 함으로써 부하든 가난하든 모든 인간의 마음을 궁극적으로 치유하시는 그리스도를 올바르게 높인다.

그들은 하나님의 말씀에서 하나님의 백성, 구체적으로는 지역교회로 옮겨간다. 빈곤 구제의 문제에서 지역교회가 해야 할 독특한 역할이 있다는 그들의 확신(나와 마찬가지로)이 바로 이 책의 모든 내용에 영향을 끼친다. 바로 진정한 의미에서 교회를 향해, 그리고 교회를 위해 이 책을 썼다. 그들은 지역교회가 가난한 자들에게는 은혜롭고, 하나님의 백성들에게는 선하며, 하나님께는 영광을 돌리는 방식으로 그리스도의 명령을 수행하기를 바란다.

더 나아가 이 책은 신학적이고 이론적인 영역에만 머무르지 않는다. 영원한 진리에 근거하면서도 현재 상황에서 어떻게 적용할지에 대한 문제까지 훌륭하게 다룬다. 이 책을 읽을 때 독자들은 단지 오늘날 세계의 빈곤 문제에 대해서만 배우는 것이 아니라, 그 문제를 현실적으로 어떻게 접근할지에 대해서도 발견할 것이다. 또한 사례 연구와 비판적 질문을 고찰하고, 시사성 있는 사건들을 분석하면서 하나님이 우리 개개인과 교회에 주신 유일무이한 기회를 깨달을 것이다. 그분의 크신 긍휼함을 우리가 속한 지역사회뿐 아니라 온 열방에 알리는, 전 지구적인 그 계획에 우리와 교회가 그 일부를 감당할 수 있는 그런 기회 말이다.

이 모든 것 그리고 그 외 이유들 때문에 이 책은 바로 우리 주변, 아니 전 세계의 가난한 자들을 위해 일하려는 교회 안의 거의 모든 사람들이 읽어야 한다. '지극히 작은 자들'에게 그리스도의 사랑을 보여주고 전파하는 데 열정을 가진 모든 이들에게 이 책을 추천하지 않을 수 없다. 간단히 말해 가난한 자들을 실질적으로 섬기는 데 이보다 더 좋은 책을 나는 만나지 못했다. 영적 · 물질적으로 긴급한 곤궁에 처한 세상 가운데서 하나님의 영광이 드러나고 그분의 목적이 성취되도록 당신의 백성들을 준비시키는 데 하나님이 이 책을 사용하시기를 기도한다.

데이비드 플랫
David Platt, 『래디컬』(Radical, 두란노) 저자, 브룩힐즈 교회 담임목사

머리말

대부분 북미 사람들은 역사상 유례가 없는 높은 생활수준을 누리고 있다. 반면 지구 인구의 40퍼센트에 해당하는 사람들은 하루 2달러가 채 안 되는 돈으로 근근이 살아간다. 다른 나라들을 볼 필요도 없이 북미만 해도 도심의 빈민가에서 애팔래치아 산악 지역까지, 빈곤은 북미 사람들의 삶에 고통과 상실, 좌절감을 안겨준다. '가진 자들'과 '못 가진 자들' 사이의 경제적·사회적 불균형은 북미 안에서, 그리고 북미와 대부분의 제3세계(아프리카와 아시아, 남미 나라들) 사이에서 점점 더 커져가고 있다.

만약 당신이 북미에 사는 그리스도인이라면 물질적으로 부유한 사회에 산다는 사실은 큰 책임으로 다가온다. 성경은 하나님의 사람들을 향해 가난한 사람들에게 연민을 보이라고 명령하고 있기 때문이다. 실제로 그것은 예수 그리스도를 좇는 우리의 임무이기도 하다(마 25:31-46). 가난한 이들을 돌보라는 성경의 요청은 시간과 장소를 초월하지만 "누가 이 세상의 재물을 가지고 형제의 궁핍함을 보고도 도와줄 마음을 닫으면 하나님의 사랑이 어찌 그 속에 거하겠느냐"라는 요한일서 3장 17절 말씀처럼 북미 그리스도인들에게 특히 울림이 큰 말씀들도 있다.

물론 그리스도인들이 성경의 요구들을 어떻게 실천해야 하는지에 대한 획일적인 방법은 없다. 가난한 이들을 돌보는 일을 직업으로 삼는 이들도 있고 자원봉사로 돕는 사람들도 있다. 현장에서 도움이 필요한 사람들과 밀접한 관계를 맺으며 사역을 펼치는 사람들도 있고, 그렇게 일선에서 봉사하는 사람들을 위해 물질을 기부하고 기도와 그 외에 다른 형태로 지원해주는 사람들도 있다.

　이처럼 그리스도인들은 저마다 고유한 재능들과 소명, 책임을 부여받았으며, 또 그래서 가난한 이들을 도우라는 성경의 명령을 실천하는 방법과 범위에서도 차이가 나게 마련이다.

　게다가 어느 기관과 함께 일할지에 따라서도 빈곤을 줄이려는 노력의 형태와 범위가 영향을 받는다. 정부기관에서 일하는 그리스도인들은 공공정책을 통해 가난한 사람들이 불이익을 당하지 않도록 노력할 수 있다. 실업계에서 일하는 사람들은 실직자들에게 일자리들을 제공할 수 있다. 교회와 현장 목회지에서 일하는 사람들은 말과 행동으로써 예수 그리스도의 사랑을 널리 전할 수 있다. 혹은 개인적으로 사역하면서 도움이 필요한 사람들에게 도움을 제공하는 이들도 있다.

　결국 인간 생활의 어느 부분도 단독으로 빈곤을 벗어날 수는 없다. 모든 인간이 그러하듯 가난한 사람들도 육체적 · 정서적 · 사회적 · 영적인 다양한 필요를 지닌다. 따라서 가난한 이들을 위해 적절하게 개입하려면 경제적 개발이나 보건, 교육이나 농업, 영성 훈련 등 다양한 영역에서 이루어져야 한다.

　한마디로 그리스도인들은 성경말씀대로 가난한 이들을 도울 의무가 있지만 각 개인이 그것을 실천하는 데에는 다양한 형태가 있다.

이 책의 범위

책 한 권으로 그 모든 다양성을 다 포괄할 수 있는 길은 없다. 하지만 북미의 모든 그리스도인들은 한 가지 공통점이 있다. 우리 모두는 각자 지교회로 부름받았다는 사실이다. 지도자로서 혹은 평신도로서 우리에게는 성경이 원하는 모습대로 우리 모임을 세워갈 책임이 있다. 가난한 이들을 돕는 일도 그런 모습들 가운데 하나이다.

우리는 각 지교회들이 빈곤의 경감 문제에서 독특한 역할을 맡고 있다고 믿는다. 국내외를 막론하고 가난한 사람들을 대상으로 교회 중심의 사역이 늘어나고 있는 것은 반가운 현상이다. 하지만 이와 동시에 교회들이 수십 년간 이 방면에서 일해온 전문가들이 개발한 '최선책'들을 무시하고 빈곤의 본질에 대한 성경적 이해도 갖추지 못한 채 빈곤을 줄이려고 노력하는 모습을 보면 마음이 아프다.

이 모든 이유들로 이 책은 하나님이 명령하신 교회의 사명과 교회의 전형적인 조직능력을 고려하여 국내외에서 빈곤을 경감하기 위해 북미 기독교인들과 그들의 사역들이 취할 수 있는 적절한 방법들에 초점을 맞춘다. 하지만 이 책이 기술하는 개념과 원칙, 개입방법들은 더 넓은 범위의 환경에 적용이 가능하다. 특히 비영리 조직과 개인들은 이 책에 소개된 원칙과 방법들을 그들 사역에도 쉽게 적용할 수 있음을 발견할 것이다. 이 책 1부는 빈곤의 원초적인 본질을 설명하고 그로부터 몇 가지 기본의 미들을 이끌어냄으로써 빈곤을 줄이려는 모든 노력들의 틀을 놓아줄 것이다. 2부는 이런 기초 위에서 빈곤을 줄이기 위한 방법들을 고안하고 실행할 때 생각해야만 할 세 가지 중요한 문제들을 논할 것이다. 3부는 사람들의 소득과 부를 증가시켜 물질적인 빈곤에서 벗어나게 하기 위한 일련의 방법들인 '경제적인 개발'에 이 모든 개념들을 적용할 것이다. 이번에 새로 나온 판에 처음 실린 4부는 이 책에 소개된 원칙들을 다양한 환경에 적용하기 위한 단계들을 설명할 것이다.

새로 나온 판의 특징들

우리는 이 책 초판을 사용하셔서 당신의 백성들이 좀 더 효율적으로 사역하도록 준비하게 하신 하나님의 모든 방법들에 감사드린다. 가난한 사람들과 동행하도록 교회들과 사역단체들을 도우심으로써 하나님이 그들의 패러다임을 바꾸고 있다는 소식을 전 세계로부터 듣게 된 것은 전적으로 하나님의 은혜이다. 우리는 이 일로 하나님을 찬양하고 그분께 영광을 돌린다. 하지만 우리는 이 책 초판을 읽은 독자들이 다음 단계로 무엇을 해야 좋을지 모르겠다고 고민한다는 이야기도 들었다. '해를 끼치지 않고 사람들을 돕고 싶지만' 어떻게 시작해야 좋을지 모르겠다는 것이다. 어떤 이들은 해를 끼칠까 봐 염려된 나머지 아무 일도 할 수 없어서 마치 전신마비가 된 듯한 상태에 있다고까지 말한다. 드물기는 하지만 어떤 사람들은 초판 내용을 근거로 가난한 사람들의 삶에 개입하는 것은 해를 끼치는 결과를 가져올 수 있으므로 그들을 돕기 위해 아무런 일도 하면 안 된다는 그릇된 주장을 펼치기도 한다.

우리는 여기서 다음과 같이 분명히 밝히고 싶다. 행동하라! 교회 안에서조차 고통스러운 빈곤과 유례없는 부가 공존한다면 복음에 대한 모욕이다. 이런 위태로운 상황에 처해 있는 것은 빈곤한 사람들의 복지만이 아니다. 물론 그것도 당연히 중요한 문제이지만 인간을 변화시키는 하나님 나라의 능력에 대한 증인으로서 교회의 진정성도 위태롭다. 북미 교회는 온 힘을 다해 굶주린 자들을 도와야 하며, 눌린 자들의 필요를 만족시키는 데(사 58:10) 위기를 맞았음을 심각하게 인식해야 한다.

문제는 선한 의도만으로는 충분하지가 않다는 것이다. 도우려는 과정에서 우리는 빈곤한 사람들과 우리 자신을 모두 해칠 가능성이 있다. 하지만 그런 염려 때문에 행동하기를 포기해서는 안 된다. 이 책과 다른 자료들을 읽고 연구하며 배우고 기도하면서 회개하고 뭔가를 시도해보고 난 후 평가를 하고 그 다음에는 다시 회개를 하라. 그러고는 하나님의 주권이 우리의 미약한 행위를 들어 당신의 영광을 위해 사용하실 만하게 바꾸실 것임을 믿어라. 독자들에 대한 우리의 메시지를 한마디로 하면 다음과 같다. 가난한 이들을 도우려는 노력을 몇 배로 더 하되 즉시 그리하라. 하지만 과거와는 다른 방식으로 해보려고 노력하라.

우리의 의도는 사람들을 얼어붙게 하는 데 있지 않고 풀어주고 준비시키는 데 있기 때문에, 우리는 이번 증보판에 4부를 덧붙여 독자들이 좀 더 효율적으로 빈곤을 줄이기 위한 노력을 시작할 수 있도록 했다. 모든 상황에서 다 통하는 방법은 없지만 4부가 독자들에게 충분한 원리와 자료들, 절차들을 제공해 바른 길을 찾는 데 도움이 되기를 기도할 뿐이다.

이 책을 사용하는 법

우리는 하나님이 이 책을 사용하셔서 당신의 마음과 정신, 행동을 바꾸시기를 원한다. 하지만 당신이 이 책을 그저 읽는 것만으로는 그런 효과를 얻을 수 없다. 그래서 우리는 각 장 앞에 '들어가며'를, 각 장 뒤에 '돌아보며'를 덧붙였다. 따로 시간을 내어 기도하면서 신중하게 모든 질문들과 과제들을 행해보는 것이 매우 중요하다. 그 문제들은 책의 이해를 돕고 독자들이 책에서 알게 된 바를 각자 삶에 적용하는 데 필수이기 때문이다. 이 책은 개인적으로뿐 아니라 주일학교, 소모임, 교회 직원들이나 사역자 모임 등의 그룹 교재로도 사용할 수 있다.

그룹 교재로 사용할 경우, 리더는 토론시간을 충분히 주어야 한다. 사안들과 질문들을 마주하여 고민하는 과정에서 힘이 생기기 때문이다. 모임 참여자들은 모임에 오기 전 미리 다루게 될 내용을 읽고 각 내용에 따른 질문들과 과제들을 끝낸 후 참석해서 모임의 대부분을 질문들과 과제들에 대한 토론에 쓸 수 있도록 해야 한다. 리더는 참석자들이 그들의 생각과 약점, 질문들과 염려를 스스럼없이 공개할 수 있도록 모임 분위기를 편안하게 유지하기 위해 각별히 노력해야 한다.

그룹 모임 교재로 사용할 경우 처음 만났을 때 다음 사항들에 주의한다. 각 요소마다 사용시간을 할당해놓았지만 그룹의 필요와 사정에 따라 리더가 적절히 조정할 수 있다.

- 사람들이 편견을 가지는 것을 막기 위해, 이 책 내용을 소개하면서 모임을 시작하지 않도록 주의한다.
- 5명 정도로 구성한 소그룹으로 나누어 '도입' 앞에 나오는 쓰나미에 관한 질문들(28~29쪽)에 답한다. 가능하면 큰 전지에다 각 그룹들 생각을 적는다(25분).
- 각 소그룹이 인도네시아로 가는 여행 계획을 발표한다. 리더는 각 그룹이 발표한 계획들을 잘 보관해서, 6장이 끝난 다음 후속 질문인 '인도네

시아에 대한 반성'을 다루는 동안 다시 살펴볼 수 있게 한다(15분).
- 리더는 멤버들이 다음 모임에 올 때 '도입'과 1장을, '들어가며'와 장 뒤
  편의 '돌아보며'를 포함해 읽어오게 한다.

그 뒤 모든 후속 모임 때는 다음 사항들에 주의해야 한다.

- 멤버들은 해당 장을 읽고 그 앞뒤의 '들어가며'와 '돌아보며'를 모두 작성
  해서 모임에 참석한다.
- 리더는 해당 장을 읽기 전에 각 멤버들이 작성해온 '들어가며'를 발표하
  게 한다(5분).
- 그 후 각 장의 주요 내용을 요약한다. 리더는 어려운 개념들을 설명하고
  그룹이 놓친 중요 대목이 있으면 언급한다(10~15분).
- 해당 장이 끝나면 리더는 그룹에서 각 장 뒤쪽의 '돌아보며'에 대해 토론
  하게 한다(25~30분).

이런 방식을 계속 반복하다가 6장에서만 '인도네시아에 대한 반성'에 추
가로 시간을 더 준다. 6장을 할 때만큼은 그 내용을 충분히 토론할 수 있
도록 모임을 두 번 가지는 것이 좋다.

기타 자료들

이 책은 아주 복잡한 문제를 소개하는 데서 그친다. 이 책 전반에 걸쳐
우리는 독자들이 더 깊이 연구하는 데 도움을 줄 수 있는 책과 논문, 웹사
이트와 기관을 소개할 것이다. 그중에서도 커버넌트 대학 챌머스 경제개
발연구소(Chalmers Center for Economic Development: www.chalmers.org)는

우리의 제휴기관이며 이 책에 소개한 모든 주제와 관련해서 보충자료와 교육기회들을 제공한다.

책에 소개한 이야기들

우리가 아는 한 이 책에 소개한 대부분의 이야기들은 완전 실화이다. 다만 몇몇 이야기들(84~85쪽 메리 이야기, 87~89쪽 크릭사이드 커뮤니티 교회 이야기, 256~257쪽 그레이스 펠로우십 교회 이야기, 279~281쪽 파크뷰 펠로우십 교회 이야기)은 사실에 기반을 두되 각 맥락에서의 주장을 더 잘 드러내기 위해 세부사항을 일부 덧붙였다.

이 책에 나오는 사람들과 교회들, 기관들 이름은 다른 출판물들에서 이미 밝혀진 경우가 아니라면 프라이버시를 보호하기 위해 바꾸었다.

책을 열면서

다음 상황을 가정해보라.

2004년 12월 인도네시아를 덮친 쓰나미는 많은 영세상인들의 생계를 앗아갔다. 이들은 주된 생계수단을 잃었고 가게와 장비, 재료들과 재고상품들이 파괴당했다. 쓰나미가 발생하고 4개월이 지났을 무렵 우리가 다니는 교회가 그들을 돕기 위해 구호팀을 파견하기로 했다.

다섯 명 정도로 그룹을 만들어 다음 질문들을 토론해보라. 지금 혼자 책을 읽고 있다면 스스로 생각을 정리해보라.

1. 어떻게 여행 계획을 세우고 준비할 것인가?

2. 어떤 물자들을 가지고 갈 것인가?

3. 교회 성도들 가운데 누구와 함께 가고 싶은가?

4. 일단 현지에 도착하면 우리 팀은 무엇을 할 것인가?

5. 우리의 구호 사역 구성요소들은 구체적으로 무엇인가?

6. 각각의 요소들을 어떻게 실행할 것인가?

질문에 대한 답을 기록한 후 안전한 곳에 잘 보관하라. 이 책 후반부에서 이 대답들을 다시 살펴볼 기회가 있을 것이다.

Introduction

도입

그레이스가 된 주술사

연기가 똬리를 틀듯 바닥으로부터 올라와 몇 발자국 떨어져 있던 나를 향해 곧장 흘러왔다. 주술사가 태우는 풀들의 연기가 매캐하게 콧구멍에서 느껴지는 순간, 나는 '이 풀들이 타면서 그 안에 들어 있던 귀신들이 쫓겨난다고? 그럼 그것들이 이 연기 안에 들어 있다는 뜻인가?'라는 엉뚱한 생각이 들었다.

나는 네덜란드계 미국인들이 사는 위스콘신 주 시골 교회 담임목사 아들로 태어났다. 교회에 나오던 120여 명 교인들은 아주 현실적인 사람들이었다. 그 이후로 나는 평생을 보수적인 신학 노선을 견지하는 장로교에서 신앙생활을 해왔다. 그래서 귀신에 대해서는 별로 이론적으로 공부해본 적이 없다. '연기를 들이마셔도 괜찮을까?' 터무니없는 생각임을 알면서도 혹시나 해서 남들이 눈치 채지 못하게 슬그머니 손가락으로 코를 틀어막고는 하나님께 보호해주십사, 기도를 드렸다.

우간다 수도 캄팔라의 슬럼 한가운데 위치한 성 누가 교회에서 내가 맡은 '영세상인을 위한 특강'이 2주째 접어들었다. 특강에 참석한 사람들은 북쪽에서 벌어진 참혹한 내전을 피해 내려온 피난민들인데, 헌 옷이나 말린 물고기, 숯을 만들어 내다 팔아 근근이 생계를 이어갔다. 나는 근무하던 대학에서 안식년 휴가를 얻어 우간다에서 아내와 세 아이들과 함께 5개월째 생활하고 있었다.

우간다에서 교세가 꽤 큰 교파의 여성 사역 국장을 맡고 있던 엘리자베스는 친절하게도 당시 내가 성경적 관점에서 집필하던 '영세상인교육 프로그램'을 적용할 기회를 마련해주었다. 월요일마다 강의를 하려고 나는 그녀와 함께 2주째 성 누가 교회를 찾았다. 엘리자베스가 내 책을 그 나라 말로 가르치면 나는 이를 지켜보다가 청중들의 질문에 대답하는 식으로 진행했다. 하지만 어찌 된 영문인지 우리는 돈이 아닌 귀신들과 연기들을 다루고 있었다. 일이 거기까지 이르게 된 데는 나름 사정이 있었다.

그날 수업을 시작하면서 엘리자베스는 참석한 사람들에게 "지난번 수업을 듣고 하나님이 여러분 삶에 어떤 일을 행하셨나요?"라고 물었다. 그러자 험상궂어 보이는 여인이 자리에서 일어났다. "저는 주술사예요. 지난번 수업을 듣고 20년 만에 처음으로 교회에 다시 나오기로 했어요. 이제 저는 무엇을 해야 하죠?" 엘리자베스는 그녀에게 엄하게 명령했다. "지금 당장 가서 당신이 주술을 행할 때 쓰던 약초들과 약들을 가져와요. 이 교회 한가운데 놓고 불을 질러 없애야 해요."

주술사는 집으로 달려갔고, 성 누가 교회로 당당하게 돌아와서는 교회 앞자리 바닥에 약초 자루를 내려놓았다. 그리고 그녀는 자신의 죄를 고백하기 시작했다. "제 안에는 하루에 5만 우간다 실링(약 25,000원)어치 술을 마셔대는 귀신이 살고 있어요. 저는 주술을 행한 대가로 받은 돈으로 그놈을 먹여 살리죠. 제게서 제일 영험하다고 알려진 분야는 남편들 바람을 막는 일이에요. 저를 찾아온 여인들에게 이 풀을 팔면서 이것을 그들의 은밀한 부분에 문지르라고 말해주었지요. 다음에 남편들이 그녀들과 관계를 할 때 그 약이 묻으면 바람피울 생각이 안 난다면서요. 여기 이 교회에도 제 단골이 몇 명 있네요. 하지만 이제 저는 주술사를 그만두고 예수 그리스도를 믿겠어요."

그녀가 일을 그만두는 것은 결코 작은 희생이 아니었다. 그녀는 슬럼의 기준으로 보면 엄청난 수입을 올리고 있었다. 그녀가 매일 마시는 술값만 해도 청중석에 앉아 있는 피난민들 한 달 급여에 해당하는 금액이었다.

엘리자베스는 성냥에 불을 붙여 약초 자루에 떨어뜨렸다. "약초를 불태우면 귀신이 떠날 거예요." 그리고 이 말을 마치고 기도하기 시작했다. 청천벽력 같은 목소리로 눈을 치켜뜬 채 손가락질을 해대며 귀신에게 주술사를 떠나라고 명령했다. 성경에는 귀신들이 예수님을 두려워한다는 말이 나와 있지만 엘리자베스의 이 사나운 모습도 무서워할 것 같았다.

기도를 끝내고 엘리자베스는 주술사를 껴안고 말했다. "이제부터 당신의 이름은 그레이스(Grace)예요." 정말 극적인 광경이었지만 이야기는 거기서 끝나지 않았다.

새로운 위기

그 뒤로 다섯 주 동안 그레이스는 한 번도 수업을 놓치지 않았다. 표정이 몰라보게 밝아졌고 웃음 짓는 모습이 자주 눈에 띄었다. 아주 평화로워 보였다. 하나님이 그녀를 어떻게 변화시키시는지 이따금 간증도 했다. 물론 하나님만이 아실 일이지만 나는 장차 그레이스를 천국에서 만날 수 있을 거라고 생각했다.

그런데 어느 날부터인가 그녀가 교회에 나오지 않았다. "여러분, 주술 사는 어디에 있지요?" 나는 아직 그녀를 그레이스라고 부르는 데 익숙하지 않았다. 75명 난민 가운데 약간의 웅성거림이 일었다. 마침내 그들 대표가 일어섰다. "여기 여신도가 그러는데 그녀가 아프대요. 누가 찾아가서 괜찮은지 좀 살펴봐야 할 것 같아요."

엘리자베스와 나는 그레이스의 집을 찾아 길을 나섰다. 안내하는 사람 뒤를 따라 슬럼을 걸어가면서 판잣집들 사이로 흐르는 하수를 밟지 않으려고 조심했다. 배설물을 비롯해 온갖 쓰레기들이 들어 있는 하수는 이상한 녹색 빛을 띠었다. 우리는 온몸이 종기와 상처로 덮인 아이들과 무리를 이뤄 술을 마시고 담배를 피우며 도박에 몰두한 어른들을 지나쳤다. '음중구'(Mzungu, 본래 유럽인을 의미하지만 외국인들, 특히 백인을 포괄적으로 통칭하는 단어로 사용한다—편집자 주)들을 좀체 볼 수 없는 지역인 데다가 186센티미터나 되는 내 큰 키를 보고 이내 아이들이 "음중구!"라고 소리 지르며 따라붙기 시작했다. 가까이 다가와 그들 눈에는 이상하기만 한 색깔의 피부를 만지기도 하고 팔에 난 털을 잡아당기기도 했다.

10여 분이 지나 우리는 방 하나로 이루어진 그레이스의 판잣집에 도착했다. 흙바닥에 깔린 자리 위에서 그녀가 고통스러워 몸을 비틀고 있었다. 벌레로 덮여 있고 먹다 남은 음식 몇 조각이 담긴 쟁반이 유일한 가재도구였다. 그레이스는 머리도 움직일 기운이 없었고 말할 힘도 없어 보였다. 엘리자베스는 그녀에게 바짝 다가가 그 가냘픈 속삭임을 겨우 듣고 내게 전해주었다. 그레이스는 편도선염이었다. 하지만 무일푼인 데다가 에이즈 환자였기 때문에 병원에서는 치료를 거부했고, 그녀는 너무 고통스러운 나머지 이웃에게 부엌칼로 자신의 편도선을 절개해달라고 부탁했다. '세상에! 지옥이 따로 없군.' 나는 속으로 생각했다.

엘리자베스는 내게 기도해달라고 부탁했다. 슬럼에 살고 에이즈가 걸린 채 이웃을 시켜 식칼로 자신의 편도를 잘라낸 전직 주술사를 위해 보수적인 목사가 할 수 있는 기도가 무엇일지 잘 알 수 없었지만 나는 간절히 기도했다.

우리는 난민들이 모여 있는 교회로 돌아왔다. "저렇게 두다가는 감염으로 죽을 것 같아요. 페니실린을 구할 방법이 없을까요?" 나는 아무것도 할 수 없다는 데 무력감을 느끼며 엘리자베스에게 물었다.

"약을 구해다줄 수는 있어요. 하지만 15,000우간다 실링(약 7,500원)이 들 거예요." 그녀가 말을 마치자마자 나는 호주머니에 손을 넣어 엘리자베스가 말한 금액만큼 돈을 주었다. 택시가 나를 기다리고 있지만 해가 기울기 시작한 그때까지도 아직 집으로 출발하지 못하고 있었다. 나는 날이 저물기 전에 서둘러 그곳을 벗어나고 싶었다. 엘리자베스와 그녀의 운전사가 가장 가까운 약국에서 약을 사다가 그레이스에게 가져다주었다.

한 주가 지나 내가 다시 성 누가 교회를 찾았을 때, 그레이스가 강좌에 참석하려고 교회 문을 열고 들어오는 것을 보고 내 눈을 의심하지 않을 수 없었다. 그녀는 그전보다 훨씬 좋아 보였다. 그날 엘리자베스와 내가 구해다준 페니실린이 그레이스의 목숨을 살린 것이라고 나는 믿었다.

나, 음중구, 돈

2주 후 나는 가족과 함께 미국으로 돌아가는 비행기에 앉아 있었다. 어느 모로 보나 아주 훌륭한 안식휴가였다. 나는 여전히 흥분이 가라앉지 않았다. 하나님은 우리를 사용하셔서 주술사를 그리스도께로 인도하셨다. 그뿐인가? 우리는 그녀의 생명을 구하기까지 했잖은가.

어느 정도 흥분이 가라앉자 내 분석적인 기질이 발동했다. 관련 인물들과 기관들, 그리고 그들의 역할을 포함해 슬럼에서 벌어진 극적인 상황을 전반적으로 다시 생각하기 시작했다.

우선, 성 누가 교회와 극도로 빈곤한 교인들, 또 그들과 함께 어두움의 한가운데서 빛을 밝히기 위해 노력하며 교회를 섬기는 충성된 목사가 있다. 목사는 비록 내 특강시간에는 한 번도 참석하지 않았지만 언제나 나를 환영했고 적극 협조했다. 내 졸업식에는 참석했는데, 피난민들이 그들 형편에는 과한 졸업선물들을 준비해 내가 내심 불편해하자 귀엣말로 충고도 해주었다. "마음 쓰지 않으셔도 됩니다. 그냥 기쁜 마음으로 선물들을 받으세요. 그들은 목사님께 자신들의 사랑을 표현하고 싶은 겁니다." 목사는 엘리자베스와 나를 볼 때마다 넘치는 감사를 표했다.

대부분 여성들이 살던 그곳에는 난민들도 있다. 모두 신의 저항군(Lord's Resistance Army, LRA)들에게 끔찍한 피해를 당한 사람들이다. 신의 저항군은 북 우간다 마을들을 공포에 휩싸이게 만든 반군들로서 어린아이들을 납치해 남자아이들은 병사로 여자아이들은 성노예로 부려먹는 것으로 악명이 높다. 붙들려간 아이들을 세뇌시키기 위해 그 부모나 친척, 또래 친구들을 고문하고 살해하도록 만드는가 하면 사람들의 팔과 다리, 귀와 입술, 코를 아무렇지도 않게 자른다. 그들을 피해 도망 나온 난민들은 수도인 캄팔라에서 환영받지 못하는데, 다름 아닌 '열등한' 부족이라는 이유에서이다.

주술사도 있다. 그녀는 사람들로부터 존경과 경멸을 동시에 받았다. 지역 여인네들은 그녀의 능력을 부러워하며 도움을 받기 위해 거액을 지불했지만, 그녀는 만취해 사람들을 괴롭히고는 했다. 그럴 때면 이웃들은 그녀를 무력으로 진정시켰고, 그러다 보니 그녀의 몸은 멍과 상처투성이였다. 주술사 일을 포기하는 바람에 수입은 크게 줄었고, 이전에 그녀에게 원한을 품던 많은 사람들은 그녀를 만만하게 보기 시작했다.

이 모든 일들의 중심에 서 있다고 할 수 있는 엘리자베스도 있다. 10년 전 그녀는 성 누가 교회를 설립하는 데 중추적 역할을 맡았지만 지금은 교파 본부에서 중요한 역할을 수행하고 있다. 엘리자베스도 피난민들과 같은 부족 출신이고 친구와 친척들을 LRA에게 잃었다. 피난민들은 그녀를 아주 좋아한다. 그러나 그녀의 교육 수준이나 중산층 급여, 성공적인 직업은 그녀를 피난민 공동체의 외부인으로 만들었다. 매주 월요일 수업이 끝나면 나와 마찬가지로 슬럼을 떠나 그녀의 근사한 집으로 돌아갔다.

마지막으로 나, 음중구가 있다. 그들에게 나는 돈, 권력, 돈, 교육, 돈, 우월, 그리고 다시 돈을 의미했다.

아직 기내식도 나오지 않았는데 나는 갑자기 속이 거북해지기 시작했다. 그래도 엘리자베스와 나는 주술사를 하나님께로 인도하고 그녀의 생명을 구하지 않았는가. 하지만 그 순간 갑자기 우리가 성 누가 교회와 그곳 목사, 영세상인 특강을 들으러 온 피난민들, 심지어는 그레이스에게조차 커다란 해를 끼쳤을지도 모른다는 생각이 들었다. 내가 죽 가르쳐온, 빈곤한 사람들을 도울 때 지켜야 할 몇 가지 원칙들을 정작 나 자신은 지키지 못했다는 것을 깨닫고 나는 스스로를 타박하기 시작했다. 사실 이번이 처음 실수도 아니었다. 이 책 후반부에서도 밝히겠지만 가난한 이들을 돕는답시고 훨씬 멍청한 짓들도 저질렀다.

내가 무엇을 잘못했는지, 그 결과 가난한 이들에게 어떤 해를 끼쳤는지 한마디로 답할 수는 없다. 또 바로 그것이 이 책을 쓰는 이유이기도 하다.

여기서 몇 가지 기본내용을 살펴보고 나서 다시 주술사 이야기로 돌아가기로 하자.

━
이 책을 쓴 이유

스티브와 나는 가난한 사람들의 삶을 개선하기 위한 방법을 궁리하면서 성인 시절을 거의 보냈다. 스티브는 규모가 큰 기독교구제개발기관에서 공동체개발가로 또는 국제관리 분야에서 오랫동안 일해왔다. 나는 주로 학계에서 연구원 혹은 교수로 일해왔다. 약 10년쯤 전 우리는 전 세계 교회들이 저소득층의 경제적·영적 필요를 만족시키기 위한 사역을 감당하도록 준비시키는 연구소이자 훈련기관인 챌머스 경제개발연구소에서 만났다. 커버넌트 대학 학부에서 학위 과정인 지역사회개발학을 함께 가르치기도 했는데, 그 과정은 그리스도인 젊은이들을 준비시켜 북미와 전 세계 저소득층 사람들의 삶에 변화를 주기 위해 개설되었다.

스티브와 나는 아직도 배워야 할 것이 수두룩하다. 빈곤이라는 문제는 언제나 우리를 당황스럽게 한다. 이 책의 내용도 독특한 것이 아니다. 이 책은 많은 다른 사람들의 생각을 종합해 다양한 상황에서 독자들이 도움을 받을 수 있는 준거의 틀로 만든 것뿐이다.

달리 표시를 하지 않았다면 이 책에서 '나'라는 지칭을 쓸 때는 이 책 거의 대부분을 집필한 나, 브라이언을 가리키지만 스티브 역시 아주 중요한 역할을 맡았다. 지난 7년 동안 스티브는 나와 챌머스 연구소 직원들이 이 책에 나오는 개념들을 이해하고 적용하도록 도왔다. 그는 우리 팀에게 아주 훌륭한 멘토였다. 게다가 이 책 내용을 기획하는 데도 동참했으며 모든 말들을 주의 깊게 검토해주었다.

우리는 이 책을 쓰면서 가난한 사람들을 돕고자 하는 분위기가 북미 그리스도인들 사이에서 눈에 띄게 확연해진 데에 크게 흥분했다. 물질주의와 자기중심, 자기만족이 여전한 세상이지만 지난 20년 동안 북미 복음주의자들 사이에서 사회에 대한 관심이 크게 재고되어왔다는 사실은 누구도 부정할 수 없다. 이에 대한 가장 좋은 증거는 국내외 가난한 이들을 돕기 위한 사역을 목표로 하는 단기선교운동이 폭증하고 있다는 사실이다.

이 같은 상황에서 두 가지 염려스러운 점이 있다. 우선, 북미 그리스도인들이 제 몫을 충분히 감당하지 못한다. 우리는 이제껏 지구상에 존재하던 사람들 가운데 가장 유복한 삶을 누리고 있다. 거기에 대해서는 이론의 여지가 없다. 그럼에도 우리는 대부분 이 세상에 아무 문제도 없다는 듯 살아간다. 지구상 인구의 40퍼센트가 하루 세 끼를 다 찾아 먹지 못하는 세상에서 아이들을 축구교실에 데려다주고 직장에 목을 매며 여름이면 바닷가로 휴가를 떠난다. 우리 주위만 둘러봐도 노숙자들과 빈민가 주민들, 이민자들이 북미 경제와 사회 체제에서 국외자로 살아간다. 그렇다고 우리가 가진 부를 부끄러워하자는 말이 아니다. 우리는 매일 아침 눈을 뜰 때 이 세상이 뭔가 잘못되어 있다는 것, 이를 고치기 위해 내가 무엇을 해야만 한다는 열망을 느껴야 한다는 것이다. 그런데 문제는 그런 열망과 노력이 좀처럼 눈에 띄지 않는다는 데 있다.

두 번째로, 스티브와 나를 포함한 많은 사람들이 시켜본 바로는, 북미 사람들이 빈곤을 줄이기 위한 운동을 할 때 주는 사람이나 받는 사람, 모두에게 심각한 해를 끼치는 방법들을 사용한다. 이런 방법들은 인적·영적·재정적·조직적 자원들을 낭비하게 할 뿐 아니라 애초에 고치려던 문제들을 더 악화시킨다.

하지만 다행히도 아직 희망은 있다. 하나님이 일하시기 때문이다. 우리의 결심을 새롭게 하고 방법을 수정하며 부단히 회개한다면, 우리 북미 그리스도인들은 국내외 빈곤경감에 큰 역할을 감당할 수 있을 것이다. 우리는 다만 하나님이 이 책의 나머지 내용들을 사용하셔서 예수 그리스도의 교회가 고통받는 세상에서 좀 더 효율적으로 사역하는 데 작은 도움이라도 되기를 바랄 뿐이다.

Help

1부

성경은
가난한 이웃을
어떻게 돕고 있는가?

들어가며

다음 질문에 한 문장 정도로 간단하게 답해보라.

1. 예수님은 이 땅에 왜 오셨을까?

2. 구약시대 이스라엘은 특별히 무슨 죄 때문에 포로로 잡혀갔을까? 그저 '하나님의 말씀을 따르지 않아서'라고 대답하지 말고, 가령 '이스라엘 사람들은 항상 은행을 털었기 때문에'처럼 구체적으로 답해보라.

3. 교회의 주요 임무는 무엇일까?

1장

예수님은 이 땅에 왜 오셨을까?

예수님은 이 땅에 왜 오셨을까?[1] 대부분 그리스도인들은 이 질문에 나름의 대답을 가지고 있다. 이 근본적인 질문에 대한 그리스도인들의 미묘한 견해 차이는 가난한 사람들의 고통에 교회가 어떻게 반응해야 하는가의 문제를 포함한 모든 일들에 큰 영향을 미친다.

예수님은 자신의 사명에 대해 어떻게 생각하셨는지 살펴보자. 어느 안식일에 나사렛 회당에서 예수님은 이 세상에서의 사역을 시작하셨다. 로마제국의 압제하에서도 유대인들은 예배를 드리려고 매주 회당에 모였다. 구약의 예언대로 하나님이 이스라엘 왕국을 회복하시고 다윗 왕좌에서 영원히 통치할 메시아를 보내주시기를 고대했다. 하지만 수세기가 지나도록 약속한 메시아는 오지 않았고 로마인들이 세상을 장악하고 지배했다. 자연히 메시아에 대한 갈망은 정점에 이르렀다. 그때 이사야서 두루마리를 건네받은 나사렛의 목수 아들이 성경을 읽기 위해 일어섰다.

두루마리를 편 예수님이 다음 말씀을 기록한 곳을 찾았다. "선지자 이사야의 글을 드리거늘 책을 펴서 이렇게 기록된 데를 찾으시니 곧 주의 성령이 내게 임하셨으니 이는 가난한 자에게 복음을 전하게 하시려고 내게 기름을 부으시고 나를 보내사 포로 된 자에게 자유를, 눈 먼 자에게 다시 보게 함을 전파하며 눌린 자를 자유롭게 하고 주의 은혜의 해를 전파하게 하려 하심이라 하였더라 책을 덮어 그 맡은 자에게 주시고 앉으시니 회당에 있는 자들이 다 주목하여 보더라 이에 예수께서 그들에게 말씀하시되 이 글이 오늘 너희 귀에 응하였느니라 하시니"(눅 4:17-21).

그날 회당에 모인 사람들은 예수님의 선포를 듣고 등골이 서늘해졌을 것이다. 이사야는 이제껏 세상이 보지 못한 왕국을 도래케 할 왕이 올 것이라고 예언했다. 과연 이사야의 예언이 사실로 드러날 것인가? 끝없이 지경을 넓힐 그들의 왕국이 이제 시작되려는 것인가?(사 9:7) 정말로 정의와 평화, 공의가 영원히 그 땅에 뿌리 내릴 것인가? 메마른 땅, 연약한 손들, 기운 없는 무릎들, 두려워하는 마음들, 눈멀고 귀먹은 자들, 불구, 벙어리, 상심한 자들, 포로들, 죄지은 영혼들을 과연 그들 눈 앞에 서 있는 이가 고쳐주고 가난한 자들에게 희년을 선포할 것인가?(사 35:1-6; 53:5; 61:1, 2) 이 질문들에 예수님은 "이 글이 오늘 너희 귀에 응하였느니라"라고 선언하시며 단호하게 "그렇다"라고 대답하신다.

같은 장에서 예수님은 자신의 사역을 요약하신다. "예수께서 이르시되 내가 다른 동네들에서도 하나님 나라의 복음을 전하여야 하리니 나는 이일을 위해 보내심을 받았노라"(눅 4:43). 예수님의 사명은 그때나 지금이나 하나님 나라의 복음을 전하시고 모든 사람들에게 "나는 왕의 왕이요 주의 주다. 나는 죄가 파괴한 모든 것들을 내 능력으로 고친다"라고 선포하시는 것이다. 목사이자 신학자인 팀 켈러(Tim Keller)의 말대로 "왕국은 초자연적인 힘의 등장으로 온 세상이 새롭게 되는 것을 말한다. 그리스도의 통치와 권위 아래 모든 것들이 다시 놓임으로써 건강과 아름다움, 자유를 회복하는 것이다."[2]

물론 하나님의 왕국은 '이미'와 '아직' 두 요소를 모두 포함한다. 또한 새 하늘과 새 땅이 도래해야 온전히 이루어질 것이다. 그때에야 모든 눈물들을 그 눈에서 닦아주실 것이다(계 21:4). 하지만 2천 년 전 예수님은 분명히 "이 글이 오늘 너희 귀에 응하였다"(눅 4:21) 하시며 왕국이 '지금' 도래했다고 말씀하셨다.

숭고하고 광범위한 예수님의 메시지

다양한 환경의 수천 명의 복음주의 기독교인들에게 "예수님은 이 땅에 왜 오셨을까?"라는 기본적인 질문을 던졌다. 그 결과 사람들은 대부분 "예수님이 세상에 오신 이유는 십자가에 달려 돌아가심으로 우리를 죄에서 구원하시고 천국에 가게 하기 위해서"라고 대답했다. 맞는 말이기는 하지만 예수님의 말씀은 그 대답보다 훨씬 더 크고 광범위하다. "하나님의 나라가 바로 여기에 있다. 나는 온 우주를 회복시키는 왕이다. 네가 죄를 회개하고 나를 믿으면, 아니 그렇게 할 때에만 내 왕국이 가져오는 모든 유익들을 즐기게 될 것이다"가 그분의 메시지이다.

예수 그리스도의 본성과 사역에 관해 복음주의자들이 의례히 하는 대답들을 다음 말씀들과 비교해보라.

"그는 보이지 아니하는 하나님의 형상이시요 모든 피조물보다 먼저 나신 이시니 만물이 그에게서 창조되되 하늘과 땅에서 보이는 것들과 보이지 않는 것들과 혹은 왕권들이나 주권들이나 통치자들이나 권세들이나 만물이 다 그로 말미암고 그를 위하여 창조되었고 또한 그가 만물보다 먼저 계시고 만물이 그 안에 함께 섰느니라 그는 몸인 교회의 머리시라 그가 근본이시요 죽은 자들 가운데서 먼저 나신 이시니 이는 친히 만물의 으뜸이 되려 하심이요 아버지께서는 모든 충만으로 예수 안에 거하게 하시고 그의 십자가의 피로 화평을 이루사 만물 곧 땅에 있는 것들이나 하늘에 있는 것들이 그로 말미암아 자기와 화목하게 되기를 기뻐하심이라"(골 1:15-20).

이 말씀에서는 모든 것을 창조하시고 유지하시며 화목하게 하시는 분으로 예수 그리스도를 묘사한다. 그렇다. 예수님은 우리 영혼을 위해 돌아가셨지만 또한 그분이 창조한 모든 것을 화목하게 하시기 위해, 즉 그것들 사이에 올바른 관계를 회복하시기 위해 돌아가셨다. 다음은 우리가 매년 부르는 크리스마스캐럴이다. "온 세상 죄를 사하려 주 예수 오셨네. 죄와 슬픔 몰아내고 다 구원하시네. 다 구원하시네. 다 구원, 구원하시네." 죄와 저주는 우주에 있는 모든 존재에 부패와 단절, 죽음을 가져왔다는 의미에서 범우주적이다. 하지만 왕의 왕이요 주의 주이신 예수께서 모든 것을 새롭게 하신다! 이것이 복음의 기쁜 소식이다.

딸 애나가 세 살 때 머리를 조아리고 기도하는 소리를 나는 들은 적이 있다. "사랑하는 예수님, 빨리 다시 와주세요. 몸에 상처가 많이 나서 아프걸랑요." 하나님의 나라가 가셔올 완전한 고침, 그것이 사신에게 일어나기를 바라는 간절한 갈망을 그보다 더 잘 표현할 수 있을까! 나는 딸의 기도를 듣고 목이 메던 기억이 난다. 딸아이는 세 살짜리가 할 수 있는 말로 "나라가 임하시오며 뜻이 하늘에서 이루어진 것같이 땅에서도 이루어지이다"(마 6:10)라고 기도한 것이다. 맞는 말이다. 주님, 어서 오십시오.

우리는 많은 상처를 안고 살아가고, 그래서 아주 아픕니다.

예수님은 진정 메시아이신가?

예수님은 자신이 예언을 통해 약속된 메시아라고 주장하신다. 그렇다면 그분의 주장이 사실이라는 것을 우리가 어떻게 알 수 있는가? 이러한 의문은 예수님 당시 나병환자에서부터 오늘날 위대한 학자들에 이르기까지 많은 사람들을 괴롭혔다.

놀라운 것은 말년의 세례 요한까지도 예수님이 메시아이심을 확신하지 못했다는 사실이다. 요한은 그의 사역 내내 메뚜기와 야생꿀을 먹고 이상한 옷을 입은 채 광야에서 생활하면서, 모든 이들에게 예수님이 약속된 메시아이심을, 다윗 왕좌에서 다스릴 왕이심을 선포했다. 하지만 헤롯의 감옥에 갇힌 요한은 어쩌면 이렇게 생각했을지도 모른다. '만약 예수님이 진정 메시아이시라면 그분의 국무장관이 될지도 모를 나를 구하기 위해 헤롯 왕에 대항해 혁명을 일으키실 거야.' 그러다 그의 목이 잘릴 지경에 처했는데도 아무런 혁명의 움직임이 느껴지지 않자 그는 당연히 의심이 들기 시작했을 것이다.

이제 요한은 제자 두 명을 예수님에게 보내기에 이른다. "오실 그이가 당신이오니이까 우리가 다른 이를 기다리오리이까"(눅 7:19). 그 질문에 예수님은 여러 방식으로 답을 주실 수 있을 것이다. 그분은 자신이 다윗의 혈통으로 베들레헴에서 태어났다는 사실이 메시아에 대한 예언과 부합한다고 지적하실 수도 있다. 자신이 성경에 대해 해박한 지식을 지녔다는 사실과 비할 데 없이 뛰어난 자신의 가르침을 보라고 말씀하실 수도 있다. 혹은 성령이 비둘기같이 예수님 위에 임하시고 하나님 아버지께서 "이는 내 사랑하는 아들이요 내 기뻐하는 자라"(마 3:17)라고 말씀하신 것을 보고 듣지 않았느냐고 요한에게 일깨워주실 수도 있다. 이 말을 듣고도 요한이 확신을 가지지 못한다면 그 어떤 말로도 그를 설득할 수 없을 것이다. 그런데 요한은 이미 이런 사실들을 모두 알고 있다. 다만 그는 자신을 평안하게 할 무엇인가가 필요했다. 이에 대해 예수님은 다음과 같이 말씀하신다.

> "예수께서 대답하여 이르시되 너희가 가서 보고 들은 것을 요한에게 알리되 맹인이 보며 못 걷는 사람이 걸으며 나병환자가 깨끗함을 받으며 귀먹은 사람이 들으며 죽은 자가 살아나며 가난한 자에게 복음이 전파된다 하라 누구든지 나로 말미암아 실족하지 아니하는 자는 복이 있도다 하시니라"(눅 7:22, 23).

다시 말해, 예수님은 요한에게 이리 말씀하신 셈이다. "요한아, 네 경주는 헛되지 않다. 나는 약속된 메시아가 맞다. 네 제자들이 듣고 본 내 말과 행함을 통해 확신할 수 있을 것이다. 이사야가 예언한 대로 나는 하나님 나라의 좋은 소식들을 가르치고 보여주고 있다."

만약 예수님이 하나님의 나라를 선포하시기 위해 말만 하시고 행함이 없으시다면 어떠했을까? 누가복음 18장 35-43절에 나오는 이야기를 읽고 있다고 한번 상상해보자. 예수님이 지나가신다는 소식을 듣고, 길가에 혼자 앉아 있던 장님 거지는 "다윗의 자손 예수여 나를 불쌍히 여기소서"라고 소리를 질렀다. 그때 만약 예수님이 "나는 예언의 실현이다. 나는 왕의 왕 주의 주다. 나는 하늘과 땅의 모든 권세를 가졌고 지금 너를 고쳐서 눈을 뜨게 할 수 있다. 그러나 내가 관심이 있는 것은 너의 영혼뿐이다. 나를 믿느냐?"라고 말씀하셨다 치자. 예수님이 증거를 보여주지 않으신다면 그분이 약속된 왕이라는 사실을 누가 믿겠는가? 베드로는 오순절 날, "너희도 아는 바와 같이 하나님께서 나사렛 예수로 큰 권능과 기사와 표적을 너희 가운데서 베푸사 너희 앞에서 그를 증언하셨느니라"(행 2:22)라고 말한다. 예수님의 행위는 그분이 약속된 메시아이심을 증명하는 데 반드시 필요하다. 이처럼 예수님은 하나님 나라의 복음을 선포하시고 또 직접 보여주신다.

예수님이라면 어떻게 하실까?

찰스 마쉬(Charles Marsh)는 그의 책 *The Last Days: A Son's Story of Sin and Segregation at the Dawn of a New South*(남부지방에서 목사의 아들로 살기)에서 1960년대 자신이 자란 미시시피 주 로렐에서의 경험을 묘사한다. 중앙정부가 인종차별을 철폐하려는 움직임을 보이면서 흑백 갈등이 첨예한 시기였다. 수세기에 걸친 흑인들에 대한 차별을 철폐하고자 북쪽 지방으로부터 민권운동가들이 많이 쏟아져 들어왔다. 찰스의 아버지는 로렐의 제일침례교회 목사로, 영향력 있는 지역사회 지도자들 가운데 한 명이었다. 그의 설교는 훌륭했고 생활은 경건했다. 교구식구들은 그를 모범적인 그리스도인으로 존경하고 사랑했다.

미시시피 로렐에는 그 지역 흑인들을 공포에 몰아넣던 KKK(Ku Klux Klan: 사회변화와 흑인의 동등한 권리를 반대하며 폭력을 휘두르는 미국 남부 주의 백인비밀단체 — 옮긴이 주) 최고지도자 샘 바우어스(Sam Bowers)도 살았다. 바우어스는 아홉 번이 넘게 흑인들이나 민권운동가들을 살해하기 위해 모의하고, 흑인 교회를 75차례나 폭파하며 구타와 상해를 수도 없이 행한 혐의를 받는 인물이었다. 존경받던 목사 마쉬는 이에 대해 어떻게 대응했을까? 찰스는 이렇게 설명한다.

KKK에 대해 말을 많이 하지는 않았지만 아버지가 그들을 미워했다는 것은 틀림없는 사실이다. 그는 내심 노예제도가 죄이며 독일과 남아프리카에서 행하는 인종차별주의가 신앙에 위배된다고 생각했다. 나의 역사숙제를 도와주면서 남부 역사에 관해 이야기하다가 가끔 그런 이야기를 해주었다. "우리가 흑인노예들에게 한 짓은 어떤 식으로도 정당화할 수가 없어. 그건 악한 짓이고 우리가 잘못한 거야." 하지만 아버지에게는 주님을 섬기는 일과 그런 것은 상관이 없었다. "교회에 열심히 나와야 합니다. 교회에 나오는 것은 하나님 나라의 문이 열렸을 때 적어도 우리가 하나님 편에서 있음을 보여줄 수 있는 길입니다." 그가 교회주보에 써놓은 말이다. 물론 교회좌석을 채우는 일, 교회를 성장시키는 일은 모든 목사들의 희망사항이다. 하지만 매일같이 흑인 교회들에 일어나는 방화 사건들, 그 지역에 거주하는 흑인들의 참혹할 정도의 생활수준, 백인우월주의, 악취처럼 마을에 퍼져 있는 공포의 냄새, 이런 것들은 아버지의 주일설교나 저녁식사 시간, 교회에 관한 이야기를 할 때에는 화제로 등장하지 않았다. 모름지기 훌륭한 침례교회 목사에게는 이런 것들은 천국에 이르는 여정의 순례자들의 영적 세계와는 상관없는 정치적인 문제들일 뿐이었다. 쓸데없는 골칫거리요 인간의 부족함을 보여주는 증거들 그 이상도 이하도 아닌, 훗날 종말론적인 해결을 찾아야 할 문제들이었다. "나중에 우리가 모두 천국에 올라가 만나면 얼마나 기쁜 날이 될 것인가."(찬송가 가사 — 옮긴이 주)[3]

그때나 지금이나 많은 기독교인들이 그렇듯 마쉬 목사도 개인의 경건을 강조하는 데 그쳤을 뿐 하나님의 나라를 지향하는 삶에 따라와야 하는 사회적인 관심을 수용하지 못했다. 그는 기독교인으로서 살아간다는 것은 주로 술과 마약, 성적 문란을 멀리하여 자신의 영혼을 깨끗하게 지키고 다른 사람들도 그리 살도록 돕는 것이라고 생각했다. 타락한 영혼들을 구원하는 일 외에는 마쉬 목사에게서 이미 이곳에 와 있는 하나님의 나라에 대한 이해를 찾아볼 수는 없었다.

사실 야고보는 많은 기독교인들에게 다음과 같이 말한다. "하나님 아버지 앞에서 정결하고 더러움이 없는 경건은 곧 고아와 과부를 그 환난 중에 돌보고 또 자기를 지켜 세속에 물들지 아니하는 그것이니라"(약 1:27).

마쉬 목사가 개인의 경건과 천국의 소망에 대해 설교하는 동안에도 미시시피 전역에서는 바우어스가 주도하는 폭력에 흑인들이 시달리고 있었다. 그만큼 분명하게 눈에 드러나지는 않지만 흑인들을 당시의 비참한 상태에 묶어두기 위한 사회와 정치, 경제 제도들도 미시시피 전역에 만연했다. 이 같은 상황에서 예수님이 오신다면 어떻게 하셨을까? "도와달라는 너희의 절규를 듣기는 했다만 이 땅에서 겪는 너희의 고통은 내 알 바 아니다. 나를 믿으면 언젠가 내가 너희를 하늘로 옮길 것이다. 그때까지는 술과 마약을 멀리하고 성적인 방종을 멀리하거라"라고 말씀하시며 흑인들을 복음화하는 데만 전념하셨을까? 자비를 베풀어달라고 애원하는 장님에게 예수님은 그렇게 응답하셨는가.

마쉬 목사는 분명 엄청난 압박감을 느꼈을 것이다. 공공연히 KKK단을 비난한다면 일자리를 잃거나 가족들에게 신체적인 위해가 닥칠 수도 있다. 게다가 그의 신학적 시각은 "공의를 구하며 학대받는 자를 도와주는" (사 1:17) 것보다는 개인의 경건에 맞추어져 있다. 이런 이유들로 마쉬의 주된 관심과 에너지는 KKK와 투쟁하는 것보다는 일부 민권운동가들의 불신앙과 경건치 않은 생활에 집중되었다. 이런 경향은 그의 유명한 설교문 '셀마의 슬픔'(The Sorrow of Selma)에 확연하게 드러나는데, 그는 민권운동가들이 정작 하나님을 믿지 않는 위선자들이며 '목욕도 제대로 하지

않는 비트족들'이고 '비도덕적인 미치광이들'이며 '명백한 타락자들'이라고 맹비난을 퍼부었다. [4)]

어떤 면에서는 마쉬 목사의 견해가 옳다. 많은 민권운동가들은 하나님 나라의 평화와 정의, 공의를 열망하지만 그 은혜들을 누리기 위한 필수 전제인 왕께는 무릎을 꿇지 않았다. 대조적으로 마쉬 목사는 왕이신 예수님을 강조하지만 '그리스도의 나라의 완전함' 그것이 그가 사는 공동체에서 벌어진 불의에 어떤 의미를 갖는가는 이해하지 못했다. 그런 의미에서 마쉬 목사와 민권운동가들은 모두 상이한 방식으로 오류를 범한다. 마쉬 목사는 하나님의 나라보다는 하나님을 구했고, 민권운동가들은 하나님보다는 하나님의 나라를 더 열망했다. "예수님이라면 어떻게 하실까?"라는 질문에 제대로 답하려면 교회는 그리스도가 중심에 계신, 어느 한쪽에도 치우치지 않은 하나님의 나라에 대한 시각을 가져야 한다.

교회의 임무는 무엇일까?

하나님을 믿는 사람들의 임무는 예수님의 사명과 깊은 연관이 있다. 한마디로 말하자면, 예수님은 하나님 나라라는 복음을 말씀과 행동으로 가르치셨다. 따라서 교회도 그 본을 따라야 한다. 우리가 익히 알 듯이 예수님은 그 복음을 특히 아프고 연약하며 가난한 자들에게 전하기를 즐겨하셨다. 그러므로 역사를 통틀어 하나님을 따르는 사람들이 왕의 발자국을 따라 문제의 현장으로 보내심을 받은 것은 전혀 놀라운 일이 아니다.

구약에서 하나님께 선택받은 이스라엘 민족에게는 예수님이 어떤 분인지 예표할 사명이 있다(마 5:17; 요 5:37-39, 45, 46; 골 2:16, 17). 이스라엘은 미래에 오실 놀라운 존재, 왕이신 예수님을 은밀하게 미리 드러내 보여줄 수 있는 존재이어야 한다. 이스라엘을 바라보는 사람들에게 어떤 큰 사건이 다가오고 있는지 알려주고 이를 고대하게 만들어야 한다. 그들 입에서 "우아! 이 사람들은 정말 특별하군. 그들의 왕이 어떤 분인지 정말 궁금하네. 굉장히 위대하신 분이 틀림없어"라는 말이 나오게 해야 한다. 따라서 왕이신 예수님이 가난한 자들을 위해 복음을 가져오시듯이 그 백성인 이스라엘이 가난한 자들을 돌보기를 원하시는 것은 당연하다.

사실 하나님은 모세를 통해 이스라엘에게 가난한 자들을 도우라는 수많은 계명을 주셨다. 안식일은 노예와 이방인들에게 휴식을 보장하기 위한 날이다(출 23:10-12). 안식년에는 빚을 진 이스라엘 백성들이 탕감을 받으며, 가난한 사람들은 추수한 들판에서 곡식을 주울 수 있고, 노예들을 해방시키되 빈손이 아닌 생산수단을 제공한다(신 15:1-18). 희년은 해방의 해이다. 노예들을 놓아주고 땅도 원래 주인들에게 돌려준다(레 25:8-55). 채무와 십일조, 이삭줍기 등에 관한 다른 법률들도 모두 가난한 사람들의 매일의 삶을 돕기 위한 조항들을 갖춘다(레 25:35-38; 신 14:28, 29; 레 19:9, 10). 그런 계명들이 미치는 영역은 실로 광범위한데, 결국은 "너희 중에 가난한 자가 없으리라"(신 15:4)라고 선포하시듯이 하나님의 백성들 사이에 궁핍을 없앤다는 최종 목적을 달성하기 위한 것이다.

불행히도 이스라엘은 그들에게 부여한 사명을 제대로 감당하지 못한다. 하나님은 예표로서의 사명을 제대로 감당하지 못한 당신의 선민, 이스라엘을 유배 보내신다. 그들은 어떤 특별한 죄들을 지어서 포로생활을 해야 했을까? 이스라엘의 죄를 지적하시면서 그들을 유배지로 보내겠다고 하나님이 말씀하신 이사야서 구절들을 숙고해보라. 말씀을 읽고 알게 된 것은 무엇인가?

"너희 소돔의 관원들아 여호와의 말씀을 들을지어다 너희 고모라의 백성아 우리 하나님의 법에 귀를 기울일지어다 여호와께서 말씀하시되 너희의 무수한 제물이 내게 무엇이 유익하뇨 나는 숫양의 번제와 살진 짐승의 기름에 배불렀고 나는 수송아지나 어린 양이나 숫염소의 피를 기뻐하지 아니하노라 너희가 내 앞에 보이러 오니 이것을 누가 너희에게 요구하였느냐 내 마당만 밟을 뿐이니라 헛된 제물을 다시 가져오지 말라 분향은 내가 가증히 여기는 바요 월삭과 안식일과 대회로 모이는 것도 그러하니 성회와 아울러 악을 행하는 것을 내가 견디지 못하겠노라 … 너희 악한 행실을 버리며 행악을 그치고 선행을 배우며 정의를 구하며 학대받는 자를 도와주며 고아를 위하여 신원하며 과부를 위하여 변호하라 하셨느니라"(사 1:10-13, 16하, 17).

"크게 외치라 목소리를 아끼지 말라 네 목소리를 나팔같이 높여 내 백성에게 그들의 허물을, 야곱의 집에 그들의 죄를 알리라 그들이 날마다 나를 찾아 나의 길 알기를 즐거워함이 마치 공의를 행하여 그의 하나님의 규례를 저버리지 아니하는 나라 같아서 의로운 판단을 내게 구하며 하나님과 가까이하기를 즐거워하는도다 우리가 금식하되 어찌하여 주께서 보지 아니하시오며 우리가 마음을 괴롭게 하되 어찌하여 주께서 알아주지 아니하시나이까 보라 너희가 금식하는 날에 오락을 구하며 온갖 일을 시키는도다 … 이것이 어찌 내가 기뻐하는 금식이 되겠으며 이것이 어찌 사람이 자기의 마음을 괴롭게 하는 날이 되겠느냐 그의 머리를 갈대같이 숙이고 굵은 베와 재를 펴는 것을 어찌 금식이라 하겠으며 여호와께 열납될 날이라 하겠느냐 내가 기뻐하는 금식은 흉악의 결박을 풀어주며 멍에의 줄을 끌러주며 압제 당하는 자를 자유하게 하며 모든 멍에를 꺾는 것이 아니겠느냐 또 주린 자에게 네 양식을 나누어주며 유리하는 빈민을 집에 들이며 헐벗은 자를 보면 입히며 또 네 골육을 피하여 스스로 숨지 아니하는 것이 아니겠느냐 그리하면 네 빛이 새벽같이 비칠 것이며 네 치유가 급속할 것이며 네 공의가 네 앞에 행하고 여호와의 영광이 네 뒤에 호위하리니 네가 부를 때에는 나 여호와가 응답하겠고 네가 부르짖을 때에는 내가 여기 있다 하리라 만일 네가 너희 중에서 멍에와 손가락질과 허망한 말을 제하여버리고 주린 자에게 네 심정이 동하며 괴로워하는 자의 심정을 만족하게 하면 네 빛이 흑암 중에서 떠올라 네 어둠이 낮과 같이 될 것이며"(사 58:1-3, 5-10).

왜 이스라엘 민족은 포로생활을 해야 했을까? 우리 중 많은 사람들은 눈을 뜨자마자 가까운 신전으로 가서 우상들을 숭배하는 이스라엘 사람들의 모습을 떠올릴지도 모른다. 사실 구약의 여러 구절들은 이스라엘에서 우상숭배가 행해졌음을 말해준다. 하지만 위 말씀들은 더 폭넓은 이해를 할 수 있게 한다. 여기서는 이스라엘 사람들이 예배를 드리고 제물을 바치며 종교 기념일들을 지키고 기도를 하는 등 개인의 경건생활에 힘쓰며 공식적 종교의 외적인 모습들을 갖추기 위해 애쓰는 모습을 그린다. 오늘 우리 삶에 대입하자면, 매주 교회 출석은 물론이요 주중 기도 모임과 매년 교회수련회에도 꼬박꼬박 참석하고 새로 나온 복음성가들도 빠짐없이 다 부를 줄 아는 그리스도인의 모습을 연상할 수 있다. 하지만 하나님은 그들에게 염증을 느끼시고 심지어는 그들을 '소돔과 고모라'라고까지 부르신다.

무엇이 하나님을 그토록 불쾌하게 만들까? 인용한 말씀을 보면, 하나님은 가난하고 압박받는 사람들을 돌보지 못한 이스라엘에게 진노하신다. 하나님은 당신의 백성들이 주일마다 빠지지 않고 교회에 가는 것보다는 "흉악의 결박을 풀어주기"를 원하셨다. 주중 기도 모임에 성실하게 참석하는 것보다는 "헐벗은 자를 보면 입히기"를 원하셨다. 그분은 당신의 백성들이 모여 찬양하는 것보다는 "주린 자에게 그들의 심정을 동하기"를 원하셨다.

물론 개인적인 경건과 형식을 갖춘 예배도 그리스도인의 삶에는 분명 필요하다. 하지만 그런 것들에는 "정의를 행하며 인자를 사랑하는" 삶이 따라야 한다(미 6:8).

신약성경에서 하나님을 믿는 사람들, 즉 교회는 왕이신 예수님을 예표 하는 존재 그 이상이다. 교회는 예수 그리스도의 몸이요 신부이니 곧 그리스도의 충만함이다(엡 1:18-23; 4:7-13; 5:32). 사람들이 교회를 볼 때 예수님의 모습이 교회로 구현된 것도 볼 수 있어야 한다. 말과 행동으로 문둥병자와 저는 자, 가난한 자들에게 하나님의 나라가 온 우주의 모든 구석까지 미치는 치료와 회복을 가져온다고 선포하신 그분을 볼 수 있어야 한다.

우리는 교회의 태동에서부터 이런 사실을 볼 수 있다. 예수님이 열두 제자들을 처음으로 세상에 보내시는 장면을 성경은 이렇게 기록한다. "하나님의 나라를 전파하며 앓는 자를 고치게 하려고 내보내시며"(눅 9:2). 후에 예수님은 72명의 제자들을 보내시면서 "병자들을 고치고 또 말하기를 하나님의 나라가 너희에게 가까이 왔다 하라"(눅 10:9)라고 명령하신다. 이처럼 전해야 할 메시지는 하나님 나라의 도래이지만, 이는 말과 행위로 전파해야 한다고 말씀하신다.

교회의 성도들 모임에 관한 거의 첫 번째 말씀 가운데 "그중에 가난한 사람이 없으니"라는 내용이 나온다(행 4:34). 신학자 데니스 존슨(Dennis Johnson)은 사도행전 저자인 누가가 "너희 중에 가난한 자가 없으리라"[5]라는 신명기 15장 4, 5절 말씀을 의도적으로 반복한다고 말한다. 여기서 누가는 이스라엘이 가난한 사람들을 돌보지 못해 포로생활을 했지만, 지금은 하나님을 섬기는 사람들이 회복되어 왕이신 예수님과 어떠한 궁핍도 없는 그의 왕국을 예표하고 있음을 암시한다(계 21:1-4). 실제로 신약성경 전체에 가난한 자들에 대한 배려가 교회의 중요한 사명으로 등장한다(마 25:31-46; 행 6:1-7; 갈 2:1-10; 6:10; 약 1:27). 특히 요한일서 3장 16-18절 말씀은 가장 간결하면서도 명료하게 이 문제를 다룬다.

> "그가 우리를 위하여 목숨을 버리셨으니 우리가 이로써 사랑을 알고 우리도 형제들을 위하여 목숨을 버리는 것이 마땅하니라 누가 이 세상의 재물을 가지고 형제의 궁핍함을 보고도 도와줄 마음을 닫으면 하나님의 사랑이 어찌 그 속에 거하겠느냐 자녀들아 우리가 말과 혀로만 사랑하지 말고 행함과 진실함으로 하자."

성경의 가르침은 북미 기독교인들의 마음을 파고들어야 한다. 어느 면에서든 우리는 세상에서 물질적으로 가장 부유한 사람들이다. 하지만 그 못지않게 경제적인 불평등 또한 가장 심하다.

경제사학자들은 이제껏 대부분의 인간 역사 기간 동안에는 경제적인 성장이 미미했지만 경제적인 불평등도 상대적으로 적었다고 말한다. 1820년 무렵에만 해도 가장 부유한 나라들의 개인 평균 임금은 가장 가난한 나라들의 평균 임금보다 네 배 정도에 그쳤다.[6] 하지만 그 후 산업혁명이 도래하면서 대부분 나라들을 제치고 몇몇 나라들에서 공전의 경제 성장이 이루어지게 되었다. 그 결과 현재 미국인들이 매일 평균 90달러 이상 소비하는 데 비해[7] 약 10억 명의 사람들이 하루 1달러 이하로 살아가며 전 세계 인구의 40퍼센트인 26억 명이 매일 2달러가 채 못 되는 돈으로 생계를 이어간다.[8] 경제적인 불평등이 그리 심하지 않던 구약과 신약시대에서조차 하나님의 사람들이 가난한 사람들에게 관심을 기울여야 한다면 오늘날 북미를 향하신 하나님의 마음은 어떠하실까? "누가 이 세상의 재물을 가지고 형제의 궁핍함을 보고도 도와줄 마음을 닫으면 하나님의 사랑이 어찌 그 속에 거하겠느냐"(요일 3:17).

그렇다면 교회의 임무는 무엇인가? 우리는 그리스도가 우리를 통해 행하셨고 지금도 행하시고 계신 일, 즉 말과 행동으로 예수님이 만왕의 왕이시고 만주의 주이시며 공의와 정의, 평화의 왕국을 도래하게 하시는 분임을 공표함으로써 그분을 구현하는 삶을 살아야 한다. 교회는 이 일을 예수님이 일하시던 곳, 즉 장님들과 병자, 버림받은 자와 가난한 자들 사이에서 행해야 한다.

버려진 사람들

예수님이 당신의 몸을 통해 행하신 사역에 초점을 맞추면 초대 교회에 대한 야고보의 말이 충분히 이해가 간다. "내 사랑하는 형제들아 들을지어다 하나님이 세상에서 가난한 자를 택하사 믿음에 부요하게 하시고 또 자기를 사랑하는 자들에게 약속하신 나라를 상속으로 받게 하지 아니하셨느냐"(약 2:5). 바울도 고린도 교회에 보내는 편지에서 이 같은 사실을 통렬히 지적한다.

"형제들아 너희를 부르심을 보라 육체를 따라 지혜로운 자가 많지 아니하며 능한 자가 많지 아니하며 문벌 좋은 자가 많지 아니하도다 그러나 하나님께서 세상의 미련한 것들을 택하사 지혜 있는 자들을 부끄럽게 하려 하시고 세상의 약한 것들을 택하사 강한 것들을 부끄럽게 하려 하시며 하나님께서 세상의 천한 것들과 멸시받는 것들과 없는 것들을 택하사 있는 것들을 폐하려 하시나니 이는 아무 육체도 하나님 앞에서 자랑하지 못하게 하려 하심이라"(고전 1:26-29).

신학자이자 목사이며 공동체개발가로 미국에서 활동하는 마크 고닉(Mark Gornik)은 이 구절에 대한 주석에서 "야고보와 바울은 성경을 관통하는 중요한 증언을 제시한다. 즉, 하나님은 사회의 핵심층인 권력자들이 아니라 변방에 위치한 힘없는 자들로부터 시작하여 세상에서 일하시기로 주권적으로 선택하셨다"[9]라고 주장한다.

이런 주장은 가난한 사람들이 부자들보다 본질적으로 더 의롭다거나 거룩하다는 의미가 아니다. 성경 어디에도 가난이 바람직하다거나 물질이 악하다는 말씀은 없다. 아니 오히려 부요함을 하나님의 선물로 여긴다. 여기서 요점은 하나님이 당신의 영광을 위해, 자만한 세상이 전혀 예상하지 못한 곳, 어리석고 약하며 천하고 멸시받는 자들 가운데서 하나님의 나라를 선포하기로 선택하셨다는 것이다.

하나님의 왕국을 넓히기 위한 전략으로 가난한 자들을 선택하신 것은 정말 이상해 보일 수도 있지만, 이런 비상식적인 방법이 실제로는 아주 성공적이라는 것이 역사를 통해 증명되었다. 사회학자 로드니 스타크(Rodny Stark)는 초대 교회가 고통받는 사람들을 품어 안은 것이 폭발적인 성장을 가능하게 했다고 사료들을 통해 증명한다. 로마제국 내 도시들은 열악한 위생환경과 오염된 식수, 밀집된 인구와 복개되지 않은 채 흐르는 하수, 더러운 거리와 심한 악취, 심각한 범죄율과 무너져가는 건물들, 빈번한 질병과 전염병들로 시달렸다. "기대수명(Life Expectancy at Birth)은 30년 이하, 아니 아마도 그에 훨씬 못 미칠 수도 있었다."[10] 높은 사망률에 맞서 급격한 인구감소를 막는 유일한 방법으로 로마 각 도시들이 사용한 것은 이민의 문호를 항상 열어놓는 일이었다. 이런 상황은 탈법행위와 도시의 혼란, 사회불안을 야기했다.

이런 오물구덩이 같은 도시를 피하기는커녕 초대 교회들은 그곳에 자리를 잡았다. 스타크에 따르면, 하나님의 사랑에서 비롯한 그리스도인들의 자기희생적인 이웃사랑은 로마인들이 보기에는 가히 혁명적인 생각이었는데, 왜냐하면 그들은 타인들에게 자비를 베푸는 것을 이성적인 사람들이라면 피해야 할 감정행위라며 기피해왔기 때문이다. 이방종교들은 도시군중들에게 짓밟히는 병든 자와 가난한 자들을 돌볼 그 어떤 도덕적 근거도 제공하지 않았다. 그에 반해 스타크는 다음과 같이 말한다.

> 기독교는 도시들 속에 존재하는 수많은 절박한 문제들에 대처할 수 있게 하는 새로운 도덕률과 새로운 종류의 인간관계들을 제공함으로써, 그리스-로마 도시들에 새로운 생기를 불어넣었다. 빈민들과 노숙자들로 넘쳐나는 도시들에 자선과 희망을 제공했다. 새로 도시에 유입되어온 사람들이나 이방인들에게는 즉시 기댈 수 있는 언덕이었다. 도시의 수많은 고아와 과부들에게는 새로운 대가족 같은 역할을 맡았다. 폭력과 민족 간 갈등으로 찢긴 도시들에 새로운 연대의 근거를 제시했다. 진염병과 화재, 지진을 겪은 도시들에 효율적인 구호를 제공했다.[11]

고통받는 자들을 위해 그들 가운데서 사역하는 하나님 나라의 전략은 지상의 다른 권력자들도 모방할 정도로 아주 강력한 힘을 가졌다. 4세기

로마 황제 줄리안은 수많은 개종자들을 배출하는 기독교의 자선기관들에 맞서기 위해 이방종교들이 운영하는 자선기관들을 만들려고 했다. 이교 제사장들에게 서한을 보내 "불경건한 갈릴리인들(기독교인들)이 그들 가운데 가난한 자들뿐 아니라 우리 국민들 가운데 가난한 자들까지 도와주고 있어서 우리가 가난한 우리 국민들에게 도움을 주지 못하고 있음을 만천하에 드러내고 있다"[12]라고 불평을 했다.

기독교가 로마 전역으로 퍼져가는 놀라운 현상의 중심에는 도시 빈민들이 있었다. 그런 현상은 지금도 마찬가지이다. 역사가 필립 젠킨스(Philip Jenkins)는 아프리카와 남미, 아시아의 여러 지역 등 제3세계(Majority world)라고 부르는 지역들에서 기독교가 놀라운 성장세를 보인다고 기록한다. 그의 주장에 따르면, 2025년 무렵에는 개종자들 수로만 따지면 아프리카 대륙은 유럽과 미국을 제치고 기독교 중심지로 등장할 것이고, 2050년이면 우간다의 기독교인들 수만 해도 유럽의 제일 큰 4, 5개국 교인들을 합한 수보다도 더 많을 것이다. 초대 교회들과 마찬가지로 제3세계에서의 교회 성장은 빈민들을 중심으로 이루어질 것이라고 젠킨스는 주장한다. "가난한 사람들, 아니 일전 한 푼 없는 사람들을 선교대상으로 삼는 교파가 가장 큰 성공을 거둘 것이다."[13]

복음주의 교회들의 대반전(Great Reversal)

빈민들을 대상으로 한 사역의 최일선에 교회가 서야 한다는 생각은 북미에서는 낯선 것이 아니다. 수많은 학자들이 말해왔듯이, 20세기 이전만 하더라도 복음주의 기독교인들은 가난한 사람들의 물질적·영적 필요를 보살피는 데 큰 역할을 담당했다.[14] 하지만 이런 사정은 20세기에 들어서면서 복음주의자들이 자유주의 신학자들과 기독교의 근본교리를 둘러싸고 갈등을 벌이면서 바뀌게 되었다. 모든 인본주의적 노력들을 하나님 나라를 불러오는 행위로 생각하는 사회복음화운동이 인기를 끌자 복음주의자들은 이를 신학적 오류로 생각하게 되었고, 사회복음화운동과 자신들을 차별화하기 위해 빈민구제를 위한 노력의 현장에서 대규모로 발을 빼기 시작했다. 교회가 이렇게 극적으로 가난한 사람들로부터 등을 돌리고 떠난 1900년에서 1930년을 교회역사가들은 사회적 문제들에 있어서 복음주의 교회들의 '대반전'의 시기라고 명명한다.[15]

이 '대반전'은 미국에서 복지국가가 나타나기 전에 발생했다는 사실을 유념해야 한다. 린든 존슨(Lyndon Johnson) 대통령의 가난과의 전쟁은 1960년대에 이르러서야 시작되었고 루스벨트(Franklin D. Roosevelt) 대통령의 뉴딜정책도 1930년대 무렵 일이다. 다시 말해 복음주의 교회들이 빈민들을 돕는 일에서 멀어지게 된 까닭은 많은 사람들이 생각하듯이 국가의 사회복지 프로그램들이 아니라 신학적인 문제 때문이다. 물론 정부가 계속해서 정책들을 내놓음으로써 교회들을 빈민구제에서 더욱 멀어지게 하기는 했지만 주된 원인은 아니다. 여기서 신학은 중요한 문제이다. 교회는 그리스도가 중심에 계시는, 하나님의 나라에 대해 어느 한쪽으로 치우치지 않은 제대로 된 시야를 다시 정립해야만 한다.

중요한 임무 그러나 배타적이지 않은 임무

성경은 지역교회가 가난한 사람들의 물질적·영적 필요를 돌봐야 한다고 가르치지만 교회만 가난한 사람들을 돌봐야 한다고 주장하지는 않는다. 개인들(마 25:31-46)과 가정들(딤전 5:8), 심지어 정부들(단 4:27; 시 72)까지 모두가 가난한 자들에 대한 의무가 있다고 말한다. 물론 오늘날처럼 고도로 복잡한 사회에서는 다양한 현장목회를 통해 가난한 사람들을 돌보는 일을 수행할 수도 있다. 현장목회에서는 성례집전 같은 전적으로 교회에 부여한 임무들을 수행해서는 안 되지만, 성경에 따르면 가난한 사람들을 돌보는 일은 전적으로 교회만의 임무라고 볼 수 없다.

따라서 교회는 가난한 사람들을 돌봐야 하지만 성경은 지역교회들이 이 일을 직간접적으로 행할 때 어느 정도까지 도와야 하는지, 어떻게 도와야 하는지 결정할 수 있는 자유를 그리스도인들에게 부여한다. 때로는 지역교회가 빈민들에 대한 사역을 교회 지도자들 지도하에 직접 실행할 수도 있다. 다른 경우에는 지역교회가 간접적으로 빈민사역을 수행하는 게 낫다고 판단하고 현장목회를 시작하거나 지원할 수도 있고 또는 단지 성도들 개개인에게 가난한 사람들을 돌보도록 권고할 수도 있다. 어떤 경우든 가장 좋은 길을 찾으려면 지혜가 필요하다. 하지만 하나님의 사람들이 지역교회의 직접적인 지도를 벗어나 사역을 수행하려 할 때에도 반드시 사람들의 영적 삶에 관해 하나님의 권위를 부여받은 지역교회와 연계해 일하도록 노력해야 한다.

멈출 수 없는 하나님 나라의 치유

아프리카의 한 모임에서 내가 이런 내용들을 발표하고 나서 청중 가운데 훤칠한 키에 건장한 흑인이 눈물을 글썽인 채 나를 찾아왔다. "이런 이야기들은 선교사들에게서는 들어본 적이 없어요. 사람들의 영혼을 구원하기 위해 복음만 전하라고 했거든요. 하지만 목사님은 예수님이 창조세계의 모든 것을 사랑하시고 그래서 우리가 가난한 사람들의 몸과 영혼을 모두 돌보기를 원하신다고 하는군요. 저는 목사님이 인용한 말씀들이 모두 옳다고 생각하고 거기에 반기를 들 생각은 없어요. 하지만 이제 저는 선교사들에 대해 어떻게 생각해야 하나요? 그들은 제게는 영웅 같은 존재들이거든요." 그는 매우 충격을 받은 것 같았다.

"저는 그 선교사들의 신을 들고 다니기에도 부족한 사람입니다." 나는 그를 안심시켰다. "그들은 아프리카로 오는 배에 자신들의 관까지 같이 싣고 왔지요. 그리고 그중 많은 이들이 복음을 전하다 순교를 당하기도 했고요. 그들은 모두 당신의 존경을 받기에 모자람이 없어요. 하지만 우리와 마찬가지로 그들도 부족한 부분이 있다는 거지요."

불행히도 그가 느낀 실망감은 드문 일이 아니었다. 대반전은 지난 19세기 후반 이래 북미 교회의 선교전략을 형성해왔다. 하나님 나라가 지니는 포괄적인 의미를 망각한 많은 선교사들은 종종 사람들의 영혼을 구원하기 위한 복음전파에만 노력을 기울이고 "모든 족속으로 제자를 삼으라"라는 예수님의 명령은 무시했다. 그러나 새로 기독교인이 된 사람들은 성경적인 세계관을 배우고 주 되신 예수님이 그들의 모든 삶에 미치는 의미를 이해해야 한다. 즉, 다음 질문들에 대답할 수 있어야 한다. 만약 그리스도가 모든 것의 주님이시라면 하나님께 영광을 돌리기 위해 우리는 농사와 장사, 정책과 예술 활동과 같은 행위들을 어떤 식으로 할 것인가?

복음에 '삶의 모든 요소들'을 포함시키지 않는 태도는 제3세계에서 참혹한 결과를 가져왔다. 이런 사실의 가장 극명한 예가 르완다이다. 르완다 사람들 중 80퍼센트 이상이 기독교인임을 자처하지만, 1994년 발발한 끔찍한 내전에서 다수민족인 후투족은 소수민족인 투치족과 온건파 후투족을 학살하고 3개월에 걸쳐 80만 명 이상 희생자를 남겼는데, 그들 대부분이 투치족이다.

어떻게 이런 일이 생길 수 있을까? 선교학자 제임스 엥글(James Engle)과 윌리엄 더니스(William Dyrness)는 그들의 책 *Changing the Mind of Missions: Where Have We Gone Wrong?*(선교의 정신 바꾸기: 우리는 어디서

부터 잘못되었을까?)에서 그 해답이 성경적인 세계관, 즉 하나님의 나라라는 관점을 삶의 모든 영역에 적용하지 못한 르완다의 교회들에 있다고 주장한다. 대부분의 르완다인들에게 기독교는 "정령신앙의 가치들과 해묵은 부족 간의 적의와 다툼으로 얼룩진 세속적인 삶의 겉만 번지르르한 피상적이고 사적인 껍질에 지나지 않는다. … 교회는 하나님의 형상을 본떠 만들어진 인간의 존엄과 가치같이 중요한 문제에 대해서는 입을 굳게 다물고 있다."[16] 달리 말한다면 르완다의 교회들은 그리스도가 중심에 계신, 삶의 모든 것을 포함하는 하나님의 나라에 대한 이해가 없으며, 그래서 "각 족속으로 제자를 삼으라"라는 예수님의 명령을 수행할 준비가 안 되어 있다.

미시시피의 로렐과 르완다의 키갈리(아프리카 중부 르완다 공화국 수도—편집자 주)는 두 가지 공통점이 있다.

첫째로, 이 두 곳에 있는 교회들은 예수님이 이 세상에 오신 의미를 제대로 이해하지 못했다. 그 결과 매주 강단에서 전하는 말씀에서는 월요일에서 토요일까지 성도들의 삶에 미쳐야 할 복음의 강력한 영향력을 찾아볼 수 없었다.

둘째로, 당신의 백성들이 실패했는데도 왕이신 예수께서는 양쪽 교회 모두를 치유하셨다. 마쉬 목사는 점차 복음의 의미를 온전히 이해하게 되어 '모든 인종을 향한 하나님의 놀라운 은총'(Amazing Grace for Every Race) 같은 제목의 설교를 하기에 이르렀고 인종차별에 대해 공개적으로 반대하고 나섰다. 르완다의 교회들은 후투족들과 투치족들이 화합하도록 도왔다. 하나님 나라의 치유는 멈출 수 없다. 이 같은 기쁜 소식, 하나님 나라의 복음이야말로 예수 그리스도가 이 땅에 오신 이유이다.

돌아보며

다음 질문에 답해보라.

1. 이 장 초미에서 던진 질문, '예수님은 이 땅에 왜 오셨을까?'에 대한 대답을 생각해보라. 그 대답이 당신 삶의 모습을 어떻게 바꾸었는가? 어떻게 하면 좀 더 예수님 중심의 하나님 나라라는 관점을 고수하는 삶을 살 수 있는가? 구체적으로 답해보라.

2. 이 장을 읽기 전에 가난한 이들을 돌아보지 않은 것이 이스라엘이 포로생활을 하게 된 원인 가운데 하나라는 사실을 알고 있었는가? 아니라면 포로생활의 원인을 무엇이라고 생각했는가? 북미 교회가 그 사실에 대해 무지한 까닭은 성경을 어떻게 읽기 때문인가?

3. 당신의 교회는 교회의 가장 큰 임무가 무엇이라고 답할 것 같은가? 물론 교회들은 이 문제에 대해 명확한 답변을 내놓지 않을 수도 있다. 그런 경우 평소 강단에서 선포하는 메시지들과 사역 목표와 실천 등을 고려해 당신이 대신 그 대답을 찾아야 한다. 당신의 교회는 예수님 중심의 하나님 나라라는 신학이론을 어떻게 하면 좀 더 충실하게 사역에 반영할 수 있을까? 구체적으로 답해보라.

4. 가난한 사람들이 당신의 교회를 통해 예수 그리스도와 그분의 나라의 광범위한 치유가 구현되는 모습을 볼 수 있는가? 아니라면 당신의 교회는 지금 어떤 모습인가?

5. 이 장을 읽고 나서 새롭게 결심한 일 세 가지를 구체적으로 들어보라. 믿음으로 그 일들을 실천할 수 있도록 도와달라고 하나님께 간구하라.

WHEN HELPING HURTS

How to Alleviate Poverty without
Hurting the Poor and Yourself

들어가며

잠시 다음 질문을 생각해보라.

1. 가난이란 무엇인가? 마음에 떠오르는 대로 단어들을 써보라.

2장

성경적인 관점으로 가난을 바라보라

가난한 사람들이 가난에 대해 말하다

제2차 세계대전 말에 연합국들은 전쟁으로 폐허가 된 유럽을 재건하기 위해 세계은행을 설립했다. 이는 아주 성공적이었고 유럽경제는 역사상 유례가 없을 정도로 빨리 성장했다. 성공에 힘입어 세계은행은 저소득 국가들을 돕기 위해서도 유사한 방법, 즉 경제성장을 돕고 가난퇴치에 유리한 조건으로 돈을 빌려주는 일을 시작했다. 하지만 그 결과는 신통치가 않았다. 프랑스 같은 나라들에 자금을 투자하면 큰 효과가 있었지만 인도 같은 나라들에서는 별 효과가 없었다. 표면적으로는 가난과 기아, 난민과 기반시설 부재, 불충분한 사회사업들과 빈약한 경제 등 두 나라의 문제들이 별로 다를 바가 없었다. 하지만 제3세계는 뭔가 다른 점이 있었다.

빈국에서 가난을 줄이려고 노력하는 기구들 가운데 가장 큰 공공기관인 세계은행으로서는 빈곤 문제 해결이 결코 쉬운 문제가 아니었다. 수십 년 시행착오를 거쳐 1990년대에 들어서고 나서야 가난을 해결하기 위해 새로운 접근방식을 택했다. 즉, 60여 개 빈국들에 거주하는 6만 명 이상의 가난한 사람들에게 "가난이란 무엇인가?"라는 질문을 함으로써 가난이란 문제에서 최고 전문가들이라 할 수 있는 바로 그들 '가난한 사람들'을 컨설턴트로[1] 사용했다. 이 연구 결과는 *Voices of the Poor*(빈자들의 목소리)라는 제목을 달고 세 권의 책으로 연속 출판되었다. 아래는 가난한 사람들이 자신들의 상황을 묘사하기 위해 사용한 여러 표현들 가운데 일부이다.

> 가난한 사람에게는 질병, 모욕, 수치, 이 모든 것이 끔찍하죠. 우리는 불구예요. 우리는 모든 게 두려워요. 우리는 모든 사람들에게 의지하죠. 우리가 필요하다고 하는 사람들은 아무도 없어요. 우리는 모든 사람들이 없어지기를 원하는 쓰레기 같은 존재들이에요.[2]
>
> _ 몰도바(Moldova)

> (가족들에게 내놓을) 음식이 하나도 없을 때 나는 주로 이웃들이나 친구들에게 빌리는 수밖에 없어요. 아이들 앞에 아무런 먹을 것도 없이 서기가 수치스러워요. 실직을 하면 큰일이에요. 정말 끔찍하죠.[3]
>
> _ 기니아 비소(Guinea Bissau)

> 생각해보면 지난 2년 동안 우리 가족은 그 어떤 기념일에도 다른 사람들과 함께 어울려 보낸 적이 없었어요. 사람들을 우리 십으로 부를 만한 여력도 없었고 빈손으로 다른 사람들 집에 방문하는 것도 불편해서이지요. 이렇게 다른 사람들과 어울리지를 못하니 기분도 처지고 항상 불행하다는 생각만 들고 자존감도 낮아지는 것 같아요.[4]
>
> _ 라트비아(Latvia)

가난하면 사람들 사이에 말발도 서지 않고 점점 초라하게만 느껴지죠. 먹을 게 없어 식구들은 항상 굶주리고 입을 것도 마땅찮죠. 가정에서 나아지는 것이라고는 찾아볼 수가 없어요.[5]

_ 우간다(Uganda)

(가난한 사람들은) 무력감을 느끼고 의견도 제대로 피력할 수 없어요.[6]

_ 카메룬(Cameroon)

굶주림은 해결되지 않고 갈증도 해소되지 않죠. 피곤해질 때까지는 잠도 잘 수 없어요.[7]

_ 세네갈(Senegal)

만약 배가 고프다면 영원히 그럴 것이고, 만약 가난하다면 그 역시 영원히 그럴 거예요.[8]

_ 베트남(Vietnam)

도대체 무엇이 가난과 행복을 결정하는 거죠? 우리 원주민에게는 가난만이 운명으로 주어지죠.[9]

_ 에콰도르(Ecuador)

양과 음식이 없으면 못 살죠.[10]

_ 중국(China)

잠깐 시간을 내어 위에 인용한 말들 가운데 핵심이 될 만한 단어나 구문을 골라보라. 이 장 초입에서 당신이 묘사한 가난과 가난한 사람들이 직접 그들의 경험을 서술한 것 사이에 차이가 있는가? 당신이 생각지 못한 놀라운 내용을 발견할 수 있는가?

우리는 이런 질문을 수십 명의 백인 중상층 교인들에게 해봤다. 대부분 그들은 빈국의 가난한 사람들과는 다르게 가난을 묘사했다. 북미 교인들과는 달리 가난한 나라 사람들은 부족한 물질을 이야기하면서 그들이 처한 상황을 심리적·사회적 단어들을 사용하여 표현했다. 즉, 수치와 열등감, 무력감과 모욕감, 두려움과 절망감, 우울함과 고립감, 발언권 박탈 등에 대해 말했다. 반면에 북미 중상층 교인들은 음식과 돈, 식수와 의약품, 주거 부족만을 강조하는 경향이 있다. 다시 언급하겠지만 외부에서 가난을 바라보는 사람들과 직접 가난한 삶을 살아가는 사람들과의 인식 차이가 가난을 완화하려는 노력에 큰 장애가 되고 있다.

그렇다면 북미 빈자들은 가난을 어떻게 묘사할까? 세계은행에 비할 만한 조사가 미국에서는 이루어진 적이 없는 것 같다. 하지만 북미라는 나라의 전후사정을 고려해보았을 때 세계은행의 조사 결과와 동일한 특징들을 보인다는 것이 많은 이들의 주장이다. 흑인 학자 코넬 웨스트(Cornel West)가 미국 빈민가의 가난[11]에 대한 많은 의견들을 요약한 것을 예로 들어보자.

미국 흑인들이 대면하는 가장 기본적인 문제는 허무주의이다. 물론 경제적 여유와 정치적 힘이 미국 흑인들이 성장하는 데 필요하지만 그들의 존재 자체를 위협하는 허무주의는 단순히 상대적인 경제적 박탈감이나 정치적 무력감 때문만은 아니다. 심각한 수준의 심리적 위축감, 자신이 가치 없는 존재라는 자괴감, 사회적인 좌절감이 흑인 사회에는 만연해 있다.[12]

제3세계에서와 마찬가지로 미국 흑인 빈민 지역의 가난에도 물질적인 요소가 분명 존재하지만 삶에 대한 의미와 목적, 희망의 상실도 그들의 가난한 삶에 중요한 역할을 감당한다. 즉, 그들의 문제는 물질의 차원을 훨씬 넘어서고 있어 해결책도 물질의 차원을 넘어서야 한다.

정의는 학문을 넘어서야 한다

가난을 정의하는 것은 그저 학문적인 행위로 그치지 않는다. 왜냐하면 암묵적으로든 명백하게든 가난을 어떻게 정의하느냐에 따라 그것을 벗어나게 하는 방법들이 달라지기 때문이다.

의사는 환자를 맞이할 때 두 가지 중요한 실수를 저지를 수 있다. 첫 번째는 근본적인 질병 대신 증상만을 치료하는 경우이다. 두 번째는 근본적인 질병을 오진해 잘못 처방하는 경우이다. 어느 쪽이든 이런 잘못들은 환자가 호전되기는커녕 악화되는 상황을 낳을 수 있다. 가난한 사람들을 돕기 위해 일할 때도 마찬가지이다. 증상만을 치료하거나 근저에 깔린 문제들을 잘못 판단하면 그들의 상황을 개선하기는커녕 그들의 삶을 더욱 악화시킬 수도 있다. 나중에 다시 이야기하겠지만, 그 과정에서 우리도 상처받을 수 있다.

표 2.1은 빈곤의 원인에 대한 상이한 진단들에 따라 빈곤에서 벗어나기 위한 방법들이 다르다는 것을 보여준다. 예를 들어, 제2차 세계대전이 끝난 후 세계은행은 빈곤의 원인이 주로 물질적 자원의 부족(표 2.1의 마지막 줄)이라 판단하고 유럽과 제3세계에 자금을 투하했다. 하지만 유럽에서는 그런 처방이 효과를 발휘한 반면 제3세계에서는 그렇지 못했다. 제3세

계의 빈곤이 안고 있는 근본적인 문제는 물질적인 자원 부족에 있지 않았다. 세계은행은 질병을 잘못 진단하고 그릇된 투약을 한 셈이다.

빈곤의 가장 큰 이유로 추정된 항목	주요 조치
지식 부족	빈민들에 대한 교육 확충
권력가들의 압제	사회정의를 이루기 위한 노력
개인적인 죄악들	빈곤층의 복음화와 제자화
물질적 자원 부족	물질적 자원 공급

표 2.1

유사한 예로 전기요금을 납부하지 못해 도와달라고 교회로 찾아온 사람의 경우를 생각해보자. 얼핏 그의 문제는 물질적 자원의 부족, 즉 표 2.1의 마지막 줄 문제처럼 보일 수 있다. 대부분 교회들은 전기요금을 납부하기에 충분한 돈을 지원하는 방식으로 그 문제에 대응할 것이다. 하지만 만약 그가 자기관리능력이 없어 직장을 꾸준히 다니지 못하는 것이 근본적인 문제라면 그에게 돈을 제공하는 일은, 배후 질환은 내버려두고 증상만 치료하는 격이며 계속 멋대로 살아가도록 그를 돕는 것이다. 이 경우, 돈을 제공하는 것은 그에게 도움보다는 해를 끼치는 일이고 차라리 아무 일도 하지 않느니만 못한 결과를 가져온다. 비용은 물론 더 들겠지만 좀 더 효과적인 방법은 교회가 그 사람과 관계를 형성하는 것이다. 즉, "우리가 당신 곁에서 당신이 재능과 능력을 사용해 이런 상황을 벗어나도록 돕겠습니다. 우리를 당신 삶에 받아들여주세요. 당신이 이런 어려움에 처한 이유를 같이 찾아봅시다"라고 그에게 말하는 것이다.

하지만 안타깝게도 전 세계 빈곤층이 보이는 증상은 대동소이하다. 즉,

물질적인 부족이다.[13] 그렇다고 그런 증상들 밑에 존재하는 질환이 항상 명백한 것은 아니며 사람들마다 다 다르다. 정확한 진단을 내리려면 시행착오 과정이 필요할 수도 있다. 우리도 마찬가지이지만 빈곤에 시달리는 사람들은 무엇이 그들 삶에 영향을 끼치는지 제대로 알지 못하며 자신들과 타인들에게 항상 정직한 것도 아니다. 설령 정확한 진단이 내려졌다 해도 그들이 문제를 극복할 수 있도록 돕는 데는 몇 년이라는 세월이 필요할 수도 있고 그동안 수많은 우여곡절을 겪게 될지도 모른다. 엄청나게 많은 시간이 걸릴 것처럼 들리는데, 그게 사실이기도 하다.

이사야서 58장 10절을 보면 "주린 자에게 네 심정이 동하며 괴로워하는 자의 심정을 만족하게 하면 네 빛이 흑암 중에서 떠올라 네 어둠이 낮과 같이 될 것이며"라는 말씀이 기록되어 있다. '네 심정이 동하는 것'은 가난한 사람들에게 득보다는 해가 될 수 있는, 단순한 동정을 표하는 것 이상을 종종 의미한다.

해를 끼치지 않고 가난한 이들을 도우려면 무엇보다 제대로 진단해야 한다. 하지만 그런 복잡한 질환을 어떻게 제대로 진단할 수 있겠는가? 바로 여기서 우리는 하나님이 주시는 지혜가 필요한 것이다. 비록 성경이 가난을 벗어나기 위한 교재는 아니지만 성경을 통해 인간의 본성과 역사, 문화와 하나님께 대한 통찰을 얻을 수 있고 이를 통해 제대로 방향을 잡을 수 있다. 이 장 나머지 부분과 다음 장을 통해 창조와 타락, 구속이라는 위대한 성경 이야기 속에서 빈곤과 그 극복이라는 문제를 고찰해보려고 한다. 이 두 장의 일부 내용들이 약간 추상적으로 느껴질 수도 있지만 그리 지루한 내용은 아닐 것이다. 우리는 의도적으로 이 책이 이론에서 실천으로 옮겨가도록 기획했다. 우선 견고한 이론의 토대를 정립한 뒤에야 빈곤을 퇴치하기 위한 노력을 성공적으로 경주할 수 있을 것이다.

성경적인 틀에서 가난을 바라보다

관계적인 존재로 창조된 인간

기독교개발연구가 브라이언트 마이어스(Bryant Myers)는 빈곤 문제를 정확하게 진단하려면 현실의 근본적인 성질을 고려해야만 하는데, 이는 곧 현실의 창조자이신 하나님의 본질을 고려하는 데서부터 시작된다고 주장한다. 마이어스는 삼위일체 하나님은 삼위가 하나로 존재하시는, 본질적으로 관계적인 존재라고 말한다. 그런 하나님의 형상을 본떠 만들어진 인간들 역시 본질적으로 관계적인 존재일 수밖에 없다. 마이어스는 타락 이전에 하나님이 각 사람과 하나님, 각 사람과 그 자신, 각 사람과 다른 사람들, 각 사람과 나머지 창조세계 등 네 가지 근본적인 관계를 확립하셨다고 설명한다(그림 2.1 참조).[14]

이 관계들은 모든 삶에서 기본적인 구성요소들이다. 이들이 서로 원활하게 기능할 때 우리는 하나님이 창조하신 그때 그 모습일 수 있으며 하나님이 의도하신 삶을 온전히 경험할 수 있다. 특히 이 책의 목적과 관련해 말하자면, 이런 관계들이 제대로 기능해야만, 일을 함으로써 그리고 그 일의 소산으로 그들 자신들과 가족을 부양함으로써 하나님을 영화롭게 하는 우리의 소명을 실천할 수 있다.

인간의 삶이 우연한 것이 아님을 명심하라. 하나님은 인간을 특정한 존재로서 아래 모든 관계들에서 특정하게 행동하도록 창조하셨다.

* **하나님과의 관계:** 인간들에게는 가장 우선인 관계이며 다른 세 가지 관계들도 여기서 유래한다. '웨스트민스터 소요리문답'은 인간의 주된 목

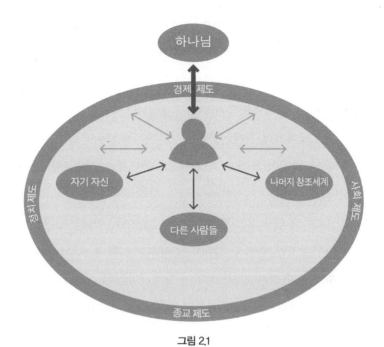

하나님

경제 제도

정치 제도

자기 자신

다른 사람들

나머지 창조세계

사회 제도

종교 제도

그림 2.1

출처_ Bryant L. Myers, *Walking with the Poor: Principles and Practices of Transformational Development*(Maryknoll, N.Y.: Orbis Books, 1999), 27.

적이 "하나님을 영화롭게 하고 그분을 영원토록 즐거워하는 것"이라고 가르친다. 이것이 우리의 소명이고 우리가 창조된 최종 이유이다. 우리는 우리의 생각과 말, 행동으로 창조자를 섬기고 찬양하도록 지어졌다. 이렇게 행동할 때 우리는 하늘에 계신 아버지로서의 하나님의 임재를 체험할 수 있고 그분의 자녀가 되어 그분과 친밀하고 즐거운 관계를 누리며 살 수 있다.

＊**자신과의 관계:** 사람들은 유일하게 하나님의 모습을 본떠 만들어진 존재이므로 본질적인 가치와 존엄을 가진다. 우리가 하나님이 아니라는 사실을 망각하면 안 되지만 우리를 다른 피조물 위에 있게 하는, 하나님의 모습을 반영하는 존재로서의 소명을 잊어서도 안 된다.

* **다른 사람들과의 관계:** 하나님은 우리가 다른 사람들과 사랑의 관계를 유지하며 살도록 창조하셨다. 우리는 고립된 섬 같은 존재들이 아니다. 서로를 알고 사랑하며 격려하여 하나님이 우리 각자에게 주신 달란트를 사용함으로써 우리의 소명을 이루도록 만들어졌다.

* **나머지 창조세계와의 관계:** 창세기 1장 28-30절의 '문화 명령'(cultural mandate)은 하나님이 우리를 관리자들로 만드셨다고 가르친다. 즉, 우리는 하나님이 만드신 세상을 보존하고 창대하게 하기 위해 그것을 이해하고 보호하며 다스리고 관리하는 사람들이다. 하나님은 세상을 '완전'하게 지으셨지만 '완벽'한 상태로 두시지는 않았다는 것을 주목하라. 다시 말해, 세상은 아무런 결함 없이 창조되었지만 하나님은 인간들이 당신의 창조세계와 어울려서 가능성을 현실로 이끌어내고 관리자로서의 우리 삶의 결실을 통해 스스로를 부양할 수 있도록 하셨다.

인간으로부터 주위 동그라미들로 향하는 그림 2.1의 화살표들은 이런 근본적인 관계들이 모든 삶의 구성요소임을 강조한다. 우리가 하나님, 자신, 다른 사람들, 나머지 창조세계와 기본적으로 어떤 관계를 맺느냐에 따라 경제와 사회, 정치와 종교 제도들을 포함하여 우리가 만들어내는 문화가 달라진다. 예를 들어, 19세기 초 영국의 윌리엄 윌버포스(William Wilberforce, 1759~1828)는 '다른 모든 사람들'을 하나님의 모습을 본떠 만들어진 존재들로 생각했기 때문에 정치인으로서 노예제도를 금지하는 데 자신의 삶을 바쳤다. 그는 흑인들을 포함한 다른 모든 사람들을 사랑해야 한다는 자신의 근본적인 확신이 반영되도록 정치 제도를 바꾸었다. 문화의 다른 측면들에서도 모두 마찬가지이다. 정부와 학교, 기업과 교회 등의 공식적인 기관들과 성 역할, 시간과 노동에 대한 태도, 권위에 대한 이해 등과 같은 문화적인 규범들을 포함하여 사람들이 만들어내는 제도들은 우리가 하나님, 자신, 다른 사람들, 기타 창조세계와 어떤 관계를 맺고 있는지를 반영한다.

하지만 문화에는 인간적인 노력의 모습들만 투영되어 있는 것이 아니다. 골로새서 1장 16, 17절 말씀이다. "만물이 그에게서 창조되되 하늘과 땅에서 보이는 것들과 보이지 않는 것들과 혹은 왕권들이나 주권들이나 통치자들이나 권세들이나 만물이 다 그로 말미암고 그를 위하여 창조되었고 또한 그가 만물보다 먼저 계시고 만물이 그 안에 함께 섰느니라." 이 말씀 가운데 그리스도는 물질세계 그 이상을 창조하시고 유지하시는 분이라고 묘사하는 대목을 주목하라. 그분의 창조와 유지의 손길은 '모든 존재들', 심지어 타락한 세상에까지도 미친다. 그리스도는 인간들이 살아가는 경제와 사회, 정치와 종교 제도에도 적극적으로 개입하신다. 확실히 엄청난 신비이기는 하지만 성경이 이 점에 관해 말하는 바는 분명하다. 인간들이 문화적인 행위를 할 때면 그들은 그리스도가 창조하시고 유지하시며 구속하시는 창조세계를 풀어놓는 것이다.

그림 2.1이 보여주듯이 화살표들은 개인과 제도들을 양방향으로 가리킨다. 사람들이 제도에 영향을 미치고 제도도 사람들에게 영향을 미친다. 예를 들면, 우리 삶의 대부분 시간은 조직 안에서 일하는 데 사용된다. 이런 조직들은 우리가 자아에 대해 품는 이미지, 동료들과의 관계, 우리가 창조세계를 관리하는 방법, 우리가 하나님께 반응하고 그분이 우리에게 응답하시는 환경을 형성하는 데 커다란 영향을 미친다. 또한 빠른 정보와 자본, 기술의 흐름이 특징인 지역적·전국적·세계적 제도들의 배경 아래서 기능하며 그 본질과 범위는 그것들을 둘러싼 제도들로부터 큰 영향을 받는다.

유사 이래 어느 때보다도 우리가 속하여 일하는 조직들은 지구 반대편에서 벌어지는 일들에 영향을 받는다. 예를 들면, 중국이 어떤 경제정책을 세우느냐에 따라 전 세계 경제가 영향을 입는다. 따라서 우리가 하나님, 자신, 다른 사람들, 나머지 창조세계와 관련을 맺는 그런 상황도 중국 정부의 조치에 영향을 입는다.

가난한 공동체에서 일하시는 하나님

이 책이 진행되어가면서 창조교리의 중요성은 더욱 확연해지겠지만 우선 이 자리에서 그 교리가 우리 주장과 관련해 가지는 몇 가지 의미를 살펴보자.

* 네 가지 관계들은 인간이 다양한 측면을 가지는 존재임을 분명히 드러내 보여준다. 따라서 가난을 벗어나게 하려는 노력도 마찬가지로 다양한 측면을 지녀야 한다. 흔히 서구의 사고방식처럼 인간을 그저 육체적인 존재로 파악한다면 가난을 줄이기 위한 우리의 노력들도 물질적인 해결책에만 집중하기 쉽다. 하지만 인간이 영적·사회적·육체적인 존재임을 기억한다면 가난을 벗어나기 위한 노력은 계획과 실천 면에서 좀 더 전체를 아우르는 입장을 취할 것이다.
* 기린과 우물, 가족과 학교, 음악과 작물, 정부와 기업들이 중요한 것처럼 흙도 중요하다. 우리는 우리를 창조하신 분이 그러셨듯이 문화를 포함한 모든 창조세계에 관심을 가져야 한다.
* 우리는 구성원과 조직, 제도와 문화를 포함하여 가난한 공동체들에 대해 기본적으로 그리스도가 창조하시고 유지하시는 좋은 세상의 일부라는 생각으로 접근해야 한다. 그것들은 오물과 폐허가 아니다. (만약 죄가

가져온 결과가 무엇이냐고 묻고 싶다면 다음 장까지 기다리라.)

＊ 우리는 가난한 공동체들에게 그리스도를 전하는 것이 아니다. 그분은 창세 이래로 그 공동체들을 "그의 능력의 말씀으로"(히 1:3) 유지하시며 활동해오셨다. 따라서 가난한 공동체들에서 일한다는 것은 하나님이 오랫동안 그곳에서 해오신 일들을 발견하고 감사하는 일이기도 하다. 그곳에서 우리가 보게 되는 것들의 일부는 하나님의 손길을 반영하고 있어 우리는 겸손함과 외경심을 가지고 가난한 공동체들에 들어가야 한다. 물론 가난한 공동체들에 거주하는 사람들은 하나님이 그곳에서 일하고 계시다는 것을 깨닫지 못할지도 모른다. 아니, 하나님이 누구이신지조차 알지 못할 수도 있다. 따라서 그 공동체들에게 하나님을 소개하고 창조 이래로 그분이 그들을 위해 해오신 모든 일들을 알도록 돕는 것도 우리의 임무이다. 이 문제는 6장에서 다시 다루려고 한다.

왜곡되어버린 관계들

성경은 창조사건에서 끝나지 않는다. 아담과 이브는 하나님을 거역했고 그래서 그들의 마음은 죄로 어두워졌다. 창세기에 따르면, 아담과 이브의 네 가지 관계들은 즉시 왜곡되었다. 그들과 하나님의 관계는 파괴되었고 그분과 나누던 친밀한 교제는 두려움으로 바뀌었다. 수치심을 가지게 된 데서 알 수 있듯이 아담과 이브는 자기 자신과의 관계가 훼손되었다. 아담이 그들의 죄를 이브 탓으로 돌린 데서 볼 수 있듯이 인간들이 서로 맺고 있던 관계도 무너졌다. 하나님이 땅과 해산의 과정을 저주하심에 따라 아담과 이브가 나머지 창조세계와 맺고 있던 관계들도 변형되었다.

더 나아가 그림 2.2가 보여주듯이 네 가지 관계들은 모든 인간 활동들의 기초이기 때문에 인간의 타락이 끼치는 영향은 그들이 역사를 통해 창조해온 경제와 사회, 종교와 정치 제도들 안에서도 여실히 보인다. 예를 들면, 마땅히 다른 사람들을 사랑해야 함에도 정치인들은 노예제도와 인종차별을 제도화하는 법률을 만드는가 하면 '나머지 창조세계'를 돌보는 대신 어떤 주주들은 그들의 회사가 환경을 오염시키도록 방치한다.

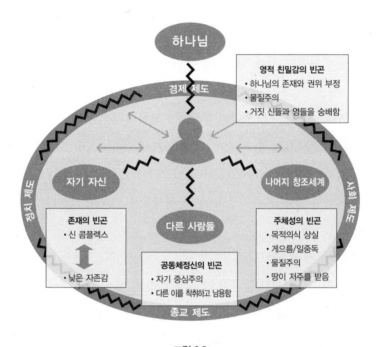

그림 2.2

출처_ Bryant L. Myers, *Walking with the Poor: Principles and Practices of Transformational Development*(Maryknoll, N.Y.: Orbis Books, 1999), 27.

인간의 훼손된 관계들 때문에 제도들도 고장이 난 셈이다. 게다가 인간의 오염된 본성과 행동에 더하여 사탄과 그 군대가 인간 개개인과 제도들 안에서 파괴를 일삼는다.

마이어스는 결국 다음과 같이 빈곤의 근본적인 성격을 묘사했다.[15)

> 빈곤은 망가지고, 불의하며, 생명을 중히 여기지 않고 조화롭지도,
> 즐겁지도 못한 관계의 결과이다. 빈곤은 샬롬이라는 말이 지니는
> 모든 의미의 부재를 뜻한다.

비록 빈곤에 대한 마이어스의 정의가 인간의 타락이 미치는 전방위적인 결과를 적절하게 가리키고는 있지만, 동시에 잊지 말아야 할 점은 인간들이나 그들이 만들어낸 제도들이 더 타락할 수 있음에도 그렇지 않다는 사실이다. 그리스도가 그 "능력의 말씀으로 만물을 붙드시기" 때문이다. 비록 개개의 인간들과 그들이 만드는 제도들을 포함한 하나님의 선하신 창조가 깊이 왜곡되기는 했지만 아직도 그 안에는 얼마간 본유의 선함이 남아 있다. 꽃들은 여전히 아름답고 아기들의 미소는 보는 모든 이들의 마음에 즐거움을 가져온다. 사람들도 가끔 다른 사람들에게 친절을 베풀고 정부는 도로를 놓아 우리가 편하게 출입할 수 있도록 해준다. 회사들은 직원들에게 먹고살 만한 급여를 제공하고 가난한 사람들과 공동체들은 하나님이 허락하신 재능과 자산들을 보여준다.

모든 인간은 다 빈곤을 겪는다

잠시 생각해보자. 만약 망가진 근본적인 관계들 때문에 정말로 빈곤이 생긴다면 가난한 사람들은 누구를 말하는가?

타락의 보편성 때문에 애초에 하나님이 의도하신 대로 네 가지 관계들을 경험하지 못하게 되었다는 의미에서 모든 인간들은 다 빈곤하다. 그림

2.2에서 볼 수 있듯이 모든 인간 존재들은 영적 친밀감의 빈곤과 존재의 빈곤, 공동체정신의 빈곤과 주체성의 빈곤, 이 네 가지 빈곤을 겪는다. 우리는 하나님이 우리를 창조하신 그대로 존재할 수가 없고 하나님이 이런 관계들을 통해 우리에게 주시려고 하던 온전한 기쁨을 누릴 수가 없다. 타락 이후로 모든 인간들은 마치 둥근 구멍에 끼우기 위한 네모난 나무못 같은 존재이다. 우리는 다른 무엇인가를 위해 모양이 빚어졌기 때문에 현재 삶에 들어맞지 않는다.

이런 근본적인 관계의 붕괴가 어떤 사람들에게는 자신과 가족들의 기본적인 물질의 필요를 채우는 데 충분한 재원의 부족, 즉 물질적인 빈곤으로 나타난다. 케냐의 서부 빈민 지역에 사는 메리의 예를 들어보자. 남성우위사회의 다처제가정의 메리는 걸핏하면 남편으로부터 육체적 · 언어적 폭력을 당하며, 남자들에 비해 교육도 적게 받고, 자신을 열등한 존재라고 윽박지르는 문화 안에서 생활한다. 그 결과 메리는 존재의 빈곤을 겪게 되고 또 그 때문에 직업을 구할 만한 자신감도 부족하여 결국은 물질적인 빈곤까지 겪게 된다.

절박한 나머지 메리는 집에서 일을 시작하려고 하지만 필요한 자금을 대출받아야 한다. 이때 공동체정신의 빈곤이 추악한 입을 그녀에게 벌린다. 25달러를 빌려주는 대가로 고리대금업자가 300퍼센트 이율을 요구한 것이다. 대출을 받으면 그녀의 물질적인 빈곤은 더 심해질 뿐이다. 하지만 다른 방도가 없어 고리대금업자에게 돈을 빌려 집에서 숯 만드는 일을 시작한다. 그녀는 같은 일을 하는 수백 명의 사람들과 함께 숯을 가져다가 팔지만 장에는 숯 파는 사람들이 너무 많아 값을 제대로 쳐서 받을 수가 없다. 하지만 메리에게는 숯 말고 다른 것을 팔아야겠다는 생각이 떠오르지 않는다. 하나님이 만드신 창조세계를 다룰 수 있는 능력과 창의력이 자신에게 부여되었다는 것을 알지 못하기 때문이다. 곧 주체성의 빈곤을 겪던 그녀는 이익도 남지 않는 장사에 묶여 있을 수밖에 없고 그러다 보니 물질적인 빈곤만 더 심해질 뿐이다. 마침내 자신의 상황에 좌절감을 느껴 참되신 하나님과의 영적 친밀감의 빈곤을 회복하기 위해 무당을 찾아가지만, 무당은 그녀의 고된 삶이 조상들의 영혼을 화나게 했기 때문이라며 황소를 제물로 바쳐 달래야 한다고 말한다. 하지만 황소는 엄청난 돈이 들고 그녀의 경제적인 상황은 악화만 될 뿐이다. 메리는 충분한 수입이 없어 고통받고 있지만 그녀에게 돈을 준다거나 물질적인 원조를 해준다고 해서 그녀의 문제를 해결할 수는 없다. 그런 것들은 망가진 그녀의 근본적인 네 가지 관계들을 고치기에는 부족하다.

이처럼 메리의 망가진 관계들은 물질적 빈곤이라는 형태로 나타났지만 다른 이들에게는 다른 형태로 나타날 수 있다. 예를 들면, 나는 이제껏 일 중독 증상 때문에 고통을 느껴왔다. 물론 내 삶에 대한 주체적인 관리능력, 곧 주체성의 빈곤과 하나님이 만드신 창조세계와의 원만치 않은 관계가 그 원인일 것이다. 나는 일을 통해 하나님께 영광을 돌리기보다는 일을 신으로 삼고 생산성에서 내 삶의 의미와 목적, 가치를 찾으려 할 때가 있다. 이는 하나님이 원하시는, 인간과 그분의 나머지 창조세계 사이의 관계가 아니다. 물론 나의 높은 생산성 덕분에 먹고사는 데 지장이 없기 때문에 물질적 궁핍에 처할 가능성은 별로 없다. 하지만 내가 나 자신의 삶을 주체적으로 잘 이끌어가지 못함으로써 가족이나 친구들과의 관계가 소원해지거나 업무상 스트레스로 육체적·정신적 질환에 시달리기도 했고, 시간 부족으로 의미 있는 헌신의 삶을 살지 못함으로써 영적으로 연약함 가운데 빠지기도 했다.

타락은 실제로 일어났고 그것은 우리 삶을 초토화시킨다. 우리는 모두 다양한 면에서 망가진 존재이다.

도움도 해가 된다

우리 모두가 고장 난 존재라는 사실을 받아들이지 않은 채 가난한 사람들을 돕는 일을 할 때 도움보다는 오히려 해를 끼치게 될 가능성이 훨씬 더 크다는 것은 이 책의 전제 가운데 하나이다. 앞서 언급했듯이 전 세계 빈자들을 대상으로 조사한 결과 그들 스스로 경험하는 자기 자신과의 관계는 수치심, 즉 '존재의 빈곤'이었다. 가난한 사람들은 자신들을 하나님의 형상을 따라 창조된 존재로 여기기보다는 다른 사람들에 비해 열등한 존재라고 생각한다. 이런 생각은 그들이 처한 상황을 개선하기 위해 주도적으로 기회를 잡으려는 적극적인 태도를 가질 수 없게 만든다.

하지만 이 책을 읽는 대부분 독자들을 포함하여 경제적 여유가 있는 사람들도 존재의 빈곤을 겪는다. 공동체개발실천가 자야쿠마르 크리스천(Jayakumar Christian)에 따르면, 경제적으로 부유한 이들은 그 부를 순전히 자신들의 노력으로 성취했다고 생각하며, 또 그런 만큼 열등한 존재들인 저소득층 사람들에게 무엇이 최선인지 결정할 수 있는 권한을 자신들이 가졌다고 생각하는, 은근하고 무의식적인 우월감인 '신 콤플렉스'를 가지는 경우가 많다.[16]

그런데 문제는 자신에게 신 콤플렉스가 있다고 인지하는 사람이 거의 없다는 데 있다. 사탄과 우리의 죄 된 본성이 그런 자각을 방해하기 때문이다. 스스로 다음 질문을 던져보라. 왜 우리는 가난한 이들을 도우려고 하는가? 그런 일을 하려는 우리의 진짜 동기가 무엇인가? 정말로 가난한 사람들을 사랑하며 섬기고 싶어서인가? 아니면 다른 생각을 가지고 있는가? 고백하건대 가난한 사람들을 도우려는 내 생각 뒤에는 내 삶으로 뭔가 가치 있는 일을 성취하고 싶은, 중요한 사람이 되고 싶은, 고귀한 대의를 추구한다는 느낌을 갖고 싶은 그런 욕구들, 즉 미약하지만 하나님처럼 되고 싶다는 욕구가 있다. 내 전공인 경제학을 이용해 가난한 이들을 돕는 것은 정말 기분 좋은 일이다. 하지만 그 과정에서 나는 뜻하지 않게 가난한 사람들을 나 자신의 성취감을 느끼기 위한 대상으로 사물화하는 짓을 저질렀다. 아주 추한 진실이어서 이를 인정하는 것은 정말 고통스러운 일이지만 로마서 7장 21절 말씀대로, "선을 행하기 원하는 나에게 악이 함께 있었다".

이제 우리는 매우 중요한 사실에 이르렀다. 빈곤을 벗어나기 위해 노력할 때 가장 큰 문제점 가운데 하나는, 빈곤퇴치 계획들을 수립하고 실천할 때, 경제적으로 여유 있는 사람들은 신 콤플렉스라는 존재의 빈곤이 심화되고, 경제적으로 약자인 이들은 그들 나름대로 열등감과 수치심이라는 존재의 빈곤을 느끼기 쉽다는 것이다. 의식적으로는 아니더라도, 가난한 사람들에 대한 우리의 행동은 종종 우리가 그들보다 우월하다는 의미를 내포하고, 그래서 우리와 가난한 사람들은 모두 상처를 입는다. 그뿐만이 아니다. 이런 역학관계는 특별히, 가난의 본성에 대해 서구적·물질적으로 접근하는 경향이 있는 북미 중산층 이상 그리스도인들이 가난한 사람들을 도우려 할 때 더욱 두드러진다.

크릭사이드 커뮤니티(Creekside Community) 교회에서 벌어진 일을 살펴보면 이런 사정을 잘 이해할 수 있다. 대부분이 도심에서 전문직으로 근무하는 젊은 백인들로 구성된 이 교회 지도부는 어느 해인가 크리스마스 분위기에 들떠 근처 빈민 주택가 흑인들을 도와주기로 결정했다. 그곳은 높은 실업률과 가정폭력, 마약과 알코올중독, 십 대들의 임신 등으로 몸살을 앓는 지역이었다. 하지만 대부분 교인들이 빈민 지역 흑인들을 경멸했고 도와주기 위해 그 마을로 가겠다고 자원하는 사람들도 얼마 되지 않았다. 그럼에도 존슨 목사는 그 마을 주민들도 예수님이 사랑하시는 사람들이고 크리스마스는 그들을 측은히 여기시는 예수님을 보여줄 수 있는 좋은 기회라며 교인들을 몰아세웠다.

하지만 어떻게 그들을 도울 것인가? 교인들은 표 2.1의 맨 아래 줄에 나와 있는 대로 가난을 주로 물질적인 자원 부족으로 이해하여 빈민촌 어린이들에게 크리스마스 선물을 사주는 방향으로 의견을 모았다. 그래서 집집마다 캐럴을 부르며 찾아가 아이들에게 선물꾸러미를 안겨주었다. 처음에는 조금 어색했지만 교인들은 이내 아이들 얼굴에 번지는 함박웃음과 엄마들의 따뜻한 환대에 고무되었다. 아니, 그들은 자신들이 그 흑인 마을에 기쁨을 가져다주었다는 사실이 아주 만족스러웠고, 그래서 부활절에는 사탕바구니를, 추수감사절에는 칠면조를 가져다주는 등 구제사역을 더욱 확대하기로 결정했다.

그러나 몇 년이 지나자 존슨 목사는 빈민촌에 선물들을 주러 갈 자원봉사자들을 모을 수가 없었다. 그는 공동 집회에서 교인들에게 왜 처음의 열의가 식었는지 이유를 물었지만 누구도 명확하게 대답하지 않았다. 마침내 한 교인이 일어나 속내를 털어놓았다. "목사님, 우리는 그 사람들을 돕다가 지쳐버렸습니다. 몇 년 동안 많은 것들을 가져다주었지만 그들의 상황은 전혀 나아지지가 않았어요. 해가 바뀌어도 언제나 똑같아요. 우리가 물건들을 가져다주러 갈 때 집 안에 남자들이 없는 것을 눈여겨보셨나요? 마을에는 온통 미혼모들뿐이지만 정부보조금을 더 많이 받으려고 계속 아이를 낳죠. 그런 사람들은 우리 도움을 받을 자격이 없어요."

장난감을 나눠줄 때 집 안에 남자들이 보이지 않은 데에는 실상은 다른 이유가 있었다. 마당에서 크리스마스캐럴 소리가 들려 몰래 창문 틈으로 내다본 남자들은 아이들에게 줄 선물을 들고 서 있는 외지 사람들을 보면 수치심에 뒷문으로 도망가곤 했다. 수많은 이유들로 흑인 남성들은 직업을 구하거나 직업을 구하더라도 오랫동안 유지하는 데 어려움을 겪는다. 이런 상황은 그들의 수치심과 자괴감을 더욱 깊게 만들고 그들의 이런 마음가짐은 다시 직업을 구하는 것을 더욱 어렵게 만든다. 빈민촌 남성들이 가장 보고 싶지 않은 장면은 중류층 백인들이 자신들의 능력으로는 아이들에게 줄 수 없는 선물을 들고 찾아오는 것이다. 물질적인 궁핍을 도우려던 크릭사이드 교회 교인들은 이런 선물들을 제공함으로써 아이들의 아버지들이 존재의 빈곤함을 더욱 절감하게 만들고, 그러다 직장을 구하려는 그 마음까지 위축시키는 아이러니한 결과를 가져왔다. 크릭사이드 교회는 애초에 해결하려던 빈곤 문제를 더욱 악화시켰다.

크릭사이드 교회 교인들은 빈민촌 주민들에게 상처를 주었을 뿐 아니라 그들 스스로도 상처를 입었다. 그들은 처음에는 자신들의 선행으로 빈민들을 돕고 있다는 은근한 자부심을 가졌지만 그들의 도움에도 불구하고 빈민들의 상황이 개선되지 않자 환멸감이 들기 시작했다. 이른바 '동정 불감증'(compassion fatigue)이 교인들 사이에 퍼지면서 저소득층 빈민들을 도우려는 교인들 수가 점점 줄어들었다. 교인들 사이에 존재의 빈곤이 커지기 시작한 것이다. 그뿐 아니라 교인들과 빈민촌 사람들 사이에 마음의 거리가 생겨나면서 관계된 모든 사람들도 공동체정신의 빈곤을 더욱 크게 느끼기 시작했다.

가난한 사람들을 도우려는 우리의 시도들은 그들과 우리, 모두를 다치게 할 수 있다. 예화에서 볼 수 있듯이 북미 교회들은 흔히 다음 등식 안에 갇혀 있다.

가난의 물질적인 정의	+	물질적으로 부유한 층의 신 콤플렉스	+	물질적으로 가난한 층의 열등감	=	물질적으로 부유한 층과 가난한 층 모두의 상처

　이 등식을 깨려면 어떻게 해야 할까? 이 등식에서 첫 번째 항을 바꾸려면 가난의 본성을 새롭게 이해해야 한다. 북미 그리스도인들은 서구 물질문명을 극복하고 가난을 관계 측면에서 보려고 노력해야 한다. 두 번째 항을 바꾸려면 부단히 회개해야 한다. 북미 그리스도인들은 우리가 온전하지 못한 존재임을 이해하고 십자가의 메시지를 심각하고 깊이 받아들여 매일 스스로에게 "나도, 당신도 온전치 못한 존재이다. 하지만 예수님은 우리 모두를 고치실 수 있다"라고 고백해야 한다. 이렇게 할 때 하나님은 세 번째 항을 바꾸기 위해 우리를 사용하실 것이다. 우리의 말과 행동을 통해, 그리고 그들의 말에 귀 기울임으로써 저소득층 사람들에게 그들이 독특한 재능과 능력을 가진 사람들이라는 것을 보여준다면, 우리는 그들이 자존감을 회복하는 그 과정의 일부가 될 수 있고 우리도 자만심을 고칠 수 있다.

건강과 부의 복음

　어느 주일 나는 사역자들 가운데 한 명과 함께 아프리카의 가장 큰 빈민가 중 하나인 케냐(Kenya), 나이로비(Nairobi)의 키베라(Kibera) 지역을 찾았다. 그곳 형편은 한마디로 인간이 지낼 만한 상황이 아니었다. 사람들은 판지를 뜯어 만든 집에서 살았고 사람들과 동물의 배설물이 흐르는 도랑에서는 악취가 풍겼다. 진흙이라고, 내가 생각하는 그런 것은 아니라고 애써 믿으면서 계속 발에 밟히는 미끈거리는 누런색 물체들에 미끄러져 넘어지지 않으려고 진땀을 흘려야 했다. 쓰레기더미에서는 아이들이 아직도 쓸 만한 물건들을 찾아 헤집고 있었다. 빈민가 안으로 들어갈수록 나는 절망할 수밖에 없었다. '정말 하나님은 이 동네를 버리신 것인가.' 나는 속으로 생각했다.

하지만 그때 놀랍게도 그 오물들을 가로질러 친숙한 찬송가 멜로디가 들려왔다. '선교사들이 여기서 야외예배라도 진행하는 건가?' 모퉁이를 돌아서자 우렁찬 찬송가 소리가 쏟아져 나오는 초라한 판잣집이 나타났다. 매주 일요일마다 가로 3미터, 세로 6미터의 이 좁은 '피난처'에서 30여 명의 빈민가 사람들이 빽빽하게 들어서서 아브라함의 하나님, 이삭과 야곱의 하나님을 예배했다. 해체한 마분지 상자를 스테이플러와 압정으로 이어 붙여 만든 교회는 아름답지는 않지만 분명 세상에서 가장 가난한 사람들이 모인 교회였다.

우리가 교회에 도착하자 교인들은 내게 설교를 부탁했다. 나는 즉시 하나님의 주권에 대해 얼마간 메모를 하고 종교개혁의 역사적 교의(敎義)에 대한 설교를 준비했다. 교회 예배 순서에는 설교를 시작하기 전에 교인들이 간증과 기도를 하는 순서가 있었다. 세상에서 가장 가난한 사람들이 하나님께 부르짖는 소리를 바로 내 눈 앞에서 들을 수 있었다. "여호와 이레의 하나님이 우리 애를 고쳐주세요. 눈이 멀고 있습니다." "자비로운 주님, 제가 예배 후 집에 돌아가면 저를 지켜주세요. 여느 때처럼 남편이 저를 때리려고 할 거예요." "왕이신 하나님, 우리 애들에게 충분한 먹을거리를 주세요. 애들이 너무 굶주려 있습니다."

교인들이 그저 하루를 더 버틸 수 있도록 도와달라고 기도하는 동안, 나는 내가 누리는 풍족한 월급과 내 생명보험, 의료보험과 자가용 두 대,

집에 대해 생각해보았다. 그 순간, 대부분의 경제적인 충격에서 나를 보호할 수 있는 완충지대를 가진 나는 매일매일 하나님의 주권을 의지하며 살아가고 있지 않다는 것을 깨달을 수 있었다. 그 교회 교인들이 주기도문의 네 번째 간구인 "우리에게 일용할 양식을 주옵시고"를 올리는 동안 그들의 마음은 종종 내가 그러하듯이 산만해지거나 흐트러지지 않았다. 하나님의 주권에 대해 즉석에서 설교 부탁을 받아도 당황하지 않을 만큼 나는 교육과 훈련을 받았지만, 정작 이 교회 교인들은 하루하루 하나님의 주권을 의지하는 삶을 살아가고 있었다. 그들은 내가 일생 동안 경험할 수 없을지도 모르는 그런 친밀함을 하나님과 유지하고 있었다.

내 경험이 보여주듯이 많은 북미 교회 교인들은 자신들의 신 콤플렉스를 벗어나기 위해 건강과 부의 복음에 매달려온 것을 먼저 회개해야 한다. 건강과 부의 복음은 한마디로 믿음이 증가함에 따라 하나님이 그에 맞는 부를 허락하신다는 주장이다. 그런 주장은 성경을 근거로 쉽게 반박할 수 있다. 바울이 좋은 예이다. 그는 엄청난 믿음과 성결한 삶을 살았지만 바다에서 난파를 겪고 매를 맞기도 했으며 돌팔매질도 당했다. 실로 그는 헐벗고 굶주린 삶을 살았다.

만약 어느 누구라도 내게 가난한 사람들이 가난한 이유는 우리보다 영적인 삶을 살지 못해서라며 건강과 부의 복음을 주장한다면, 나는 당장 그를 나무랄 것이다. 가난한 사람들이 가난한 이유는 그들에게 가한 불의 때문일 수도 있다고 바로 지적해줄 것이다. 하지만 영적으로는 아주 강하지만 물질적으로는 비참할 정도로 가난한 케냐 빈민가 사람들을 보았을 때 나는 입을 다물 수 없었다. 지옥의 한복판 같은 곳에서 하루하루를 연명하기 위해 고투하는 영적 거장들로 가득한 케냐 교회를 발견하고 큰 충격을 받았다. 그동안 나도 모르게 내가 상대적으로 누리는 경제적 풍요가 영적으로 잘나서 누리는 복이라고 생각해온 것이다. 무의식적으로 영적인 성숙이 재정의 풍요를 가져온다고 생각했으며, 또 그것은 바로 건강과 부의 복음이 만들어내는 거짓 주장에 다름 아니었다.

건강과 부의 복음은 단지 내가 지닌 신 콤플렉스의 한 측면이었을 뿐이다. 내가 십자가의 메시지를 받아들여야 할 부분은 그것만이 아니다. '내가 제대로 살지 못해도 어찌 됐든 하나님은 나를 사랑하실 거야'라고 나는 생각했다. 하지만 내가 먼저 회개하지 않으면 나는 만나는 사람들에게 내 자만심을 통해 수치심과 열등감을 안겨줄 것이고 또 그러다 결국 그들의 물질적인 빈곤을 더하게 만들 것이다.

그날 키베라 빈민촌에서 하나님은 겉으로는 나보다 더 망가진 것처럼 보이는, 물질적인 빈곤에 시달리는 사람들을 시용하셔서 정작 내가 얼마나 망가진 존재인지를 일깨우셨다. 내가 그들을 축복하려 했지만 사실은 그들이 나를 축복해주었다.

요한일서 3장 17절의 바로 그런 사람

근본적인 네 가지 관계들의 타락으로 고통을 겪는다는 면에서 모든 인간은 다 가난하다고 할 수 있지만 그렇다고 물질적 빈곤이 다른 빈곤들에 비해 전혀 특별할 게 없다고 주장하는 것은 정당하지 않다. 저소득층 사람들은 다른 사람들에 비해 비교할 수 없이 큰 무력감과 불안감, 압박감과 절망감의 악전고투를 매일 치러야 한다.

공동체개발전문가 로버트 챔버스(Robert Chambers)는 물질적으로 빈곤한 사람들은 여러 가지 서로 연관된 요인들, 예를 들어 부족한 자산과 취약성, 무력감과 고립감, 육체의 질병 등에 마치 거미줄에 걸린 벌레처럼 붙들려 헤어나지 못한다고 주장한다.[17] 빠져나오려고 몸을 뒤척일수록 다른 거미줄에까지 더욱 결박당할 뿐이다. '이번만은 다를 거야'라고 생각하며 삶에 변화를 주려고 해보지만 이전보다 더 형편이 나빠졌음을 깨달을 뿐이다. 얼마간 이런 시도를 해보다가 결국은 그저 아무것도 하지 않는 편이 더 낫다고 결론 내린다. 이런 상황은 정말 비참하지만 노력하면 할수록 더 큰 고통만 느낄 뿐이므로 어쩔 수 없다. 상황이 마음에 들지 않아도 달리 방법이 없다.

이 책을 읽는 대부분 독자들은 이런 삶을 살지는 않을 것이다. 우리는 선택을 할 수 있고 변화를 가져올 수 있다고 믿으며, 사실 그것이 맞는 생각이기도 하다. 노벨상 수상자 아마르티아 센(Amartya Sen)에 따르면, 빈곤의 가장 눈에 띄는 특징은 의미 있는 선택을 할 수 있는 자유, 그래서 자신이 처한 상황에 영향을 미칠 수 있는 자유가 없다는 점이다.[18]

'물질적인 빈곤'도 우리 모두 다양한 방식으로 경험하는 네 가지 근본적인 관계 훼손에 기인하기는 하지만 그렇다고 해서 성경에 나오는 '가난한 자들'이 우리와 아무것도 다를 바가 없다는 의미는 아니다. 비록 성경 여러 곳에서 '가난'이라는 말이 인간이라면 누구나 처해 있는 궁지를 의미하는 말로 사용되기도 하지만, 1장을 참조하면 아주 많은 문장들에서 특별히 경제적으로 궁핍한 사람들을 가리키는 데 사용된다. 즉, 우리는 "불행한 결혼생활을 하는 딱한 옆집 여인에게 사랑을 베풀고 있기 때문에 가난한 사람들을 도우라는 성경의 명령을 잘 지키고 있는 거야"라고 핑계를 댈 수는 없다. 분명 그 여인이 '공동체정신의 빈곤'을 겪고 있으며 그녀를 돕는 일이 좋은 일이기는 하지만 그녀가 요한일서 3장 17절에서 언급하는 그런 사람은 아니다.

경제적으로 가난한 사람들을 성경은 특별히 절박한 처지에 처한, 그래서 아주 구체적으로 관심을 기울여야만 하는 사람들이라고 지적한다(행

6:1-7). 모든 인간이 물질적으로 빈곤한 사람들과 공통점이 있다 해서 가난한 이들이 처한 독특하고 엄청난 고통을 무시하거나 신구약성경에서 묘사한 대로, 그들에 대한 하나님의 특별한 관심을 모른 척할 수는 없다.

돌아보며

다음 질문에 답해보라.

1. 당신이 하나님, 자기 자신, 다른 사람들, 나머지 창조세계와 맺고 있는 관계를 생각해보라. 그 네 가지 중요한 관계들 가운데 특별히 개선하고 싶은 것이 있다면 써보라.

2. 로마서 5장 6-11절을 읽고 답하라. 전능하신 하나님이 당신이 여전히 그분의 원수였을 때 당신을 위해 돌아가셨다는 십자가의 메시지를 당신은 얼마나 견고히 붙들고 있는가? 예수 그리스도를 통해 표현된 하나님의 사랑에 당신은 얼마나 부응하는가?

3. 당신은 자신이 다른 사람들보다 잘났고 그들에게 무엇이 최선인지를 판단할 수 있는 위치에 있다고 생각하는 '신 콤플렉스'를 어떤 식으로 겪는가? 이런 상황을 바꾸려면 어떤 구체적인 조치들이 있는가?

4. 물질적으로 빈곤한 사람들을 도우려는 당신의 진짜 동기가 무엇인가?

5. 당신이 속한 교회나 당신이 사역할 때 물질적으로 빈곤한 사람들에게 어떻게 접근하는지 생각해보라. 혹시 '신 콤플렉스'가 거기에 있다는 증거가 보이지는 않는가?

6. 다른 사람들을 대상으로 사역하던 경험을 되새겨보라. 당신은 그들과 당신 자신이 영적 친밀감의 빈곤과 존재의 빈곤, 공동체정신의 빈곤과 주체성의 빈곤을 극복하는 데 도움이 되었는가? 혹은 네 가지 근본적인 관계의 빈곤을 더욱 악화시키지는 않았는가?

7. 당신 교회의 사역 유형과 방법을 반성하고 당신이 속한 교회 입장에서 6번 질문에 답해보라.

8. '가난이란 무엇인가?'라는 이 장 초입의 질문에 대해 당신이 한 대답을 다시 생각해보라. 당신의 대답을 가난한 사람들의 대답들과 비교해보라. 어떤 차이점이 있는가?

9. 가난에 대해 물질적으로 정의 내릴 수 있는가? 그렇다면 당신의 정의는 가난한 사람들을 위해 당신이 사역할 때 어떤 영향을 미치는가? 어떤 해를 끼칠 수 있는가?

10. 당신과 당신 교회는 이 장에서 언급한 등식에 속박당해 있지는 않은가? 만약 그렇다면 그 결박을 끊기 위해 어떤 조처를 취해야 하는가?

들어가며

잠시 시간을 내어 다음 질문들에 간단히 답해보라.

1. 빈곤의 경감이란 무엇인가?

2. 물질적으로 가난한 사람들에 대한 사역에서 '성공'을 어떻게 정의할 수
   있는가?

3장

이 땅에 도래해야 할 하나님 나라

성공하려면 그것에 대한 명확한 개념이 필요하다. 가난의 원인에 대한 우리의 진단에 따라 처방뿐 아니라 우리가 이루려는 최종목표도 달라진다. 인간의 망가진 네 가지 근본적인 관계에 가난의 원인이 있다는 생각을 기반으로, 이 장에서는 성공적으로 가난을 줄이려는 노력에는 어떤 일들이 따라오는지 살펴보고, 이 책 나머지 부분에서 논의할 빈곤구제의 원칙들과 적용, 방법들을 이끌어내기 위한 토대를 마련하고자 한다.

앨리사, 덫에 걸리다

1990년대에 앨리사 콜린스는 아이들과 함께 미국에서 가장 위험한 주거지들 가운데 하나인 시카고 시내 저소득층 주거 지역에 살았다.[1] 그녀는 열여섯 나이에 임신을 하는 바람에 고등학교를 중퇴하고, 이후 사회보장제도에 의지해 생활했다. 세 남자 사이에서 아이 다섯을 낳았지만 양육비를 대주는 사람은 아무도 없었다. 결국 기술도, 남편도 없는 형편에 인간관계도 넓지 않던 그녀가 마약과 알코올, 망가진 공교육과 높은 실업률, 난무하는 폭력과 십 대들의 임신, 롤 모델 부재로 몸살을 앓는 대도시 빈민가에서 아이들을 기른다는 것은 쉬운 일이 아니었다.

몇 번 취직을 하려고 시도한 적도 있지만 이런저런 사정들이 그녀가 제대로 된 일자리에서 장기적으로 계속 일을 할 수 없도록 만들었다. 첫째, 고등학교 중퇴 학력이 전부인 빈민가 주민으로서 만족할 만한 급여를 주는 일자리를 찾기는 어려웠다. 둘째, 사회보장제도 혜택을 받고 있는 한 일을 할수록 불리한 입장에 놓이게 되었다. 즉, 돈을 벌면 버는 만큼 나라에서 제공하는 복지혜택이 줄어들었다. 셋째, 그녀는 정부의 직업훈련 프로그램이나 직장제공 프로그램들이 너무 복잡해 이해하기 어려웠고 그곳에 앉아 있는 공무원들이 잘난 체하는 꼴도 보기 싫었다. 넷째, 딸려 있는 아이들을 돌봐야 한다는 그녀만의 가정 사정이 있었다. 그리고 마지막으로, 그녀는 심각한 열등감과 자격지심에 늘 시달렸다. 직업을 구하려고 할 때마다 장애물에 부딪치자 이내 자신감을 잃고 빈민가의 저렴한 주거시설과 사회보장제에 안주하고 말았다. 그녀는 빠져나올 수 없는 덫에 걸린 것처럼 느꼈고 가족들이 모이는 자리에서는 종종 그런 처지들에 대한 이야기들이 오갔다.

당신의 교회나 사역단체는 앨리사 같은 사람들의 가난을 어떻게 경감시킬 수 있는가? 어떻게 해야 그런 시도들이 성공했다고 말할 수 있는가? 이런 질문들에 답하기는 쉽지 않다. 하지만 그런 질문들에 답하기 위해 성경의 위대한 기록들을 살펴보는 것이 바른 방향임에는 틀림없다. 지난 장에서 우리는 성경에서 펼쳐지는 대하드라마들 가운데 '창조'와 '타락'이라는 인간 역사의 두 가지 에피소드를 살펴봄으로써 가난의 문제를 진단해보았다. 즉, 하나님과 자기 자신, 다른 사람들과 나머지 창조세계와 바른 관계를 맺으며 살도록 창조된 인간들이 타락함으로써 우리 모두는 이런 근본적인 네 가지 관계가 망가진 삶을 살게 되었다. 하지만 다행스럽게도 이야기는 거기서 끝난 것이 아니다. 계속해서 벌어지는 성경의 다음 드라마 '구속' 편을 살펴보자.

이미 임한 그리고 지금도 도래하고 있는 하나님의 나라

우리는 전 장에서 빈곤의 내용이 곧 망가진 관계들이라는 사실을 알아보았다. 이런 망가진 관계들은 개인 차원에서만 나타나는 것이 아니라 인간들이 만들어내는 경제와 정치, 사회와 종교 제도들에서도 나타난다.

이런 맥락에서 우리는 앨리사의 빈곤을 어떻게 경감시킬 수 있는가? 다시 골로새서 1장 19, 20절 말씀을 살펴보자.

> "아버지께서는 모든 충만으로 예수 안에 거하게 하시고 그의 십자가의 피로 화평을 이루사 만물 곧 땅에 있는 것들이나 하늘에 있는 것들이 그로 말미암아 자기와 화목하게 되기를 기뻐하심이라."

마쉬 목사는 실수를 저질렀다. 예수님은 마치 영화 '스타트렉'에서처럼 저 먼 지구 밖에서 존재하시면서 우리에게 은혜를 '광선처럼 쏘아 보내시는' 것이 아니라 우리가 맺고 있는 근본적인 관계들, 또 거기에서 파생되는 제도들을 포함한 우주의 모든 미세한 것들에게까지 회복을 가져오신다. 빈곤은 우리의 망가진 관계에 그 원인이 있고 따라서 모든 것들을 다시 올바른 관계 속으로 돌려놓으시기 위한 그리스도의 죽음과 부활의 능력에서 해결의 길을 찾아야 한다.

물론 완전한 회복은 새 하늘과 새 땅이 도래한 이후에나 가능할 것이다. 비로소 그때에야 우리 눈에서 모든 눈물이 씻김을 받을 것이다(계

21:4). 예수님이 다시 오시기 전까지 우리가 얼마나 많은 것들을 성취할 수 있을지에 대해서는 다양한 견해가 있으며 그 대답은 신비로운 영역일 수 있다. 하지만 다행히도 우리가 매일 해야 하는 일들은 그런 의문들과는 상관이 없다. 당장 우리가 해야 할 일들은 너무 명확하기 때문이다. 만왕의 왕이신 하나님은 우주의 미진(微塵)까지 회복시키시는 당신의 나라를 도래하게 하신다. 하나님의 몸이요 신부이며 구현인 교회는 예수님이 하신 것처럼 도래하는 하나님의 나라에 대해 말과 행동으로 증인이 되어야 한다. 그때에야 비로소 우리는 하나님이 원하시는 대로 "우리의 손이 행한 일을 견고하게" 하실 것이라고 믿을 수 있다(시 90:17).

—
빈곤의 경감은 관계의 회복이다

예수님이 하신, 그리고 하시는 일은 '회복', 즉 모든 것을 원래의 바른 관계들 속으로 돌려놓는 데 집중되어 있다. 따라서 교회도 회복을 추구해야 한다.

"모든 것이 하나님께로서 났으며 그가 그리스도로 말미암아 우리를 자기와 화목하게 하시고 또 우리에게 화목하게 하는 직분을 주셨으니 곧 하나님께서 그리스도 안에 계시사 세상을 자기와 화목하게 하시며 그들의 죄를 그들에게 돌리지 아니하시고 화목하게 하는 말씀을 우리에게 부탁하셨느니라 그러므로 우리가 그리스도를 대신하여 사신이 되어 하나님이 우리를 통하여 너희를 권면하시는 것같이 그리스도를 대신하여 간청하노니 너희는 하나님과 화목하라"(고후 5:18-20).

우리가 화목하게 하는 것이 아니다. 화목하게 하시는 이는 예수님이다. 하지만 우리는 망가진 세상에서 그분의 왕국과 그것이 초래하는 모든 것들을 대표하는 그분의 대사들이다. 이런 이해에서 빈곤의 경감을 위한 다음의 정의가 가능하다.

빈곤의 경감

빈곤을 경감시키려는 노력은 회복을 위한 사역이다. 즉, 사람들을 하나님, 자기 자신, 다른 사람들, 기타 창조세계와 바른 관계를 맺으며 살게 함으로써 하나님을 영화롭게 하도록 이끄는 일이다.

빈곤을 경감시키기 위한 우리의 노력에서 '관계의 회복'은 마치 나침반 같은 원칙이다. 우리가 추구하는 목표와 우리가 사용하는 방법 모두 그의 영향을 받는다.

우리의 목표는 물질적으로 빈곤한 전 세계 사람들이 북미 중상류층 사람들처럼 높은 이혼율과 섹스, 약물중독과 각종 정신질환에 시달리는 삶을 누리게 하거나 충분한 돈을 가지도록 돕는 것이 아니다. 사실, 미국 사회보장제도는 앨리사와 그 가족이 살아가기에 충분한 물질을 제공한다. 그럼에도 그녀는 빠져나갈 수 없는 덫에 걸려 있다고 생각하며 살아간다. 우리의 목표는 사람들이 본래의 인간됨을 충분히 표현할 수 있도록 돕는 것이다. 즉, 하나님, 자기 자신, 다른 사람들, 기타 창조세계와 바른 관계를 맺으며 살아가도록 도움으로써 하나님을 영화롭게 하는, 하나님이 창조하신 의도에 딱 맞는 존재로 회복되도록 돕는 것이다. 이런 회복이 일어나고 있다는 표시 가운데 하나가 빈곤의 경감이다.

물질적 빈곤의 경감

네 가지 근본관계들을 회복함으로써 사람들이 일을 하고 그 일의 소산으로
자신과 가정을 돌보게 하고, 이를 통해 하나님을 영화롭게 하는
그들의 소명을 다하게 하는 것이다.

위 정의에서 두 가지 주목할 점이 있다. 첫째, 빈곤의 경감은 사람들이
충분한 물질을 가지도록 하는 것 이상의 의미를 포함한다. 즉, 그것은 사
람들에게 자존감을 부여해 직접 그들의 손으로 충분한 물질들을 얻게 하
는, 훨씬 더 어려운 일을 의미한다. 하나님이 창조하신 대로의 존재에 더
가까워지도록 사람들을 변화하게 하는 것이다. (물론 우리는 장애나 기타 요
소들 때문에 예외 취급을 받아야 하는 사람들이 있다는 것도 알고 있다.) 둘째, 일은
예배의 행위이다. 하나님을 영화롭게 한다는 그들의 소명을 다하기 위해
사람들이 일을 통해 하나님께 영광을 돌리고 그들에게 재능과 능력들을
주신 하나님을 찬양하며, 그 수고와 결실을 하나님께 대한 제사로 여긴다
면, 일은 하나님을 향한 예배 행위가 된다. 반대로 만약 일이 자신을 영화
롭게 하거나 더 많은 재물을 얻기 위한 수단이 된다면 우상을 숭배하는 행
위가 된다. 따라서 어떻게 일하는지, 누구를 위해 일하는지는 아주 중요
한 문제이다.

빈곤의 경감을 관계의 회복이라고 정의하면 그 목표를 이루기 위해 교
회들과 사역단체들이 어떤 방법을 사용해야 할지도 결정된다. 책 후반에
서도 논의하겠지만 빈곤의 경감은 곧 관계의 회복이라는 관점은 우리가
어떤 노력을 어떻게 해야 할지, 어떻게 이를 실행해야 할지, 그리고 그 모
든 행위들을 사후에 어떻게 평가해야 할지에 대한 문제에도 영향을 미친

다. 하지만 구체적으로 그런 문제들을 논하기에 앞서 이 장 나머지 부분에서는 빈곤의 경감을 위한 방법으로서 회복이 의미하는 몇 가지 사항들을 설명하려고 한다.

회복의 대사들

우리 모두는 근본적인 관계들이 망가진 상태에 있으므로 다양한 방식으로 '빈곤의 경감'이 필요하다. 물질적으로 빈곤한 사람들과 우리의 관계를 살펴보면, 우리는 우리 모두가 온전하지 못한 존재이며 회복의 은총이 필요한 존재임을 그들이 깨닫도록 해주어야 한다. 우리는 물질적으로 빈곤한 사람들을 우리가 어떻게 고쳐야 하는가보다는, 하나님께 우리 모두를 고쳐달라고 간구하며 그들과 어떻게 함께 손잡고 걸어가야 하는가라는 관점에서 그들을 바라보아야 한다.

생각해보라. 만약 빈곤의 경감이 관계를 회복하는 것이라면 물질적으로 빈곤한 사람들이든 우리 자신이든 빈곤을 경감시킬 만한 능력은 없다. 이것은 더 나은 기술이나 향상된 방법, 더 나은 계획을 통해 우리가 해결할 수 있는 문제가 아니다. 관계의 회복은 결국에는 하나님의 행위이시기 때문이다. 빈곤의 경감은 예수님의 부활의 능력이 개개인의 삶과 지역적 · 전국적 · 국제적 체제들을 변화시키심으로써 우리의 기본적인 관계들을 회복시킬 때 가능하다.

그런 회복을 위해 우리는 노력을 해야 하는가? 물론이다. 우리는 '회복의 대사'들이 아닌가. 그러하기에 복음을 전하고 말라리아치료제를 개발하며 저렴한 주택을 제공하기 위해 최선을 다해야 한다. 그 못지않게 매일 무릎을 꿇고 "주님, 저와 여기 있는 제 친구에게 자비를 베풀어주옵소서. 저희 둘 다 죄인입니다"라고 기도하는 것도 중요하다. 우리는 매일

"주의 나라가 임하옵시고 뜻이 하늘에서 이루어진 것처럼 땅에서도 이루어지이다. 왜냐하면 주님이 도와주시지 않으면 우리의 공동체와 국가, 세상을 고칠 수 없기 때문입니다"라고 기도해야 한다.

말에 따른 복음 선포

근본적인 관계들의 회복은 사람들이 예수 그리스도를 자신의 주님이요 구원자로 영접할 때만 가능하다. 물론 그리스도인이 되지 않고도 어느 정도 회복을 할 수는 있다. 예를 들면, 어렵긴 하지만 하나님을 믿지 않는 사람도 술을 끊고 아내를 사랑하는 남편이나 성실한 직장인으로 변할 수 있다. 이런 과정을 거친 사람은 생활하는 데 충분한 물질도 얻을 것이다. 하지만 예수 그리스도 안에서 새로운 피조물로 거듭나지 않는 한 그 어떤 근본적인 관계들도 철저하고 지속적인 변화를 경험할 수는 없다. 또한 충분한 물질을 소유한다는 것은 위에서 우리가 정의한 바 '빈곤의 경감'과도 다르다. 우리는 사람들이 '하나님을 영화롭게 하고 그분을 영원히 즐거워하는' 그들의 소명을 이루기를 원한다. 그렇게 하려면 그들은 예수 그리스도를 그들 삶의 주인이요 구원자로 받아들여야 한다.

성경적인 모델은 복음이 말과 행위 모두로 전달되지만 특히 말에 따른 복음 선포가 없으면 사람들은 구원을 받을 수 없다고 말한다. "그런즉 그들이 믿지 아니하는 이를 어찌 부르리요 듣지도 못한 이를 어찌 믿으리요 전파하는 자가 없이 어찌 들으리요"(롬 10:14).

호전적인 회교도들이나 힌두교도들에게 복음을 전하는 경우처럼 다양한 전후 맥락을 고려하여 방법이나 때를 정해 복음을 소개해야 할 때도 있지만, 어떻게든 사람들에게 복음을 소개하지 않으면 그들은 '빈곤의 경감'을 위해 근본적인 관계들을 변화시킬 수 없다.

이런 맥락에서 기관으로서 각 지역에 위치한 교회들은 빈곤의 경감을 위해 아주 중요한 역할들을 수행한다고 할 수 있다. 하나님은 교회들에 복음을 위탁하셨다. 그렇다고 각 교회들이 모든 사역들을 소유하고 경영하며 관리해야 한다는 뜻은 아니다. 현장 사역자들과 교인들이 개인적으로도 역할을 수행해야 한다. 하지만 각 교회들이 위탁받은 바 복음을 선포하지 않는다면 사람들의 변화를 기대할 수 없다.

관계 지향적이고 과정 중심의 사역

하나님이 원래 창조하신 대로 사람들이 회복되는 것, 그래서 하나님의 모습대로 창조된 그들이 재능과 능력을 가지고 있으며 세상에 변화를 끼칠 수 있는 존재임을 스스로 깨닫고 하나님께 영광을 돌리기 위해 자신의 삶과 자신이 속한 공동체, 자원과 관계들을 주도적으로 이끌어가는 사람들로 회복되어가는 모습을 지켜보는 것이 우리의 목표이어야 한다. 이런 변화는 냉랭하고 결과에 치중하는 사역보다는 고도로 관계 지향적이고 과정에 관심을 기울이는 사역들에서 많이 발생한다.

이 같은 사실은 마약과 미혼모, 폭력과 무너져가는 주거시설, 높은 실업률 등 북미 대도시 내 빈민가의 전형적인 문제들로 몸살을 앓는 지역이던 메릴랜드(Maryland) 볼티모어(Baltimore)의 샌드타운(Sandtown) 사례를 보면 더욱 분명해진다. 지금은 커뮤니티 교회(Community Church)와 뉴송 어반 미니스트리(New Song Urban Ministries)가 그곳에 있어 주위 어둠을 희망으로 밝히고 있다. 창립한 지 20년 된 뉴송 미니스트리는 80명이 넘는 직원들이 수백만 달러 예산으로 주거와 구직, 의료와 교육, 예술 등에 관련한 프로그램들을 진행한다. 200여 채 이상 집들을 보수하고 수십 년 만에 처음으로 주민들 눈에 희망의 빛이 보이기 시작했다. 당연히 뉴송은 북미 내 교회 주도 공동체개발의 최우수 사례들 가운데 하나로 전국적인 관심을 받고 있다.

나는 1996년, 그 성공 비결을 알아보려고 그들을 찾아갔다. 보수해놓은 수많은 집들과 다양한 사역들도 인상 깊었지만 무엇보다 그들이 그런 일들을 어떻게 시작했는지, 어떻게 운영해나가는지를 알고 싶었다. "사역을 어떻게 관리하고 있나요? 각 프로그램들에는 얼마나 비용이 들어가나요? 재원을 어떻게 충당하죠? 이런 사업들을 운영하는 방법서나 규정집 같은 것을 좀 볼 수 있을까요? 건물들을 보수하는 건축업자들은 어떻게 구했나요?" 나는 이런 질문들을 하고 싶었다.

뉴송을 같이 시작한 마크 고닉과 앨런(Allan), 수잔 티블즈(Susan Tibbels)는 나의 질문에 인내심을 가지고 대답했지만 그러면서도 계속 내 관심을 돈과 프로그램보다는 다른 쪽으로 돌리려고 애를 썼다. 이 같은 그들의 의도는 사회적으로 큰 반향을 불러일으킨 마크 고닉 책의 다음 구절에서 잘 드러난다.

> 우리(마크, 앨런, 수잔)는 도심의 주거지로 이사하기로 했다. 그곳을 변화시키거나 구원하기 위해서가 아니라 거기 주민이 되어 그곳의 현안이 무엇인지 배우고 그곳 주민들의 삶의 방식대로 살기 위해서였다. ⋯ 하나님의 평안을 샌드타운에 끼친다는 결단 외에는 아무런 계획이나 프로그램도 세우지 않았다. 마을에 우리 생각을 강요하는 내신 공동체를 위해 우리 삶을 드리는 길을 찾았다. ⋯ 2년이 넘도록 주거를 개선하기 위한 아무런 일도 시작하지 않았고 그저 나가서 마을 사람들과 어울렸다. ⋯ 그런데 바로 이 시기에 교회의 근간이 될 인간관계들이 형성되었다. ⋯ 모든 일의 중심에는 공동체를 함께 세워간다는 생각이 자리 잡았다. 우리는 여름이면 한 달에

한 번 정도 밴 몇 대에 나눠 타고 공원으로 피크닉을 가거나 시내로 놀러나 가기도 하고 다른 도시들을 방문하기도 했다. 같이 즐기고 삶을 공유하면서 그리스도를 따르는 사람들이 되는 과정에서 공동체가 형성되었다.[2]

만약 '사람들과 어울려 사는 것'을 통해 도시를 바꾸겠다고 돈을 기부해 달라고 하면 사람들의 반응이 어떠했을까? 뉴송 교회에 필요한 건물들과 프로그램들, 예산과 위원회 등이 만들어졌지만, 이는 관계의 중요성을 인식하고 소중한 관계를 맺어가는 과정을 통해 모두 설립된 것들이다. 마크와 앨런, 수잔이 토박이 주민들과 우정을 쌓아감에 따라 그들은 공동체를 개선하기 위한 방안들을 같이 꿈꾸기 시작했다. 마을 사람들은 주거 개선이 가장 시급한 일이라는 데 뜻을 모으고, 예산이라고는 수중에 달랑 1달러가 전부이며 아무런 건축기술도 없지만 해비타트(Habitat: 1976년 미국에서 설립된 국제 NGO로 집짓기와 집 고치기를 통해 무주택 저소득층과 함께 안전하고 편안한 주거환경 만들기가 목표임—편집자 주) 지부를 구성하고 버려진 집들을 개축하기 시작했다. 고닉은 그때를 이렇게 회상한다.

> 이 일은 항상 도시개발과 그에 따른 혜택에서 배제되어온 지역의 주민들이 스스로 자신들의 주거와 경제 환경을 지키고 관리하는 주체적인 역할을 수행하도록 하는 것이었다. 우리는 자금을 어떻게 모을지, 얼마나 모을 수 있을지 같은 생각은 처음부터 하지 않았다. 그보다는 샌드타운에 좋은 일이 무엇일지, 어떻게 하나님의 복음에 충실할 수 있는지만 생각했다.[3]

마크와 앨런, 수잔이 샌드타운으로 이주한 지 4년 후인 1990년, 마을의 해비타트 지부는 첫 번째 건물 개축을 마쳤다. 만약 건물 개선만을 목표로 그들이 일했더라면 4년 만에 처음으로 그런 결과물을 내놓은 것은 별로 자랑할 만한 업적이 아닐 것이다. 하지만 고닉 말에 따르면, 결과물이 아니라 과정이 그들의 목표였다.

> 그런 개축 과정이 너무 시간이 걸리는 게 아닐까, 하고 의문을 품을 수도 있다. 차라리 전문건축업자에게 맡기면 훨씬 일을 빨리 진행할 수도 있지 않을까? 하지만 이런 생각은 우리가 하는 일에 대한 오해에서 비롯한 것이다. 뉴송과 샌드타운의 해비타트운동은 상품으로서의 결과물이 아니라 사람들과 지도자들, 공동체와 경제적인 기반, 능력을 함양하는 것을 목표로 삼는다.[4]

마크와 앨런, 수잔이 더 이상 뉴송을 이끌지 않는다는 사실 자체가 그들이 성공했음을 보여준다. 이제는 결과물을 내놓기 위한 프로젝트들보다는 근본적인 관계를 회복하는 데 집중한 관계 지향적인 과정을 통해 자신감을 얻은 저소득층 사람들이 공동체 구성원으로 뉴송을 이끌고 있다.

—

예수님의 구속이 개인과 제도를 회복시킨다

정치계에서 해묵은 논쟁거리 가운데 하나가 가난의 책임 문제이다. 즉, 가난한 사람들이 가난한 원인을 개인의 잘못에서 찾아야 한다는 주장과 제도의 잘못에서 찾아야 한다는 주장이 맞서 있다. 정치적으로 보수적인 사람들은 전자가 옳다고 주장하며 진보적인 사람들은 후자를 강조한다. 과연 어떤 주장이 옳을까?

우리는 주일학교에서 아담과 이브의 죄로 모든 것이 망가졌다고 배웠다. 개인과 제도, 둘 다 망가진 셈이다. 따라서 그리스도인들은 빈곤의 원인을 진단할 때 그 어떤 특정 상황에서도 개인과 제도가 모두 문제라는 주장을 받아들여야 한다. 우리는 모두 주일학교에서 그 정도는 배웠다.

하지만 안타깝게도 주일학교에서 예수님의 구속이 전 우주적이며 개인과 제도 모두를 회복시킨다는 것을 배운 사람은 얼마 되지 않아 보인다. 그런 회복의 도구로서 우리는 이 두 가지 모두에 관여해야 한다.

네 가지 근본관계 형성의 통로가 되는 세계관

빈곤한 사람들과 개인적으로 일할 때에는 모두가 하나님, 자기 자신, 다른 사람들, 창조세계의 본성에 대해 이해해야 함은 물론, 하나님은 우리가 그 네 가지 실체들과 어떤 관계를 맺고 살아가기를 원하시는지에 대해 제대로 알아야 한다. 다른 말로 표현하면, 이들 네 가지 근본적인 관계가 제대로 기능하려면 제대로 된 세계관, 즉 '한 개인의 마음가짐을 구성하고 무엇을 믿어야 할지, 그리고 어떻게 행동해야 할지를 결정하게 하는 믿음과 확신의 꾸러미 전체'를 가지고 있어야 한다.[5] 우리의 세계관은 우리가 현실을 해석하고 하나님, 자기 자신, 다른 사람들, 창조세계와 관계하는 방식을 형성하는 통로이다. 다음 예에서 볼 수 있듯이 잘못된 세계관은 물질적인 빈곤의 중요한 원인일 수 있다.

하나님에 관한 올바른 지식이 결여된 세계관

한 기독교구제기관이 볼리비아(Bolivia) 알토 플라노(Alto Plano) 지역의 가난한 농부들의 수확량을 증대시키려고 노력한 적이 있다. 그들의 수고가 결실을 맺어 소출량이 증대했음에도 농부들의 수입은 별로 향상되지 않았는데, 이는 그곳에서 농사 활동을 주관하는 대지의 여신으로 여기는 '빠차마마'(Pachamama)에 대한 깊은 숭배 때문이다. 빠차마마의 가호를 빌기 위해 그들은 오랜 관행대로 어미 태중에 있는 라마 새끼를 꺼내 미라로 만든 부적을 구입했다. 농사를 시작하기 전에 생명과 풍요의 상징으로 여기는 그 부적을 농경지에 묻어야 했다. 추수철이면 농부들은 빠차마마에게 감사하는 축제를 열었다. 풍성한 수확을 할수록 축제규모도 커졌다. 농부들 수입의 상당액은 다시 라마의 미라들을 구입하는 비용과 추수철 축제비용으로 쓰였고 덕분에 그들의 물질적인 생활수준은 언제나 그대로였다. 세계관의 변화 없이 농작물의 산출량만 늘어나자 농부들은 빠차마마의 은혜에 대한 찬양에 더욱더 몰두했고 결국 그 구제기관은 우상숭배를 돕는 결과를 가져왔다.

자기 자신에 관한 올바른 지식이 결여된 세계관

앨리사 콜린스의 딸 니콜은 앨리사의 잘못된 세계관이 그들의 경제 상황에 미친 영향을 이렇게 묘사한다. "가끔 가다 엄마는 빈민구제 프로그램을 떨쳐버리려고 시도하지만 빠져나올 수 없는 감옥에 갇히기라도 한 듯 결과는 언제나 마찬가지였어요. 아이들이 딸려 있는 데다 고등학교 졸업장도 없이, 게다가 자신감도 없이 직업을 구하기란 쉬운 일이 아니었죠. 아니 그런 상태로 직업을 구한다 해도 오래가지는 못했을 거예요. 내생각에 엄마는 이미 마음속으로 자신은 성공할 수 없다고 포기해버린 것 같아요."[6]

그녀의 열등감은 직업을 구하는 일 외에도 여러 면에서 그녀의 물질적 빈곤에 영향을 미쳤을 것이다. 빈민 지역에서 의료 활동을 하는 데이비드 힐피커(David Hilfiker)는 "실제로 아주 어린 소녀들을 포함하여 많은 젊은 여인들이 자신의 연인을 묶어두는 방법으로 아이를 가지는 것밖에는 다른 방도를 몰라요. 빈민가에서 성과 출산은 자신의 존재를 확인하는 수단이죠."[7] 임신한 바람에 앨리사는 고등학교를 중퇴했다. 졸업장도, 아이를 돌봐줄 사람들도 없이 십 대에 임신하여 그녀와 가족들은 경제적 파국에 처하게 되었다.

다른 사람들에 관한 올바른 지식이 결여된 세계관

각각 11세, 10세인 쟈니와 타이론은 다섯 살짜리 에릭 모스를 시카고의 한 빈민아파트 14층 창밖으로 던져 살해했다. 에릭이 동네 가게에서 과자를 훔쳐오라는 그들의 요구를 거절했다는 이유에서이다. 같은 지역에서 성장해온 르앨런과 로이드는 그 사건을 이렇게 말한다.

르앨런: 이 주변에서 벌어지는 죽음에 대해 진지하게 생각하려고 하면 아마 살아가기 힘들 거예요. 과자 한 조각을 먹겠다고 사람을 죽일 정도로 목숨을 하찮게 여기는 곳이죠. 정말 말 그대로 한 푼의 값어치조차 없는 게 목숨이에요. 정말 슬프면서도 웃기는 얘기죠. 생각해보세요, 과자 한 조각 때문에 살인을 하다니.

로이드: 걔들은 그렇게 자란 거예요. 어른들의 본을 그대로 받았죠. 그게 원인인 셈이죠.

르앨런: 걔들 주위의 그 누구도 생명을 중히 여기지 않는데 걔들이 누굴 보고 배우겠어요? 걔들이 사고 친 빌딩만 봐도, 일단 안으로 걸어 들어가면 오줌 지린내가 진동하고 계단 전등은 모두 고장 나 어두컴컴하죠. 지저분

한 환경에서 살면 사람들 마음에도 때가 끼고 아무 생각도 없게 되죠.[8]

'빈민 지역 허무주의'에 대해 널리 연구해온 학자인 칼 엘리스(Carl Ellis)는 그런 사건의 배후로 '다른 사람을 희생해 자신의 만족을 취하려는' 세계관을 지적한다. 그런 세계관은 빈민 주거지에 거주하는 범죄 집단 구성원들에게서 흔히 보인다. 그들은 다른 사람들을 자신들 배를 채우기 위한 '먹잇감'으로만 생각할 뿐이다.[9] 그런 세계관을 지닌 사람들의 범죄들은 분명 직접적인 희생자들의 물질적 빈곤을 초래하지만, 그런 세계관들은 보다 은밀하고 광범위하게 빈민 지역 사람들의 물질적 삶에 영향을 미친다. 폭력에 노출되어 살아가는 빈민 지역 아이들은 그들의 삶이 오래 지속되지 못할 거라고 생각하여 현재에 집중하는 경향을 보인다.[10] 열심히 학교수업을 듣는 것처럼 미래에 투자하는 행동을 할 이유가 그들에게는 없다. 이런 경향은 다시 학력미달이라는 형태로 평생에 걸쳐 그들의 물질적인 빈곤에 기여한다.

창조세계에 관한 올바른 지식이 결여된 세계관

제3세계에서 많이 발견되는 정령신앙(Animism)의 공통특징은 제멋대로인 영들이 이 세상을 주관한다는 믿음이다. 그에 따르면, 창조세계는 혼란스럽고 인간이 통제하기가 불가능한 곳이다. 이런 세계관은 정령신앙을 가진 사람들이 운명론에 빠지게 만들어 주체적인 삶을 살면서 물질적 풍요를 기하려는 노력을 하지 못하게 만든다.

과테말라(Guatemala)의 포콤치(Pokomchi) 인디언들은 가장 가난한 부족들 가운데 하나이다. 선교사들의 노력으로 많은 인디언들이 기독교를 받아들였지만 안타깝게도 선교사들은 그들에게 창조세계를 이끌어가야 할 관리자 위치에 있는 인간의 개념을 제대로 전하지 못했다. 그 결과 인디언들은 숙명론을 떨쳐버리지 못하고 이 끔찍한 세상에서 죽음으로써 해방되어 천국에 올라갈 날만을 고대하며 살아가게 되었다. 오랜 시간을 걸쳐 개발기구들이 학교와 공동화장실을 지어주며 포콤치 인디언들을 도우려 했지만 달라지는 것은 별로 없었다.

목사이자 공동체개발전문가인 아튜로 쿠바(Arturo Cuba)는 포콤치 인디언들 문화 저변에 깔린 세계관의 허구를 파헤치기로 결심했다. 우선 인디언들이 곡식을 저장하기 위해 적절한 보관 장소를 사용하지 않는다는 것이 그의 눈에 들어왔다. 허술하게 보관한 양식에는 쥐들이 들끓었고 인디언들은 더 심각한 식량난을 겪었다. 아튜로는 인디언들에게 "당신들과 쥐들, 어느 쪽이 더 똑똑한 존재입니까? 당신들이 쥐를 다스리나요, 아니면 쥐가 당신들을 다스리나요?"라고 질문했다.[11] 인디언들은 쥐들이 그들보다 한 수 위라고 대답했다. 이에 아튜로는 인간에게 만물을 다스릴 권한이 부여되었다는 성경적 세계관을 인디언들에게 가르쳤다. 성경적 세계관을 받아들이면서 인디언들은 극적인 변화를 보이기 시작했다. 식량 저장고를 개량했고 아이들이 학교에 나오기 시작했다. 여자들도 글을 배우기 시작했고 남자들은 발전된 농경기술을 받아들였다.

이 예에서 볼 수 있듯이 잘못된 세계관은 큰 걸림돌이 될 수 있으므로 빈곤을 완화하기 위해서는 세계관을 바꾸는 일이 중요하다. 사실, 어떤 경우에는 세계관이 심각하게 왜곡되어 있어 그들의 패러다임이 큰 변화를 보이지 않는 한 그 어떤 진전도 가능하지 않을 수도 있다. 이런 사정은 우리가 어떻게 프로그램을 만들고 사역을 준비해야 할지, 그리고 자원은 어떻게 마련해야 할지에 대해 크게 영향을 미친다. 성경적 세계관을 사람들에게 전할 때 정부는 유용한 도움이 되지 못할 경우가 많다. 그들이 사는 지역의 문제들을 해결하려면 더 많은 금전이나 물질 지원보다는 세계관을 바꿔야만 한다고 주장하는, 앞에 언급한 빈민 지역 출신 르앨런과 로이드의 통찰력 넘치는 말을 들어보자.

> 사람들은 (고층건물에서 아이들을 떨어뜨리는) 문제에 대한 해결책으로 고층 건물들을 철거하고 낮은 건물들로 이사시키는 방안을 논의하고 있죠. 그 것도 일단 해결책을 찾기 위한 시도라는 면에서 의미가 있기는 하지만, '타이런'과 '쟈니' 같은 애들은 낮은 건물의 빈 아파트 창밖으로도 에릭을 던져 목을 부러뜨릴 수 있을 거예요. 그럼 어떻게 할 건가요? 건물을 점점 더 낮게 짓는다고요? 중요한 점은 건물 높이 같은 것이 아니죠. 생명을 중요하게 여기지 않는 한 목숨을 빼앗는 게 대수롭지 않을 수 있어요. 그 아이들은 목숨이 얼마나 중요한지를 잘 몰라요. 생명을 귀중히 여겨야 할 이유가 그들에게는 별로 없기 때문이죠. 어찌 보면 사람을 죽인 그 애들도 이미 죽어 있는 상태니까요.[12)]

우리는 우리 자신의 세계관도 변할 필요가 있음을 항상 명심해야 한다. 북미 기독교인들은 세속주의와 물질주의, 상대주의를 초래한 모더니즘과 포스트모더니즘 세계관에 깊은 영향을 받아왔다. 그런 정신적 경향들은 우리 문화에 만연한 마약중독이나 정신질환, 가정붕괴의 일부 원인이기도 하다. 예를 들면, 물질에서 행복을 찾는 미국의 숱한 부부들은 더 많은 물질들을 추구하느라 오랜 기간 동안 스트레스 높은 환경에서 일하며 자신들을 피폐하게 만들고 있다. 그 과정에서 아이들과 결혼생활은 종종 그들의 관심에서 뒤로 밀려나고 결국 가정이 무너져서 오랫동안 지속되는 심리적·사회적 문제들이 발생하게 된다. 물질적으로 가난한 사람들 못지않게 우리의 세계관도 변해야 한다.

이처럼 물질적 빈곤을 줄이기 위해 세계관을 바꾸어야 하지만 그것만으로는 불충분하다. 우선, 어떤 관계에 대한 바른 이해를 하고 있다 해서 그런 관계가 제대로 형성된다는 보장은 없다. 예를 들면, 나는 아내를 사랑해야 한다는 사실을 알고 있다. 하지만 그런 지식이 안락의자에서 내 몸을 일으켜 아내가 하는 설거지를 돕게 하지는 않는다. 건강한 관계를 위해서는 변화된 머리뿐 아니라 변화된 마음도 필요하다. 두 번째, 사탄과 그 패거리들은 우리 관계들을 망쳐놓고 싶어 하며 또 그렇게 할 능력이 있다. 모든 사람들이 올바른 세계관을 가지고 있더라도 사탄은 호시탐탐 기회를 노리며 우리와 나머지 창조세계를 공격하며 다양한 면에서 '빈곤'이 나타나게 만든다(엡 6:12). 세 번째, 타락의 결과로 전 창조세계가 저주 아래 놓이게 되었다(창 3:17-19). 즉, 우리의 세계관이 잘못되지 않더라도 흉년이 오고 쓰나미가 닥쳐올 수 있다. 네 번째, 자신의 처지를 바꾸기 위한 가난한 사람의 노력을 적극적으로 방해하거나 망치기 위해 노력하는 사람들이 있을 수도 있다. 마지막으로, 물질적으로 가난한 사람들을 둘러싸며 가난의 원인이 되기도 하는 제도들을 그들은 통제할 수 없다. 가난한 사람들의 세계관을 바꾸는 일만으로 제도들을 바꿀 수는 없다.

▬

망가진 제도들도 가난의 원인이다

1970년대 OPEC은 원유산출량을 제재하기 시작해 전 세계 석유가격을 올렸다. OPEC 회원국들은 엄청난 규모의 달러들을 벌어들이고 이렇게 벌어들인 대부분을 미국 은행들에 예치했는데, 미국 은행들은 다시 이 돈을 제3세계들에 달러표시 변동금리 대출로 빌려주었다. 석유가격 급등은 미국 내에 심각한 인플레를 야기시켰고 그 때문에 미국 연방준비제도이사회(Federal Reserve Board)가 통화량을 줄이자 다시 이자율이 오르면서 달러 가치가 강세를 보였다. 높은 이자율과 달러 강세는 대부분의 제3세계 채무자들을 지불불능 상태에 빠지게 했고, 그들은 국제통화기금에 도움의 손길을 빌릴 수밖에 없었다. 국제통화기금은 이들 국가들에 돈을 빌려주는 대가로 물가상승분을 임금에 반영하는 것을 그만두라고 요구하면서 재정지출 감축과 화폐가치 절하, 무역장벽 철폐 등을 요구했다.

이는 아주 복잡한 이야기처럼 들릴 것이다. 볼리비아의 알토 플라노의 농부들과 과테말라의 포콤치 인디언들에게도 이런 일들을 이해할 수 없기는 마찬가지일 것이다. 그들은 이런 일들이 일어나는 데 아무런 영향도 끼치지 않았지만 그럼에도 이 일들은 그들의 경제적 상황에 절대적인 영향을 미쳤다.

앞서 살펴본 그림 2.2를 참조해보자. 한 개인이 살아가는 경제적·사회적·종교적·정치적 제도 대부분은 그가 개인적으로 만든 것도, 영향을 끼친 것도 아니다. 이들 제도 대부분은 수천 년 동안 인간들이 지역과 국가, 세계를 무대로 활동해온 결과로 형성되었다. 이제까지 그래 왔고 앞으로도 인간들에 의해 변화하겠지만 이런 제도들에 대해 개개인은 대부분, 특히 물질적으로 빈곤한 처지의 사람들은 아무런 통제력이 없게 마련이다. 그럼에도 이런 제도들은 그들의 물질적 빈곤에 엄청난 역힐을 맡는다.

우리가 가난한 사람들과 함께 일할 때 제도들이 개개인에게 미치는 영향을 알아보기는 쉽지 않다. 예를 들면, OPEC의 조처는 볼리비아 농부들과 밀접한 관련이 있는 모든 가격들, 곧 비료와 종자, 대출과 토지, 노동과 석유, 산출량 등에 영향을 미쳤고 결과적으로 농부들의 경제적 상황에 큰 역할을 맡았다. 하지만 우리가 공동체 수준에서 농부들과 일할 때에는 이런 국제적 상황이나 그것들이 농부들 삶에 끼치는 영향을 알아보기는 쉽지 않다. 우리 눈에 보이는 거라고는 얼마 안 되는 돈을 빠차마마를 숭배하는 데 낭비하는 가난한 농부들뿐이다. 그런 상황에서는 잘못된 제도들보다 그 안에서 사는 사람들의 잘못이 더 확연하게 드러나기 때문에 빈곤의 원인이 모두 농부들과 그들의 세계관이나 태도, 가치들에 있다고 결론 내리기 쉽다.

길 잃은 도심의 흑인공동체

앨리사 콜린스 사례를 다시 한 번 생각해보자. 그녀의 세계관과 가치들, 태도가 그녀가 겪는 물질적인 빈곤과 분명 관련이 있지만, 빈민가에서 출생하여 자라난 흑인인 그녀는 강력한 제도의 희생자로서 대부분 북미 사람들보다 불리한 상황에 처해 있기도 하다. 미국 흑인 빈민가는 1910년에서 1960년 사이 북미 남부 농업지대의 기계화가 진전됨에 따라 남부 변경 지역 흑인들이 대거 북부로 이주하면서 생겨났다.[13] 블루컬러 제조업을 찾아 북부로 도망치듯 이주한 이들은 수세기에 걸친 노예생활과 인종차별 희생자들로서 교육받을 별다른 기회를 얻지 못한 사람들이다. 북부지방에 도착한 이들은 경제적인 이유와 공공정책, 주거차별 등의 이유로 도시 안쪽에 모여 살게 되었다.

1950년대만 하더라도 비좁기는 하지만 도시 내부 흑인들 거주지는 대체로 살 만한 안정된 공동체였다. 그러나 그 후 30년에 걸쳐 상황은 급격히 악화되었다. 연방도시정비 계획과 고속도로건설 프로그램으로 도심의 흑인 주거지들은 철거되기 시작했고 저소득층 흑인들은 공공주택단지로 분산 수용되었다. 중상층 흑인들도 살던 곳을 포기하고 다른 곳으로 이주해야 했다. 연방주택청(Federal Housing Administration)은 직간접적으로 흑인들을 배척하는 주택담보대출을 백인들에게 제공해 수백만 백인가구들이 교외 주거 지역으로 이주할 수 있도록 도왔다. 아이러니하게도 얼마 후에 시작된 흑인민권운동은 교외 주거 지역에서의 인종차별을 완화시키는 결과를 가져오고 이로써 중상류층 흑인들이 교외 주거 지역으로 합류할 수 있게 되는데, 이 때문에 도심의 흑인공동체는 지도자와 역할 모델, 일자리를 가진 가정과 건전한 경제기반들을 잃게 되었다.

미국 경제가 제조업에서 서비스업으로 바뀌면서부터 그나마 얼마 되지 않던 흑인들의 일자리가 더욱 줄어들었다. 1970년에서 1985년에 걸쳐 수백만 개에 달하는 고소득 블루컬러 일자리들이 미국의 다른 지역이나 해외로 옮겨가 도심에서 사라졌다. 도심의 실업률은 급등했고 많은 흑인들이 정부의 생계비보조 프로그램에 의지했는데, 그 프로그램은 수혜자들이 따로 일을 해서 돈을 벌면 그만큼 불이익을 주었다.

서로 영향을 미치는 세계관과 제도

오래전부터 압박을 받아온, 일자리도 없고 교육도 받지 못한 젊은 사람들을 높은 빌딩으로 만들어진 공공주택단지에 몰아넣고 그들에게서 지도자들을 빼앗고 교육과 의료, 취업의 기회도 제대로 제공하지 않은 채 일하지 않는 사람을 우대하는 정책을 사용한다면 어떤 일이 생기겠는가? 미혼모들이 증가하고 가정이 붕괴되며 범죄와 마약이 들끓는 현상이 과연 놀랄 만한 일이기나 할까? 고장 난 제도는 사람들을 허무주의에 빠지게도 한다. 세계관이 제도에 영향을 미치고 제도는 다시 세계관을 바꾼다. 그림 2.2의 화살표가 양방향임을 주목하라.

예를 들면, 고닉은 망가진 경제 제도로 발생하는 높은 실업률은 개인의 자아의식에도 큰 피해를 입힌다고 설명한다.

> 자아정체성이 경제적·개인적 성공으로 측정되는 자본주의 체제에서는 일자리가 없다는 것은 수치와 낙심의 원인이다. 제대로 된 일자리가 없다는 것은 자아의식을 훼손하고 결국에는 가정과 공동체정신에까지 상처를 입힌다. 구조적으로 일자리가 드물 수밖에 없는 도심에서 자신의 가정이나 더 큰 공동체에 도움이 될 수 없다는 것은 한 개인이 미래에 대해 생각하고 느끼며 행동하는 방식을 심각하게 제한할 수 있다. 샌드타운은 바로 그런 영향의 한가운데 있다.[14]

다시 말하지만 세계관은 제도에 영향을 미치고 제도는 다시 세계관에 영향을 미친다.

앨리사 콜린스 같은 이들에게 근본적으로 문제가 있다고 판단 내리기 전에 우리가 잠시 더 생각해봐야 할 이유가 바로 여기에 있다. 인간의 타락은 분명 앨리사와 그녀가 태어나 살아가는 제도에 모두 영향을 미친다. 하지만 유감스럽게도 제도의 혜택을 받고 살아온 백인 복음주의자들은 제도가 빈곤에 끼치는 영향에 대해 무지한 채 문제는 사람들에게 있다고 비난하기 쉽다.[15] 그들은 가난에 대해 제도가 일정 부분 역할을 맡고 있다는 주장을 들으면, 이를 개인적인 죄와 도덕적인 실수들을 회피하기 위한 핑계라고 생각하는 경향이 있다.

자신이 처한 상황을 핑계로 죄를 저질러서는 안 된다는 성경의 가르침에 대해서는 복음주의자들의 생각이 옳다. 분명 앨리사는 결혼도 하지 않은 채 아이를 낳았고 이것이 그녀를 경제적인 어려움에 처하도록 만들었다. 하지만 똑같은 일을 저지르고도 많은 사람들은 그녀처럼 오랜 기간 동안 궁핍한 처지에 있지 않는다. 왜 그러한가? 그 답변의 일부는 흑인 빈민 거주 지역에 사는 사람들은 그 외 지역에 사는 대부분의 사람들과는 다른 사회 제도 안에 묶여 있기 때문이다. 그들 스스로 그런 제도들의 일부를 만들기도 하지만 대부분 제도들은 그렇지 않다.

이런 이해를 하는지 여부에 따라 앨리사 같은 이들이 교회에 도움을 청하러 올 때 우리의 대응방식은 크게 달라진다. 물론 앨리사가 그녀의 빈곤의 원인인 개인적인 죄들과 태도들을 가진 것도 사실이지만 해답을 거기서만 찾으려고 노력한다면, 타락이 개인과 제도에 미치는 광범위한 영향을 무시하는 일이며, 그리스도의 구속이 그 두 가지 영역에 모두 영향을 미친다는 사실을 망각하는 짓이다.

잘못된 세계관과 빈곤한 이들의 세계관이 충돌하다

우리 행동에 반영된 우리의 세계관

물질적으로 곤궁한 처지의 사람들과 함께 일할 때 우리는 깨끗한 백지 상태로 그들을 만나는 것이 아니다. 그들을 대하는 우리 행동에는 우리의 세계관이 반영되고 이를 통해 하나님, 우리 자신, 다른 사람들, 나머지 창조세계에 대한 우리의 이해를 그들에게 드러낸다. 즉, 우리는 성경적인 견해와 종종 일치하지 못하는 우리의 이해방식, 견해를 그들에게 전달한다.

공동체개발전문가 대로우 밀러(Darrow Miller)는 그런 상황을 그림 3.1로 묘사한다.[16]

성경적 신관에 입각한 세계관에서는 창조물들과 떨어져 계시지만 그들

현실을 보는 다른 관점들

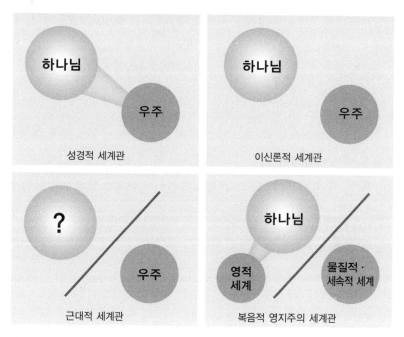

그림 3.1

출처_ Darrow L. Miller with Stan Guthrie, *Discipling the Nations: The Power of Truth to Transform Cultures*(Seattle, WA:YWAM, 2001), figures 1.7-1.10, pp.43-44.

과 연결되신 하나님, 즉 영적 영역과 물질적 영역이 서로 접촉하는 현실을 보여준다. 골로새서 1장은 예수 그리스도로 현현하신 하나님을, 물질 세계를 포함한 모든 것을 창조하시고 유지하시며 회복하시는 분으로 묘사한다. 그분은 온 우주를 그 손으로 장악하시고 저주가 미친 모든 곳에 하나님 나라의 축복을 가져오기 위해 적극적으로 일하신다.

안타까운 사실은 17세기 계몽주의 사조가 신이 세계를 창조한 이후 손을 떼었다는 이신론을 주장한다는 것이다. 계몽주의자들은 비록 하나님을 우주의 창조자로는 인정하지만 그분은 우주에서 매일 벌어지는 일에는 무관하시다고 생각한다. 마치 태엽을 감아놓은 시계처럼 신은 자신이 창조한 세계를 자연법칙에 따라 스스로 작동하도록 하신 후 손을 떼셨다는 것이다. 이런 세계관에서 인간들은 거의 하나님으로부터 독립된 존재들이며 자신들의 이성을 이용해 하나님이 창조하신 세계를 이해할 수 있다.

더 나아가 '서구 세속주의'라고도 부르는 근대적 세계관은 아예 신의 존재를 없애 이신론에서 한 걸음 더 앞으로 나아간다. 그들은 영적 세계와 물질적 세계는 접점이 없고 영적 세계라는 것 자체가 존재하지 않는다고 주장한다. 그러니까 우주는 그 기원과 운행이 자연적 과정에 기인하며 인간들은 이성을 사용해 이런 과정들을 통제할 수 있다.

앞의 90쪽에 소개한 등식들의 처음 두 항들도 그 기원을 이런 사조에서 찾을 수 있다.

- 빈곤을 물질적인 것으로만 정의하는 입장은 가난을 포함한 모든 문제들이 근본적으로 물질적인 성격을 띠며, 따라서 인간들의 이성(과학과 기술)을 이용해 물질세계를 조작함으로써 해결될 수 있다고 생각하는 세계관에 기인한다. 실제로 세계은행에서 단기선교팀(Short Term Missionary, STM)을 파견해 거리의 구석진 곳에서 집 없이 생활하는 사람들을 3개월간 도왔는데, 서부 지역에서 물질적인 자원과 그 물질적 자원을 지배하기 위해 우리가 개발한 기술을 제공해 빈곤을 완화하는 데 나섰다.

- 물질적으로 빈곤하지 않은 사람들의 신 콤플렉스도 이런 근대적 세계관의 직접적인 영향 아래 있으며, 신이 없는 우주에서는 이성을 사용해 물질세계를 통제하는 사람들이야말로 진정한 영웅이라고 생각한다. 다시 말해 근대적 세계관에 따르면, 물질적으로 빈곤한 처지가 아닌 사람들이야말로 승자이며 우주의 정복자이고, 자신들의 뛰어난 지성과 소유물

을 통해 유한한 존재, 즉 물질적으로 빈곤한 사람들을 구원하는 신적 존재이다.

그 등식의 처음 두 항들에 대해 회개하려면 눈에 보이는 현상보다 더 깊이 내려가야 한다. 즉, 그것들의 전제가 되는 근대적 세계관을 회개해야 한다. 회개가 즐거운 일일 수는 없지만 그 창조하신 세상을 놓지 않으시고 우리 일상의 모든 삶과 연관이 있으신, 우리 기도에 실제로 응답하시는 하나님을 발견하려면 회개는 필수이다.

비록 그리스도인들이 하나님을 부정하는 근대적 세계관은 거부한다지만 대로우 밀러 주장에 따르면, 북미 기독교인들은 성경적 신관과 근대적 세계관의 잡탕인 혼합주의(Syncretism)에 빠져 있다. 그가 복음적 '영지주의'(Gnosticism)라고 부르는 이 사조는 성경적 신관과 근대적 세계관을 혼합하여 영적 영역, 즉 주일예배와 헌신, 복음주의와 제자도 등에서만 하나님을 주님으로 모시고, 그 외 '물질적' 혹은 '세속적' 영역에서는 그분과 상관없는 삶을 사는 태도를 말한다. 이렇게 성과 속을 구분하는 태도는 매일매일의 삶과 문화에서 신앙을 제거함으로써 북미 사람들의 신앙생활을 상당히 훼손한다. 1장에서도 논의한 바 있지만 북미의 복음전도 활동은 이런 성속의 분리를 다른 문화권으로 전파하고, 결과적으로 하나님의 나라가 우리 삶의 모든 영역에 미친다는 사실을 알리지 못했다.

이런 복음적 영지주의는 다른 사람들의 빈곤을 덜어주기 위한 북미 기독교인들의 노력에도 스며들었다. 새로 우물을 파주고 의약품과 식량을 나눠주었지만 창조주이시자 모든 물질을 공급하시는 그리스도를 언급하지는 않았다. 그런 구제 활동들과는 별개로 성경공부 시간에만 예수님이 우리 영혼을 구원하실 수 있다고 설명했다. 이런 선교방식은 복음적 영지주의를 퍼뜨린다. 즉, 골로새서 1장의 예수님이 아니라 물질적 가난은 물질이 해결할 수 있고 예수님은 영적 가난만을 해결하신다는, 스타트렉에 나올 법한 예수님을 전파한다. 결국 우리는 이 모든 물질적 빈곤의 근저에 있는 파괴된 관계들을 회복하실 수 있는 유일한 분을 가난한 이들에게 소개하지 못하게 된다.

근대적 세계관이든 복음적 영지주의든 잘못된 세계관들이 물질적으로 빈곤한 이들의 세계관과 충돌할 때 참담한 결과가 생길 수 있다.

빠차마마와 페니실린

빠차마마를 숭배하는 볼리비아 농부들처럼 물질적으로 빈곤한 제3세계 사람들은 정령적 세계관을 가진다. 무슨 일을 저지를지 예측할 수 없고 강력한 힘을 가진 영이 이 세상을 지배한다고 믿는다. 하지만 농경기술과 의약품, 금전, 어떤 형태로든 북미인들이 새로운 기술과 물질적 자원들을 전해주면 그들은 영혼보다 더 강력한 힘을 가진 것이 있음을 깨닫는다. 그런데 여기서 문제는, 예를 들어 볼리비아 농부들이 빠차마마 대신 페니실린을 숭배할 수도 있다는 데 있다. 즉, 본래 의도와는 달리 우리는 그들의 전통적인 세계관 대신 과학과 기술, 물질을 믿는 근대적 세계관을 대체하게 하는 결과를 가져올 수 있다.[17] 혹은 새로운 기술을 빠차마마 숭배에 포함시키고 페니실린을 허락한 그녀에게 감사하는 혼합주의에 빠질 수도 있다.

비슷한 양태가 북미 내 빈자구제 프로그램들에서도 벌어질 수 있다. 미국 정부의 신앙인지원 프로그램(Faith-Based Initiative)은 교회 관련 기관들의 사역 가운데 비종교적인 분야에 정부 자금을 제공한다. 예를 들면, 나는 흑인들을 돕는 도시빈민사역 운영위원회 일원으로 일하면서 실직자들을 훈련시키는 프로그램의 자금 부족으로 정부지원을 신청한 적이 있다. 우리 프로그램에는 우리를 생산적인 노동자로서 회복시키시는 예수 그리스도를 포함한, 성경적 세계관을 가르치는 내용들이 포함되었다.

마침 자금을 제공하는 공무원도 기독교인인데, 그는 정부재원이 우리 프로그램처럼 명백히 복음적인 사업비용을 충당하는 데 쓰인다면 위법이라고 말했다. 공무원으로서 당연한 말이다. 거기에는 아무 이의가 있을 수 없다. 하지만 그는 이어서 말했다. "브라이언 목사님, 프로그램에서 누가 봐도 기독교적인 요소들만 조금 없애면 어떨까요? 꼭 성경을 언급하지 않고도 목사님이 가르치려는 가치들, 즉 책임감과 시간 엄수, 존경심과 근면, 절제 등을 충분히 전할 수 있지 않나요? 하나님이 명령하신 것으로 설명하건 그렇지 않건 모두 변화를 일으킬 수 있는 덕목들이 아닌가요?" 그는 우리에게 그리스도를 그분의 창조물들과 구분해서 생각하라고 주문했다. 그분이 만드신 기술들을 두고 누가 그것들을 만드셨는지 알리지도 말고, 그 기술들을 삶에 적용할 힘을 달라고 그분에게 간구하지도 말고 사용하라는 충고, 즉 복음적 영지주의를 받아들이라는 충고를 했다.

우리는 그 프로그램에 정부지원을 받지 않기로 결정했다. 사람을 변화시키시는 예수 그리스도의 능력을 가르치지 않고, 또 '청교도노동윤리'의 가치가 누구에게서 창조되었는지도 알리지 않은 채 이를 가르친다면 페니실린이 왜 효과가 있는지 알려주지도 않고 나눠주는 것과 다를 바가 없다. 물론 페니실린이 효과가 있듯이 그런 가치들도 받아들인 사람들의 삶에 변화를 일으킬 것이다. 하지만 만약 우리가 프로그램 참가자들에게 단지 "여러분은 스스로의 힘으로 자립할 수 있습니다. 열심히 일하고 절제하며 책임지려는 자세로 살면 물질의 풍요라는 아메리칸 드림을 이룰 수 있습니다"라는 메시지만을 전한다면 얼마나 슬픈 일인가. 성경과 상관없는 그런 메시지를 듣고 참가자들의 삶의 자세가 바뀐다 해도 애초에 중산층의 가치를 신봉하고 자신의 힘으로 그 가치들을 받아들일 수 있다고 믿는 사람들과 무슨 차이가 있는가. 우리는 그들의 세계관을, 스스로의 힘으로 진보를 성취할 수 있다고 믿는 근대주의 세계관으로 바꿔주었을 뿐이다.

직업훈련 프로그램에 참여하는 사람들 가운데 상당수는 적어도 지적으로는 기독교적 세계관을 지니고 있을 것이다. 미국 사회에서 교회가 차지하는 위치를 생각하면 충분히 가능한 일이다. 그런 이들에게 우리가 그저 직업훈련을 통해 중산층의 가치를 가르친다면 '사역'을 통해 사람들이 지닌 성경적 세계관을 근대적 세계관이나 복음적 영지주의 세계관으로 바꾸는 아이러니한 일이 벌어질 수도 있다. 직업훈련의 정초를 명백히 성경적 세계관 위에 놓지 않는다면 비록 그 교육을 받은 사람들이 성공적으로 직업을 얻고 수입이 늘어난다 하더라도 참담한 일이 벌어질 수 있다. 기억하라. 우리 목표는 그저 사람들 수입을 늘리는 게 아니라 모든 사람들이 하나님께 영광을 돌리게 하는 것이다.

이런 사정은 특히 21세기 북미 교회를 위태롭게 하는 배경이 된다. 대부분 우리는 하나님을 이해하거나 그분에게 기대지 않고 인간의 이성과 노력으로 물질세계를 이해하고 통제할 수 있다고 믿는 근대적 세계관에 깊이 경도되어 있다. 그 결과 우리는 하나님이 우리를 지으셨으며 그분이 모든 기술의 근거인 자연법칙들의 창조자이시며 유지자이심을 잊고 우리 자신과 기술의 힘으로 삶을 개선할 수 있다고 생각하기 쉽다.

한편 우리는 포스트모더니즘의 영향을 받아 절대적 진리는 알 수 없다고 생각하기도 한다. "나에게는 진리이더라도 당신에게는 진리가 아닐 수 있다. 마찬가지로 각 성경구절이 각 사람에게 의미하는 바도 다 다를 수 있다"라고 생각한다. 포스트모더니즘의 영향을 입은 그리스도인들은 복음운동과 그리스도의 제자로서의 사역에 참여하지 않으려고 한다. 그들의 문화에 제약된 성경해석을 다른 문화권 사람들에게 강요하기를 꺼리기 때문이다. '사람들이 성경에서 어떤 메시지를 얻을지 우리가 무슨 자격으로 통제할 수 있단 말인가'라고 그들은 생각한다.

포스트모더니즘적인 생각은 근대주의의 과도한 자신감을 교정하는 긍정적 효과도 있지만 사람들이 성경의 초월적 진리들을 전하지 못하게 막는 부정적 역할도 수행한다. 인간들이 유한하고 연약하며 스스로도 미처 의식하지 못할 정도로 우리 문화에 깊이 영향을 받은 죄 된 피조물이라는 말은 맞다. 성경의 초월적 진리를 한갓된 인간 문화의 틀에 제약되게 해석하고 이를 다른 문화 사람들에게 받아들이라고 강요하지 않으려면 우리는 주의를 기울여야 한다. 하지만 그럼에도 성경은 이런 사정이 우리가 성경을 연구하고 적용하며 복음과 그 의미들을 전파하는 데 지장이 된다고 말하지 않는다(시 119:105, 130; 마 28:18-20; 딤후 3:16-4:5). 우리가 겸허해야 하며 부단히 성경에 비추어 스스로를 조명해야 하는 것은 사실이지만 성경의 진리를 선포하는 데 주저해서는 안 된다. 이 같은 우리의 자신감은 하나님의 말씀의 능력에 대한 우리의 믿음, 우리의 부족함을 채우시는 성령의 적극적인 임재에 대한 우리의 믿음에 근거한다.

결론적으로, 사람들은 빠차마마를 숭배하는 데서 페니실린을 만드신 하나님을 믿는 믿음으로 옮겨가야 한다. 페니실린도 하나님이 효과 있게 만드셨다는 성경적 신관을 말로 전할 때에야 그런 일이 가능하다. 무릎을 꿇고 그분을 경배하자.

앨리사의 세계관과 주변 제도의 변화

정부의 생활보조로 수십 년간 살아온 앨리사는 고등학교 과정을 이수하고 유치원교사로 일하기 시작했다. 새벽 4시에 기상해 출근하기 전까지 가족들 옷을 세탁했다. 무슨 일이 벌어진 것일까? 다름 아닌 앨리사의 세계관 그리고 그녀가 살아온 제도가 변화했다.

동네 초등학교 교장인 밀러 여사가 앨리사에게 보조교사로 일할 수 있도록 파트타임 일자리를 줄 때부터 그녀의 변화는 시작되었다. 앨리사에게 가르치는 재능이 있다는 것을 눈여겨본 밀러 여사는 시간을 내어 앨리사를 설득해 교사로 일하는 데 필요한 교육을 받게 하고 자격증을 따게 했다. 밀러 여사의 지속적이고 건설적인 격려 아래 앨리사는 자신감을 회복했다. 그녀의 세계관이 변하면서 그녀의 경제적인 상황에 두 가지 중요한 변화가 같이 일어났다. 우선, 의회가 생활보조 프로그램 혜택을 볼 수 있는 기간을 제한하는 법안을 통과시켜 일할 수밖에 없는 분위기를 고취시켰다. 정부로부터 생활보조를 받을 수 있는 날이 끝나가고 있음을 알게 된 이상 앨리사는 전업으로 일할 수 있는 직장을 구해야 했다. 두 번째, 밀러 여사는 앨리사에게 정식교사 자리를 제공했고, 이 일로 앨리사는 자립할 수 있는 경제적 기반을 갖추게 되었다.

교회는 앨리사 같은 이들에게 필요한, 개인 차원의 사역을 제공할 수 있는 아주 유리한 위치에 있다. 국가적·국제적 차원의 경제 제도에 커다란 변화를 이끌어내기는 어렵지만 교회는 앨리사 같은 이들이 물질적 빈곤을 벗어날 수 있게 해줄 정도의 변화는 지역적인 제도에 일으킬 수 있다. 물론 그런 변화는 정치적 후원 형태를 띨 수도 있지만 물질적으로 빈곤한 처지의 사람들에게 자립할 수 있는 경제적 대안을 제공하는 것이 더 일반적이다. 예를 들면, 교인들 가운데 사업하는 사람들이 가난한 사람들이 새롭게 출발할 수 있도록 일자리를 제공할 수도 있고 혹은 교회가 파트타임으로 일거리를 주어 그들이 실제로 일하는 경험을 맛보게 해주고 일하는 습관을 가지게 해서 다른 전업 일거리를 찾을 수 있게 도와준다.

물론 교회는 밀러 여사가 앨리사에게 줄 수 없던 것도 제공할 수 있다. 하나님의 나라에 대한 복음을 명확히 전해 그녀가 깊고도 지속적인 변화를 경험할 수 있게 도울 수 있다. 그때에만 그녀는 일과 삶을 통해 하나님을 영화롭게 하는 자신의 소명을 완수할 수 있는 능력을 가지게 되고, 비로소 온전한 의미에서 물질의 빈곤으로부터 놓여날 것이다.

이 책 2, 3, 4부에서 교회가 회복의 사역을 감당하기 위해 개개인과 제도들을 어떻게 대해야 할지 더 깊이 논의해보자.

돌아보며

다음 질문에 답해보라.

1. 이 장 처음에 제시한 질문에 대한 당신의 답을 다시 생각해보라. 지금도 그 질문들에 대한 답은 변함이 없는가? 만약 변했다면 어떻게 변했는가? 구체적으로 기술하라.

2. 도저히 상황을 변화시킬 수 없다고 생각할 정도로 삶의 덫에 갇혀본 적이 있는가? 그때 당신은 어떤 느낌을 가졌고 또 어떤 행동을 했는가? 그냥 모든 것을 포기하고 싶었는가?

3. 아플 때 당신은 무엇을 하는가? 역대하 16장 7-9, 12절과 시편 20편 7절을 읽어보라. 아사가 지은 죄가 무엇인가? 근대적 세계관의 비성경적인 특징 가운데 하나는 영적 영역과 물리적 영역을 구분하는 것이다. 아사처럼 우리는 과학 (의학, 기술, 기계, 동력 등)에 의지해 우리 문제를 해결하려 하고 우주를 창조하시고 유지하시는 분에게 간구하는 것을 잊을 때가 있다. 당신의 세계관은 어떻게 변해야 하는가?

4. 당신이 다니는 교회의 사역들과 선교 활동에 대해 생각해보라. 이를 통해 명확하게 복음을 전하는가? 그렇지 않다면 그것을 구체적으로 어떻게 개선할 수 있는가?

5. 다시 당신이 다니는 교회의 사역들과 선교 활동에 대해 생각해보라. 이 같은 일들은 사람들과 과정들을 지향하는가, 혹은 사업들과 결과물을 지향하는가? 이런 활동을 개선할 수 있는 구체적인 사례들을 기술하라.

6. 당신이 관여하는 현장목회에 대해서도 4, 5번의 질문을 해보라.

7. 당신이 살고 있는 공동체와 도시, 지역을 생각해보라. 그곳의 경제적 · 사회적 · 종교적 · 정치적 제도들이 어떤 사람들에게는 강압적이지 않은가? 할 수 있다면 가난한 이들이나 소수민족들(미국 인디언, 흑인, 미국 남서부에 거주하는 남미인 등)의 의견을 들어보라. 시간을 내어 그들의 말에 귀 기울여보고 그 말을 새겨보라. 당신과 당신 교회가 이들 제도들을 좀 더 정의롭게 만들기 위해 할 수 있는 일들은 무엇인지 자문해보라.

8. 당신이 관여하는 빈민사역을 통해 가난한 이들에게 전해주는 기술들과 물자들, 방법들의 창조자이시며 유지자이시고 구속자이신 하나님을 전하는가? 당신은 자신도 모르게 기술과 물자, 방법들 안에 힘이 있다고 전하지는 않는가?

Help

2부

가난한 이웃에게
성실함으로
손을 내밀라

들어가며

다음 질문들에 간단하게 답해보라.

1. 북미에 사는 물질적인 가난에 처한 사람들이 당신이나 당신 교회에 급박하게 재정지원을 부탁한다고 치자. 그들의 상황이 어떠해야 그들에게 돈이나 물건들을 주는 것이 적절하다고 생각하겠는가? 구체적으로 말해보라.

2. 단기선교처럼 당신이나 당신 교회가 제3세계 가난한 사람들을 대상으로 펼친 사역에 대해 생각해보라. 그들의 상황이 어떠해야 그곳의 가난한 사람들에게 물건들이나 돈을 주는 것이 적절하다고 여기겠는가?

3. 앞의 두 질문에 당신은 똑같은 답을 했는가? 만약 그렇지 않다면 이유가 무엇인가?

4장

나의 사마리아 여인에게는
어떻게 다가갈 것인가?

저녁 뉴스 시간에 인도네시아에 쓰나미가 발생해 이재민들이 수백만 명 발생했다는 소식이 들렸다. 또한 우리가 사는 도시에도 노숙자들이 점점 늘어난다고 보도했다. 언뜻 보면 이 두 뉴스에 대한 사람들의 반응은 비슷할 것 같다. 모두 먹을 것과 입을 것, 거처가 없는 딱한 처지의 사람들에 대한 이야기이므로 그들에게 필요한 것들을 제공하면 될 것이다. 하지만 그렇게 쉽게 생각하고 말기에는 뭔가 석연찮은 구석이 있다. 자세히 들여다보면 이 두 곳 사람들은 아주 다른 상황에 처해 있고 따라서 돕는 방식도 달라야 한다.

당신은 제각각 따라야 할 적절한 원칙이 있다고 생각하는가?

단계를 선택하라

어떤 상황이든 빈곤한 사람들과 함께 일할 때 제일 처음 할 일은 그들이 처한 상황이 구제나 복구, 개발 가운데 어떤 지원을 필요로 하는지 파악하는 것이다. 빈곤을 줄이려는 노력이 오히려 사람들에게 해를 끼치게 되는 가장 큰 원인이 바로 이 단계에서 일어난다.

'구제'(Relief)는 천재나 인재에 따른 당장의 고통을 줄이기 위해 긴급하고 일시적으로 지원하는 것을 말한다. 그림 4.1에서 볼 수 있듯이 인도네시아의 쓰나미 같은 재난이 1지점에서 발생하면 재난당한 사람들은 거의 완전히 무력한 처지에 빠지고 경제적으로도 급격히 위축되게 마련이다. 내버려둔다면 끝없이 악화되기만 할 상황에 '응급지혈' 조치를 취하는 것이 구제이다. 구제에서 가장 두드러지는 점은 구제하는 사람과 당장 아무런 자구의 노력도 할 수 없어 받기만 하는 사람 사이에 종종 물자와 같은 지원이 전해지는 역학관계이다. 길가에 피 흘리며 쓰러져 있는, 강도 만난 사람을 싸매준 선한 사마리아인의 행위가 적절한 구제의 좋은 예이다.

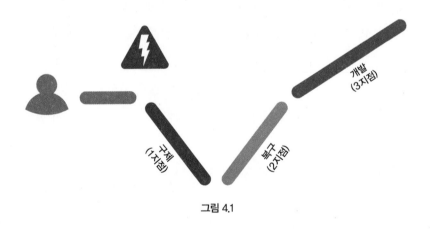

그림 4.1

'복구'(Rehabilitation)는 지혈한 후 시작한다. 이는 사람들과 공동체를 재난 이전의 긍정적인 요소들로 돌려놓는 일이다. 복구의 가장 두드러진 특징은 쓰나미를 당한 피해자들과 함께 그들의 회복을 위해 일하여 2에서 3 지점으로 옮겨가는 것이다.

'개발'(Development)은 계속적인 변화를 통해 관련된 모든 사람들, 즉 도와주는 사람들과 도움을 받는 사람들 모두가 하나님, 자기 자신, 다른 사람들, 기타 창조세계와 바른 관계를 유지하도록 하는 것이다. 개발 과정을 거치면서 물질적으로 빈곤한 사람들은 일을 하고 그 일의 소산으로 자신과 가족들을 돌봄으로써 하나님을 영화롭게 하는 그들의 소명을 더 잘 감당할 수 있다. 개발은 사람들에게 또는 사람들을 위해 행해지는 것이 아니고 그들과 함께 행하는 것이다. 여기서 중요한 역학관계는 관련된 모든 사람들, 그러니까 도와주는 사람들과 도움을 받는 사람들 모두가 하나님이 창조하신 바대로의 존재가 되게 함으로써, 자신감을 가지도록 하고 그 과정을 통해 3지점을 벗어나 그들이 이제껏 경험하지 못한 화해의 영역으로 옮겨가게 하는 것이다.

그러므로 구제와 복구, 개발 중 어느 것이 적절한 조처인지 결정하는 일은 매우 중요하다.

> 미국 교회가 저지른 가장 큰 실수들 가운데 하나는
> 복구나 개발이 필요한 상황에 구제를 적용한 일이다.

1지점에 처한 사람들의 목숨을 건지기 위해 출혈을 막아준 선한 사마리아인의 구제는 아주 적절하다. 하지만 응급상황에 처하지 않은 3지점 사람들에게 물질적 지원을 하는 것은 하나님이 창조하신 대로의 그들 모습, 즉 생산적이고 주체적인 존재로서 그들의 모습을 회복하는 데 도움이 되지 않는다. 2장에서 보았듯이 우리와 다를 바 없이 관계의 문제를 겪는 3지점 사람들에게 물질적 해결책을 시도한다면 그들과 지원하는 사람들 모두에게 해를 끼치는 일이다. 그런 조처는 관련된 사람들 모두의 근본적인 관계들을 더욱 악화시킬 뿐이다.

이 장 나머지 부분에서는 구제와 복구, 개발의 패러다임들을 사용해 빈곤완화, 곧 저소득층 사람들과 우리가 하나님, 우리 자신, 다른 사람들, 그리고 창조세계와 맺는 관계를 회복함으로써 더욱더 하나님을 영화롭게 하려는 목표를 이루기 위한 몇 가지 원칙들을 구체화해보려고 한다.

1지점의 대상

도와달라고 당신 교회를 찾아오는 많은 사람들은 자신들이 위기에 처해 있어 공과금을 낼 돈이나 집세, 식료품비와 교통비를 지원받아야 한다고 말할 것이다. 즉, 그들은 그림 4.1의 1지점에 위치한다고 주장한다. 그런 사람들에게 구제를 적용하는 것이 적절한가? 그럴 수도 있고 그렇지 않을 수도 있다. 여기에는 고려해야 할 몇 가지 사항들이 있다.

우선, 그들이 정말 긴급한 위기에 처해 있는가의 문제이다. 만약 당신이 즉각 도움을 주지 않는다면 정말로 심각하고 부정적인 결과가 초래되는가? 그렇지 않다면 구제는 적절한 방법이 아니다. 스스로의 힘으로 조치를 취할 여유가 도움을 청하는 사람에게 남아 있기 때문이다.

둘째, 도움을 청하는 사람이 스스로 자신이 처한 위기에 얼마나 책임이 있는가를 살펴보아야 한다. 개인의 빈곤에 사회 제도가 미치는 영향을 고려하면 동정과 이해의 여지가 있고 또 필요하지만 상황을 초래한 본인 책임도 고려해야 한다. 당사자들의 무책임한 행동으로 발생한 일에 대해 어느 정도 고통을 느끼게 하는 것도 빈곤완화의 회복 과정을 더 원활하게 하는 '엄격한 사랑'의 일부일 수 있다. 사람들의 실수나 죄를 벌하자는 말이 아니라 그들이 처한 상황에서 적절한 교훈을 얻게 하자는 뜻이다.

셋째, 도움을 청하는 사람에게 스스로 문제를 해결할 능력이 있는가? 만약 그렇다면 전부 다 책임져주는 것은 그의 능력과 자질들을 주체적으로 사용할 수 있는 기회를 잃게 만드는 것이다.

넷째, 그 사람이 어느 정도나 당신 또는 다른 사람들로부터 도움을 받았는지의 여부이다. 지금 도움을 받은 후 다음에 또 똑같은 도움을 받으러 올 것인가? 당신 교회에는 처음 도움을 요청할지 몰라도 이미 여러 곳에서 도움을 받아왔을지도 모른다. 그는 이 교회, 다음에는 저 기관 식으로 옮겨 다니며 '응급지원'을 받는 사람일지도 모르고, 그래서 당신은 한 번밖에 도와주지 않았다고 생각할지 모르지만 사실 그에게는 최근에 받은 열 번째 도움일 수 있다.

우리 가족도 이와 비슷한 상황을 최근에 겪었다. 한번은 젊은 여인이 우리 집을 찾아와 음식을 좀 달라고 요청했다. 우리는 그 부탁을 들어줬지만 나중에 알고 보니 그 몇 주 동안 그녀는 동네의 다른 가족들로부터도 비슷한 도움을 받아왔다. 그 후로도 그녀가 집집마다 다니며 음식을 요청하는 모습이 눈에 띄었다. 몇몇 이웃들이 그녀에게 일시적인 도움이 아니라 장기적인 해결책을 찾아주려 했지만 그녀는 그 제안을 거절했다. 우리 마을이 그녀에게 해줄 수 있는 사랑의 행위는 이유를 설명해준 다음 더 이상 도움을 주지 않는 것이었다. 그 후 만약 그녀가 우리와 함께 장기적인 해결책을 찾기로 결정한다면 우리는 언제든 기꺼이 팔을 벌려 그녀를 받아들일 것이다.

북미 내 가난한 이들을 도우려 할 때는 깊이 생각하지 않아도 공감할 수 있는 이런 원칙들이 쉽게 사람들 마음에 떠오르지만, 제3세계의 빈곤한 사람들과 함께 일할 때에는 이런 원칙들을 잊기가 쉽다. 우리가 으레 생각하는 것보다 그들의 가난의 실상이 너무 엄청나고 절망적으로 보이기 때문이다. 그런 상황에 접하면 우리는 북미 내 가난한 이들을 도울 때와는 달리 돈이든 다른 형태의 그 어떤 지원이든 선뜻 내놓기 쉽다.

이런 상황을 잘 설명하는 사례로 필리핀 마닐라의 빈민가에 위치한 여호와이레 교회의 금융조합을 살펴보자. 그 금융조합에 속한 회원들은 매일 4, 5달러로 생활한다. 각 회원들은 매주 20센트 정도를 조합에 저축하게 되어 있는데 조합은 그렇게 모인 돈을 저금리 이자로 조합원들에게 빌려준다. 각 회원들은 매주 5센트씩 조합의 비상지원기금에도 기부하는데, 긴급한 위기에 처한 회원들을 돕기 위해서이다.

우리 기준으로 보면 그들은 비참할 정도로 가난한 삶을 영위한다. 그런 면에서 그 금융조합이 위기에 처한 사람들을 돕기 위한 기금사용을 위해 만든 규정들을 살펴보는 일은 의미가 있다. 비상지원기금의 지원금은 가족 가운데 환자가 발생한 가정에 공짜로 주는 것이 아니라 무이자로 대출을 해준다. 공과금을 제때 내지 못해 전기나 수도가 끊긴 집들은 지원을 받을 수도 없다. 조합 기준에 따르면, 그런 가정들은 위기에 처한 것이 아니다. 전기나 수도세는 각 가정이 미리 준비해놓아야 하는 가정의 지출항목들이다. 출산하기 위한 입원비용도 지원받지 못한다. 아기가 태어날 때까지 아홉 달 동안 미리 준비할 수도 있다는 이유에서이다. 지원받는 금액도 그들이 조합에 저축한 금액 이상을 초과하지 못한다. 그 조합을 운영하는 사람들은 정말로 호락호락한 사람들이 아니다.

만약 북미의 교회가 여호와이레 교회의 금융조합에 근무하는 사람들 입장에 있다면 어떤 일이 벌어질까? 우리는 최소한의 생활수준에 대한 우리 생각을, 도움을 요청한 사람들 상황에 투영할 것이고 쉽게 구제의 손길을 펼칠 것이다. 하지만 현지인들은 이런 조처는 현명하지 못하고 의존심만 키운다고 생각한다. 우리는 분별없는 행동으로 현지인들의 적절한 판단과 자율, 책임감과 주체성만 훼손하는 것이 아니라 그동안 모아놓은 기금과 조합 자체를 금방 들어먹고 말지도 모른다. 실제로 연구 결과에 따르면, 이런 금융기관들에 외부지원자금이 유입되면 으레 얼마 지나지 않아 사업이 망했다.[1] 그렇다고 여호와이레 교회의 금융조합정책을 모든 교회가 어떤 상황에서나 따라야 한다는 말이 아니다. 요점은 구제가 정말 필요한 상황인지를 판단할 때 우리의 문화적 선입견을 잘 알지 못하는 맥락에서 함부로 투사하지 말라는 것이다.

11장에서 더 깊이 논의하겠지만, 도움을 필요로 하는 사람의 상황을 평가하는 데 몇 가지 방법을 사용할 수 있다. 여기에는 처음 대화를 시작할 때 사용할 수 있는 몇 가지 비공식적인 질문들과 좀 더 자세한 상황설명을 기록하는 지원신청서들이 포함된다. 이런 평가수단들은 가장 혜택을 줄 수 있는 도움의 형태를 파악하고 진짜로 도움이 필요한지 여부를 파악하는 데 도움이 된다. 나아가 이런 수단들은 도움을 요청한 사람에게 현재 처한 자신의 상황의 배후에 있는 더 큰 삶의 문제들을 해결하려는 마음이 있는지도 알 수 있게 한다.

당신의 교회나 당신이 사역할 때 어려움에 처한 사람들을 도울 때 사용할 수 있는 원칙들을 정해놓고, 물질적으로 어려운 사람들을 도울 때 결정을 내리는 기준으로 삼는 것이 바람직하다. 이런 원칙들은 당신의 사명이나 비전을 토대로 하며 가난과 가난의 경감에 관한 성경적 견해와 모순되지 않아야 한다.

그렇다면 1지점의 도와야 할 대상은 누구인가? 당신은 아마 이런 범주에 든 사람들을 많이 알지는 못할 것이다. 실제로는 당신 마을, 아니 전 세계 아주 소수 사람들에게만 긴급한 구제가 필요하기 때문이다. 심하게 장애가 있는 사람들과 노령자, 아주 어린 고아들과 정신질환이 있는 노숙자들, 자연재해 피해자들이 이에 해당할 만하다. 이런 범주의 사람들은 보통 아무런 자구책을 취할 수 없고 무조건 구제를 받아야 한다. 하지만 대부분은 지혈이 된, 당장은 아슬아슬한 상황이 아니다. 그들 모두를 아주 절망적인 상황에 있는 것처럼 대한다면 그들과 우리 양쪽에 득보다는 실이 된다. 그렇다고 아주 급한 처지에 있는 사람들이 아니라면 돕지 말아야 한다는 이야기가 아니다. 구제보다는 복구나 개발이 그들에게는 더 필요한 조처이다. 금전적인 지원도 좋지만 수혜자가 생산적인 사람들로 변화하는 데 도움이 된다는 조건을 충족하는 것이 중요하다. 8장과 9장은 일을 완수하고 물자를 아낌으로써 이런 도움을 주는 예들을 제공한다.

효율적인 구제

만약 구제가 필요한 상황이라는 결정을 내렸다면 그것을 효과적으로 집행하기 위해서는 몇 가지 원칙들이 필요하다.

첫째, 구제는 즉각적이어야 한다. 위기의 한복판에 있는 사람이 아무런 자구책을 취할 수 없는 상황이라면 시기를 놓치지 않게 도와주는 것이 아주 중요하다. 예를 들어, 대규모 자연재해를 당한 사람들을 두고 교회가 어떤 조처를 취해야 할지, 자금은 어떻게 모아야 할지 수주일 궁리한다면 적절하지 않다. 가정폭력을 피해 안전한 도피처를 찾아 용감하게 교회로 찾아온 여인의 경우도 마찬가지이다. 교회가 적절한 거처를 알아볼 때까지 우선 집으로 가 있으라며 그녀를 돌려보낸다면 올바른 구제가 아니다.

적절한 시기에 구제를 하려면 언제든 구제할 수 있는 준비가 되어 있어야 한다. 즉, 당신의 교회나 당신이 사역할 때 앞으로 제공해야 할지도 모르는 구제들의 형태를 미리 예상하고 준비해야 한다. 재정적·물질적·인적 자원들 가운데 어떤 부분이 필요할지 미리 파악하고 때가 오면 제때 지원할 수 있도록 준비해놓아야 한다. 예를 들어, 교회 집사들은 그들이 속한 지역공동체에서 사용할 수 있는 공공 서비스 목록들을 얻거나 만들 수 있을 것이다. 또는 위기발생 시 다른 사람들을 도와줄 수 있는 사람들 목록을 만들 수도 있다. 며칠 동안 자신의 집에서 묵게 한다거나 교통편 제공이나 식사 제공, 혹은 교회에 기증한 옷가지들을 정리하는 데 시간을 낼 수 있는 사람들 목록 말이다.

둘째, 구제는 피해를 당한 사람들이 자구책이 없는 동안에만 제공하는, 일시적인 성격이어야 한다. 구제를 언제 그만두어야 할지 결정하기란 쉽지 않다. 너무 빨리 지원을 중지하는 실수를 저지를 수도 있다. 건강상 위기로 계속 의료비가 들어가야 하는 가정에 한 차례 교회구제금에서 몇 백 달러 제공하는 것으로 끝낸다면 올바른 구제가 아니다. 반면에 너무 오랜 기간 구제를 지속한다면 자칫 의존심만 키울 수도 있다. 구제의 정도나 횟수, 기간을 정할 수 있는 구제원칙을 교회가 가지고 있어야 한다. 물론 이런 원칙들을 벗어나 구제해야 할 경우도 분명 생기지만 그런 원칙들을 가지고 있으면 적절하게 구제하는 데 크게 도움이 된다.

효율적인 구제는 너무 남발하지 않고, 즉각적으로 또 일시적으로 이루어져야 한다.

구제·복구·개발의 실천

일단 구제로 응급처방을 했다면 즉시 피해를 입은 사람들이 위기를 겪기 이전의 긍정적인 상황들로 돌아갈 수 있도록 그들을 위해서가 아니라 그들과 함께 일하는 복구단계로 옮겨가야 한다. 다시 말하지만, 복구는 빈곤의 경감이라는 장기목표에 부합하는 방식으로 이루어져야 한다.

약 20년 전 나는 아내와 함께 교인들을 조직해 노숙자들을 돕는 일을 시작했다. 노숙자보호소에 있는 사람들은 이혼이나 가족의 죽음, 실직 등 큰 아픔을 당한 사람들이 대부분이었다. 고통을 잊으려고 마약이나 술에 의지하다가 모든 것을 잃은 그들은 코네티컷의 혹독한 겨울 추위에서 살아남으려면 긴급한 도움이 필요했다. 보호소는 이들이 위기를 넘길 수 있도록 따뜻한 잠자리와 음식을 제공하고 다양한 카운슬링을 통해 하루속히 회복할 수 있도록 도우려고 했다.

한 달에 한 번씩 우리 교회 식구들은 먹을거리를 넉넉히 사고 식사를 준비해 노숙자들에게 대접하고 뒷정리까지 하는 봉사 활동을 했다. 직접 그들 입에 음식을 떠 넣어주는 것만 안 했을 뿐 우리는 아무것도 부탁하지 않고 우리가 할 수 있는 모든 것을 그들에게 베풀었다. 지금 와서 생각하니 그들을 회복시키려고 노력하는 그 과정에서 노숙자들이 좀 더 적극적으로 동참하도록 부탁했다면 더 건설적이었을 것 같다. 우리는 네 가지 관계를 회복하기 위한 과정의 일환으로 그들에게 좀 더 주체적으로 행동하라고 주문하는 게 옳았다. 식단 짜기와 장보기, 식사제공과 설거지까지 모든 단계에 그들을 연관시킬 수도 있다. 일방적으로 그들에게 식사를 차려 제공하여 우리의 우월감과 그들의 열등감을 조장할지도 모르는, 주는 자와 받는 자의 구도가 아니라, 그들과 함께 앉아 식사하고 그들과 나란히 일할 수도 있을 것이다.

복구, 아니 구제조차 개발과 발전의 관점에서 행하는 것이 지금은 가장 좋은 방법이라고 여긴다. 예를 들어, *Minimum Standards of Disaster and Rehabilitation Assistance*(재난복구 지원 시 지켜야 할 최소한의 기준)에는 다음 지침들이 있는데, 각각의 기준들에 대해 약간씩 설명을 달았다.[2]

- **피해 당사자들을 피해 규모 파악과 지원 프로그램 계획, 모니터와 실행, 평가 과정에 참여시켜라.** 이는 보호소 노숙자들을 예로 들면, 음식을 준비하는 과정은 물론 보호소의 모든 프로그램들을 계획하고 실행, 평가하는 과정에 노숙자들도 관여해야 한다는 주장이다. 터무니없는 소리처럼 들리는가? 분명 피해 당사자들이 현명한 결정을 내릴 수 있을지, 제대로 책임을 같이 질 수 있을지 판단할 수는 있어야 한다. 하지만 이때 명심해야 할 점은 우리 모두는 하나님의 형상을 본떠 창조되었고, 비록 망가진 존재들이지만 회복시키시는 하나님의 은혜를 경험할 수 있다는 것이다. 가능한 한 우리는 사람들을 책임 있는 주체적인 존재로 대해야 한다. 때때로 그들에게 의견을 물을 수도 있다. 노숙자들이야말로 노숙자들에 대해 많은 사실들을 알고 있지 않겠는가.

- **재난 상황을 이해하고 어떤 도움을 줄지 결정하기 위해 우선 재난 규모를 파악하라.** 뉴올리언스(New Orleans)의 바닷물을 막는 둑이 붕괴되었다는 뉴스를 듣자마자 당신 교회의 자원봉사자들을 트럭에 태우고 현장으로 달려가는 것과는 좀 다른 이야기이다. 무엇보다 먼저 현장 사정을 파악하거나 이미 현장 사정을 알고 있는 사람에게 도움과 협조를 얻어 일해야 한다.

- **재해현장의 이웃들과 구호기관들이 재해를 입은 사람들에게 적절한 지원을 하지 못할 때 행동을 시작하라.** 이것은 정말 신중한 자세이다. 만약 재해를 입은 곳의 이웃이나 기관들이 위기를 당한 사람들을 도울 수 있다면 물러나 있는 것이 좋다. 주민들은 어떤 도움이 필요한지 가장 잘 알 수 있을 것이다. 더욱이 개발단계의 최고목표는 위기를 당한 지역의 주민들이 스스로 그들의 삶과 공동체를 위해 발 벗고 나서는 것이다. 외부 지식과 자원을 가지고 성급하게 뛰어든다면 어려움에 처한 공

동체의 네 가지 근본관계, 그중에서도 특히 '나머지 창조세계를 이끄는 역할'을 해칠 수도 있다. "만약 도움이 필요하다고 하면 도와주라. 하지만 도움이 필요하지 않은 상황이라면 당신의 베풂은 오히려 해가 될 것이다."

아무래도 성경적 관점에서 '최선'의 방식을 조금 더 부연 설명해야 할 것 같다. 가능한 한 위기를 당한 사람을 제일 먼저 도와주어야 할 사람은 지리적으로 멀리 떨어져 있든 그렇지 않든 그들의 가족이다(딤전 5:3, 4). 하지만 실제로 많은 응급상황에서는 가족들에게 도움을 받기에는 너무 시간이 촉박할 수 있다. 그럴 때는 지리적으로 가까이 있는 사람들이 우선 그들의 위기에 응답해야 할 사람들이다.

• **도움을 받는 사람들이 얼마나 취약한 상태인지 또 얼마나 절실하게 도움이 필요한지에 따라 도와줄 우선순위를 정하고 공평하게 치우침 없이 도와주라.** 여기서 관심을 가져야 하는 부분은 정말로 취약하고 도움이 필요한 사람들에게 정확하게 도움이 가도록 하는 일이다. 물자를 마구 뿌리는 행위는 피해를 입은 개개인의 개발과 공동의 책임의식, 주체성과 능력개발을 해하는 짓이다. 여호와이레 교회 금융조합원들은 이런 점을 잘 이해했다.

• **지원 프로그램들을 효율적으로 계획하고 집행하는 데 필요한 적절한 자격과 태도, 경험을 가진 구호요원들을 배치하라.** 여기서 주목해야 할 점은 구호요원들의 능력과 태도를 모두 강조한다는 사실이다. 관록 있는 구호기관의 지도를 받지 않고 있는 경우 숙련되지 못한 자원봉사 구호요원들이 도움이 되기보다는 방해가 되는 미묘한 상황들이 생긴다. 뉴올리언스에서 재해가 발생했다는 뉴스를 듣고 곧바로 재해현장으로 가는 차에 몸을 싣는 것이 득이 되기보다는 오히려 해를 끼칠 수도 있

다. 겸허한 마음, 나도 부족한 존재라는 태도가 중요하다. 구제하는 상황에서 발생하는, 주는 자와 받는 자의 역학관계는 우리가 논의한 바, 받는 편의 열등감과 관계된, 베푸는 자의 신 콤플렉스 문제를 야기한다. 재해를 당한 사람들이 스스로 복구하는 데 참여할 수 있는 복구단계에 있다면 그런 위험성들이 더욱 커진다. 그런 상황에서 "자, 당신들을 도우려고 내가 여기 왔습니다"라는 식의 위에서 아래로 일방적으로 주어지는 구제는 그것을 받는 편의 주도권과 책무를 다하는 것을 심각하게 손상시킬 수 있다.

예배를 망치는 잘못된 구제

케냐의 나이로비에 있는 키베라는 아프리카에서 가장 큰 빈민촌이다. 개발전문가들은 그곳을 '타버린 땅'이라고 부른다. 수십 년 동안 많은 외부기관들이 그곳을 도우려는 시도들을 남발하는 바람에 이제는 그 어떤 장기적인 개발계획들도 거의 불가능한 상황에 이르렀다. 키베라 지역에 필요한 것이 구제인지 복구인지를 혼동한 외부기관들은 금전적·인적 지원들을 그곳에 퍼부었고 그 결과 주민들의 자주성을 훼손시켰다. 키베라에 토착민들의 교회를 세우려고 노력하는 케냐 지역 개발전문가 앨빈 음볼라(Alvin Mbola)는 현지상황을 이렇게 묘사한다.

> 많은 사람들에게 케냐, 나이로비의 키베라 빈민촌은 비할 바를 찾을 수 없는 곳이다. 더럽고 옹색하며 수치스러운 곳이어서 사람이 살 만한 곳이 아니다. 성경에서 예수님이 태어나신 곳에 대해 당시 사람들이 언급한 것처럼 키베라 역시 '아무런 좋은 것도 나올 수 없는 곳'이라고 많은 사람들은 믿는다. 키베라에 기울이는 많은 처방들은 대부분 외부인들의 동정심에

2부 • 가난한 이웃에게 성실함으로 손을 내밀라 149

기초하며, 그들은 자신들의 마음속에 있는 그 지역의 끔찍한 참상을 완화시키기 위해 동냥 주듯이 자선을 베푼다.

하지만 실상 키베라 지역의 대부분 문제들은 만성적이며, 변화를 일으키려는 사람들과 주민들 사이의 지속적이고 장기간에 걸친 관계를 통해서만 해결할 수 있다. 개인과 공동체 안에서 일어나는 변화는 즉각적이지 않다. '현상'과 '가능한 것'에서 최상의 것들을 끌어내려면 장기적인 관계가 필요하다. 키베라 주민들은 진정한 변화가 일어나는 데 필요한 능력과 기술, 자질들을 갖추었다. 하지만 이런 재능들과 자산을 발굴하고 동원하기까지는 시간이 걸린다. 유감스럽게도 키베라 지역에서 활동해온 비정부 구호기구들은 '응급처방'을 베푸는 데만 급급했다. 그들은 기대하던 변화들이 곧바로 나타나지 않자 좌절감을 느끼고 활동을 접거나 다른 지역으로 옮겨갔고 결국 현지 주민들의 형편은 그들이 키베라에 오기 전보다 더 악화되었다. 그런 과정을 반복하면서 개인과 공동체의 삶은 더욱 피폐해져갔다. 그 와중에도 많은 자선가들은 '황폐한' 키베라의 사진을 보여주기만 하면 쉽게 지갑을 열었으니….

물론 키베라 지역에도 긴급한 구제가 필요한 경우가 있기는 하다. 예를 들어, 화재가 자주 발생해 가정들과 사업체들을 초토화시키는 키베라 지역에서는 긴급한 구호와 복구를 위한 외부 물자 지원이 필요하다. 하지만 이 경우에도 지속적인 원조로 주민들의 삶과 공동체에 대한 주제성이 훼손되지 않도록 조심해야 한다.

중요한 사실은 스스로도 일하시는 하나님이 사람들도 그들의 일을 통해 하나님을 예배하게 하셨다는 것이다. 부적절하게 행한 구제들은 그 수혜자들이 일하지 않도록 만들고, 그럼으로써 왜곡된 예배를 드리거나 전

혀 예배를 드리지 않게 하여 그들과 하나님과의 관계를 제한한다.[3]

온정주의를 피하라

좌절감을 느끼는가? 빈곤의 경감은 눈에 보이는 것보다 훨씬 복잡하다. 하지만 복잡함을 줄여주는 간단한 원칙이 있다. 온정주의를 피하는 것이다.[4]

> 온정주의를 피하라.
> 사람들이 스스로 할 수 있는 일들을 해주지 마라.

이 원칙을 외우고 또 외워서 머릿속에 각인시켜라. 빈곤을 줄이려는 사역에 관련될 때마다 이 원칙을 먼저 떠올려라. 그러면 사람들에게 해를 끼치는 것을 피할 수 있다.

온정주의에는 다양한 형태가 있다.

물자 온정주의

물자 온정주의에 대해서는 이미 자세하게 설명했다. 물질적인 문화에 노출된 북미인들은 빈곤 문제 해결을 물질적인 면에서만 바라보고 원래는 주민들이 주체적으로 그들의 자원을 사용해 풀어야 할 문제를 무분별하게 금전적인 지원을 비롯한 여러 물질적 지원으로 해결하려고 든다. 게다가 외부인들이 공짜의류나 건축자재들을 들여올 경우 그 지역의 기업들이 생존을 위해 상품가격 선을 무너뜨려 지역사업에 피해를 입힐 수 있다.

영적 온정주의

영적 온정주의에 대해서도 이미 다루었다. 우리 가운데 많은 이들은 물질적으로 빈곤한 처지의 사람들에게 설교단에서, 주일학교에서, 여름성경학교에서 하나님에 대해 많은 것을 가르쳐야 한다고 생각한다. 물론 우리에게는 다른 사람들과 나누어야 할 지식과 경험이 많다. 하지만 때로는 물질적으로 빈곤한 사람들이 하나님과 더 깊은 교제를 하고 우리에게 알려줄 영감과 경험을 지니기도 한다. 우리가 우리 말을 멈추고 그들에게 귀를 열 준비만 되어 있다면 말이다.

지식 온정주의

지식 온정주의는 세상 모든 일들에 대한 최고의 아이디어들을 우리가 모두 가지고 있다고 생각할 때 생긴다. 그 결과 물질적으로 빈곤한 사람들은 우리가 그들 대신에 곡물을 경작하고 사업을 운영하며 병을 고칠 최고의 아이디어를 생각해내기를 원한다. 빈곤의 경감과 관련해 지식을 다룬다는 것은 아주 조심스러운 문제이다. 사실 우리는 빈곤을 줄이는 데 도움이 되는 아이디어들을 가지고 있다. 하지만 물질적으로 빈곤한 사람들도 그들 문화에 대해 독특한 영감이 있고 우리가 잘 이해하지 못하는 상황에 맞서 살아간다는 사실을 우리는 인정해야만 한다.

예를 들어, 제2차 세계대전이 끝나고 처음 수십 년간 서구경제학자들과 농업전문가들은 평균 수확량이 훨씬 많은 작물의 품종을 받아들이지 않는 제3세계 농부들이 비이성적이고 후진성을 면치 못한다고 생각했다. 하지만 그 이후 연구를 보면 그 농부들은 사실 아주 합리적으로 행동했다는 것이 밝혀졌다. 새로운 품종의 평균 수확량은 재래종들보다 많지만 매년 산출량 변동이 커서 흉년이라도 들면 아이들에게 먹일 최소한의 식량마저 떨어질 수도 있다. 수확량이 높은 대신 그만큼 기근에 노출될 위험이 많은 신품종보다는 수확량은 적어도 소출 기복이 덜한 품종을 선택하는 편이 농부들에게는 더 낫다. 더욱이 수확량이 아무리 늘어나도 대부분 양식을 지주들과 고리대금업자들이 가져가는 상황에서는 재래종 곡물을 택한 농부들의 선택이 훨씬 합리적이다.[5] 그런데도 현지상황을 잘 알지 못하던 외부 전문가들은 농부들의 생존을 위협하는 충고를 하고는 그것을 받아들이지 않자 자신들의 '전문적인' 자문을 거부한다는 이유로 농부들을 모욕하기까지 했다.

물질적으로 빈곤한 사람들도 하나님의 형상대로 창조된 존재들로서 주위 세상을 이해할 수 있는 능력을 지닌 존재임을 우리 모두 기억해야 한다. 그들은 실제로 자신들이 처한 상황에 대해 지식을 가지고 있으며 우리는 그들에게 귀를 열어야 한다. 그렇다고 '진리는 네 안에 있다'라는 식의 뉴에이지 사조에 빠지자는 말이 아니다. 우리가 잘못된 생각을 가질 수 있는 것처럼 물질적으로 빈곤한 사람들도 세상이 돌아가는 방식에 대해 틀린 생각을 가질 수 있고 그래서 다른 사람들의 지식으로 도움을 받을 수도 있다. 사실 새로운 방식의 사고를 접한다든지, 일을 하는 새로운 방법을 알게 될 때 그것이 공동체에 변화를 일으키는 촉발점이 될 수 있다. 하지만 우리가 모든 지식을 전유하고 우리만 최선의 길을 안다고 생각하는 것은 신 콤플렉스를 가졌다는 증거일 뿐이다.

지식 온정주의는 특히 북미 그리스도인 사업가들이 빠지기 쉬운 함정이다. 많은 그리스도인 사업가들은 하나님이 주신 능력을 사용해 제3세계 사업가들을 훈련시키려는 열정으로 넘친다. 이런 열정은 하나님의 나라를 온 세상으로 확장시킬 수 있는 엄청난 가능성을 지닌다. 그러나 보스턴에서 소프트웨어회사를 운영하는 성공한 실업가라고 해서 과테말라의 반봉건적 환경에서 카사바를 경작하며 하루 1달러 수입으로 생활하는 농부에게 최고의 충고를 할 수 있는 것은 아니다. 실로 겸손과 주의, 경청이 필요하다.

비슷하게 북미 중상류층 가정들이 다니는 교회 목회자들도 지식 온정주의에 빠지기 쉽다. 그들은 자신들의 목회형식이 모든 문화에도 적용할 수 있을 만큼 모범적이라고 생각한다. 하지만 북미 내에서조차 다양한 처지의 교회들은 헌금을 다루는 문제나 기도, 설교나 교회 직원 고용, 찬양이나 신도 구성, 권면 내용에서 극적으로 다른 모습들을 보인다. 예를 들면, 저소득층이 다니는 교회에서 기도하는 시간은 모든 교인들이 제각각 문제들을 내어놓고 하나님께 해결을 간구하는 순서이지만, 중상층이 다니는 교회에서는 흔히 목회자가 "약한 사람들을 도와달라"고 하나님께 간구하는 식으로 좀 더 에두른 내용의 기도를 드린다. 부유층이 다니는 교회에서 예배시간에 하는 기도들을 보면, 보통 정형화된 기도문을 낭송하는 식이다. [6]

어떤 내용이든 성경에서 교회생활에 대해 언급하는 내용은 준수해야 한다. 하지만 성경이 말하지 않은 부분들에 대해서 자신들의 특정 문화에 영향을 받은 목회형식을 타문화에 강요하지 않도록 북미 교회 목회자들은 조심해야 한다. 각 지역의 목회자들은 그곳에서 목회를 하기 위한 가장 효과적인 방법들을 알고 있을지도 모른다.

노동 온정주의
그들 스스로도 할 수 있는 일을 우리가 해줄 때 생기는 현상이 노동 온정주의이다. 대학에 다닐 때 나는 봄방학 동안 미시시피로 선교여행을 간 적이 있다. 내가 사다리 위에서 위태롭게 집에 페인트를 칠하는 동안 현관에 앉아 빈둥거리며 나를 쳐다보던, 그 집에 사는 건장한 남자들에게 느낀 역겨운 감정을 나는 아직도 잊지 못한다. 나는 그날 그들에게 많은 해를 끼친 셈이다. 물론 그들의 집은 말끔하게 페인트칠이 되었지만 그 과정을 통해 나는 자신들의 시간과 재능을 관리해야 할 그들의 소명을 방해한 꼴이 되었다. 그럴 바에는 차라리 선교여행을 떠나지 않고 그냥 집에 머물러 있는 편이 나았을 것이다.

관리 온정주의

관리 온정주의는 가장 벗어나기 어렵다. 중상층 북미인들은 가능한 한 빨리, 능률적으로 일을 처리하기를 좋아한다. 북미의 저소득층 공동체를 포함한, 우리와 관련된 다른 문화권 사람들이 우리가 원하는 만큼 빨리 일의 진척을 보이지 않을 때, 그들이 이미 그런 일들을 성공적으로 치러 낸 적이 있음에도 우리는 그들 대신 나서서 계획하고 관리하며 주도하기 쉽다. 저소득층 공동체 사람들이 일을 할 때에는 일의 짜임새와 속도가 비록 우리가 일할 때와는 다를지 몰라도 그들 나름대로 훌륭하게 일을 해 낼 수 있다.

우리는 '그들이 그렇게 능력이 있다면 왜 나서서 일하지 않는 거지?'라고 생각할지도 모른다. 소득이 낮은 공동체 사람들이나 교회, 기구들이 선뜻 나서지 않는 데에는 여러 가지 이유가 있다. 그 가운데 몇 가지 공통 사항들을 살펴보면 서둘러 그들 한가운데로 뛰어들어 운전대를 빼앗기가 조심스러워질 것이다.

- 그들은 자신들이 나서지 않고 머뭇거리면 우리가 그들 대신 나설 것임을 알고 있다.
- 그들은 특히 '자신들보다 우월한' 북미인들이 주위에 있으면 나설 자신감이 없다.
- 그들은 수세기에 걸친 제국주의와 노예제도, 인종차별이 내면화되어 백인들이 일을 주도하고 자신들은 따르면 된다는 생각에 젖어 있다.
- 그들은 그 프로젝트가 성공하기를 우리만큼 바라지 않는다. 가령 그들은 그 프로젝트가 성공한다 해도 그들이 처한 환경에서는 별 성과를 올리지 못하리라는 것을 알지만 우리가 기분 상할까 봐 우리에게 말하지 못할 수도 있다.
- 그들은 우리가 일하도록 내버려두면 돈과 물질적인 자원들이 그들에게 주어질 가능성이 있음을 알고 있다.

주민들이 리더십과 관리능력이 없어 외부인들이 그 기능을 수행하기 위해 개입해야 하는 상황이 있기는 하지만 현장에 뛰어들어 일을 주도하기를 좋아하는 북미 중상층 성향을 항상 의식해야 한다. 집이나 다른 물질적 재화들을 만드는 것이 우리 목표가 아니라, 물질적으로 빈곤한 사람들의 동반자가 되고, 이를 통해 그들이 자신들의 물질적 필요는 물론 자신들의 삶과 공동체들을 주체적으로 이끌어가도록 하는 것이 우리 목표임을 기억하라.

물론 모든 원칙들에는 예외가 있게 마련! 때로 성령이 우리 마음을 감동하셔서 물질적으로 빈곤한 사람들도 할 수 있는 일이지만 우리가 하도록 하실 수도 있다. 하지만 이런 상황들은 예외적이라는 것을 유념하라. 온정주의를 피하라.

꼭 알맞은 자리를 찾아라

한 사람이나 한 구제기관이 구제와 복구 그리고 개발의 모든 단계를 다 담당하기는 힘들다. 제각각 사역마다 역학관계가 다르기 때문이다. 예를 들면, 만약 당신 교회가 공짜로 음식을 나눠주는 곳으로 알려져 있다면(구제) 그곳에 온 사람들에게 스스로 양식을 벌기 위해 일을 시작하라고(개발) 설득하기란 쉽지가 않다. 게다가 각 단계마다 있는 사역들도 만만치 않다. 만약 어떤 한 교회가 이 세 가지 영역의 일을 모두 하려고 든다면 너무 넓은 범위에 산만하게 일만 벌이는 결과가 되기 쉽다. 구제와 복구, 개발 가운데 하나에 집중하는 것이 좋다.

그렇다면 어떻게 결정해야 하는가? 먼저 봉사하려는 지역의 공동체가 지원하는 서비스 종류들을 알아본다. 그 다음에는 그 공동체에 속한 물질적으로 빈곤한 사람들이 지닌 것들과 필요로 하는 것들을 살핀다. 그들은 절박한 상황에 있는가, 아니면 스스로 힘으로 그 상황을 개선할 수 있는가? 많은 경우 그들이 끝없는 추락 상태에 있지는 않을 것이다. 즉, 그들은 절박한 구제의 대상이 아닐 것이다.

하지만 아이러니하게도 당신은 당신 공동체에 있는 대부분 기관들의 활동이 구제를 제공하는 데 집중하고 있음을 발견할 것이다. 그런 현상 뒤에는 몇 가지 이유들이 있다. 우선, 많은 봉사기관들이 빈곤에 대해 물질적 정의만을 한다. 그들은 물질적 도움을 나눠주는 것으로 빈곤 문제를 해결할 수 있다고 생각한다. 그 결과 개발을 도와야 할 곳에 구제를 적용하는 경우가 자주 생긴다. 두 번째로, 구제는 개발보다 실행하기 용이하다. 비행기에서 구호물자들을 투하하는 일이나 수프를 퍼주는 일이 장기간에 걸쳐 따로 시간을 투자해 가난한 사람들과 인간관계를 맺는 일보다 훨씬 쉽다. 세 번째로는, 개발보다는 구제를 위한 기금을 모으기가 더 용이하다. "오늘 우리는 천 명이나 되는 사람들에게 배식을 했습니다"라는 말은 "오늘 우리는 십여 명과 어울려 시간을 보내면서 밀접한 인간관계를 맺었습니다"라는 말보다 훨씬 그럴듯하게 들린다.

이런 사정을 고려하면, 당신의 교회는 개발하기에 적당한 곳을 찾기로 결심해야 한다. 수박 겉핥기 식으로 많은 사람들에게 행하는 것보다는 오랜 시간에 걸쳐 몇몇 사람들에게 집중적으로 사역해야 한다. 사실 많은 교회들이 때로는 아주 오랜 기간 사람들을 위해 개발 사업을 힘겹게 획득하는 데 필요한 사역과 집중적인 프로그램, 관계를 맺는 기술과 기본 자질들을 가지고 있다. 어쨌든 그리스도께서 스스로 장기간에 걸쳐 제자들과 관계를 맺으면서 사람들을 성장하게 하고 개발을 돕기 위해 만드신 곳이 바로 교회이지 않은가![7]

만약 당신 교회가 개발하기에 꼭 알맞은 곳을 알아내면 구제를 위해서는 헌금의 10퍼센트 이하만 사용하고 나머지 90퍼센트는 개발하는 데 사용하라. 비상시를 위해 당신 지역의 구제와 복구를 지원하는 기관들 목록을 비치하라. 목록을 작성할 때는 거리낌 없이 사람들에게 알려줄 만한, '개발의 관점에서' 구제와 복구를 돕는 기관들을 선정하라.

모든 가난이 다 동일한 것은 아니다. 따라서 접근 방식도 천편일률적이어서는 안 된다. 당신의 교회, 당신의 공동체가 가장 잘할 수 있는 적당한 곳을 시간을 들여 찾아라.

돌아보며

다음에 답해보라.

1. 이 장 처음에 제시한 질문에 대한 당신의 답을 다시 생각해보라. 지금도 그 질문에 대한 답은 변함이 없는가? 만약 아니라면 어떻게 변했는가? 구체적으로 기술하라.

2. 당신이 속한 교회나 사역단체가 도우려는 국내 가난한 사람들에 대해 생각해보라. 그들은 구제나 복구, 개발 가운데 무엇이 필요한가? 과연 그들을 위한 바른 방법을 선택했는가? 그렇지 않다면 그들에게, 또는 당신에게 어떤 해가 돌아갈 수 있는가? 그들을 돕는 방법을 바꾸기 위해 무엇을 할 수 있는가?

3. 당신이 속한 교회나 사역단체가 도우려는 제3세계 가난한 사람들에 대해 생각해보라. 그들은 구제나 복구, 개발 가운데 무엇이 필요한가? 과연 그들을 위한 바른 방법을 선택했는가? 그렇지 않다면 그들에게 또는 당신에게 어떤 해가 돌아갈 수 있는가? 그들을 돕는 방법을 바꾸기 위해 무엇을 할 수 있는가?

4. 당신이나 당신 교회, 당신이 속한 사역단체는 빈곤을 줄이려는 노력을 하면서 온정주의 입장에 서지는 않는가? 어떻게 그것을 바꿀 수 있는가?

5. 당신이 돈을 기부하는 기관들에 대해 생각해보라. 당신은 구제나 복구, 개발 가운데 어떤 단계를 돕는가? 잘 모른다면 그들의 인쇄자료와 웹사이트, 직접 질문을 함으로써 알아보라.

6. 빈민들을 위한 사역을 펼치는 당신 지역의 모든 기관들 목록을 만들어보라. 그들이 제공하는 정확한 서비스들을 알아보고 그들이 구제나 복구, 개발 가운데

어떤 단계에서 돕는 기관인지 파악하라. 그들 가운데 어느 기관으로 사람들을 소개하는 것이 가장 마음이 편한가? 교회나 사역단체가 언제든 이런 정보를 사용할 수 있도록 준비해놓아라.

7. 당신이 목표로 삼는 지역의 빈민들과 친밀하다면 심층집단면접을 통해 그들이 가진 것들과 그들에게 결핍된 것들을 알아보라. 그들에게 가장 필요한 것은 구제나 복구, 개발 가운데 무엇인가? 특별히 어떤 도움이 가장 절실한가?

8. 6, 7번 문항에서 얻은 정보들을 고려해보라. 당신이 속한 교회나 사역단체가 사역을 가장 효율적으로 펼칠 수 있는 곳은 어디인가?

WHEN HELPING HURTS

How to Alleviate Poverty without
Hurting the Poor and Yourself

들어가며

다음 질문들에 간단하게 답해보라.

1. 구제, 복구, 개발 가운데 당신이 처한 상황에서 제일 적절한 분야를 선택
   했다면 그 다음에는 무엇을 해야 하는가? 다음 단계를 구체적으로 기술
   하라.

2. 당신의 재능과 능력들을 적어보라.

5장

성경이 말하는 구제사역 전략, ABCD

구제나 복구, 개발 가운데 어느 쪽을 택할지 결정했다면 다음은 어떻게 해야 하는가? 이제는 그들을 도울 최선의 방법을 찾기 위해 우리가 도와주기로 한 개인이나 공동체의 필요를 확인해야 한다. 무엇이 문제이고 가장 최선의 지원책이 무엇인지 결정하기 위해 인터뷰나 조사를 통해 '필요를 측정'하는 것으로 많은 사역은 걸음을 내딛는다. 이렇게 '필요'에 기반을 둔 접근방식은 분명 장점이 있다. 저변에 깔려 있는 문제를 진단하는 일은 정확한 해결책을 찾아내는 데 필수이다. 하지만 사람들의 필요에 집중해 인간관계를 시작한다면 빈곤한 사람들에게 "당신들의 잘못이 무엇이죠? 우리가 그것을 어떻게 고쳐주어야 하죠?"라고 묻는 일이나 다름 없다. 빈곤의 본질을 생각하면 그런 식의 접근은 빈곤한 사람들이나 우리 모두에게 아주 해롭다. 그런 질문으로 관계를 시작하는 것은 우리가 피하려는 역학관계, 즉 우리는 우월한 존재이고 당신들은 열등한 존재들이므로 우리가 당신들 문제를 해결해야 한다는 것을 암시하는 관계를 시작하는 것이다.

필요가 아닌 자산으로 시작하라

이러한 이유로 많은 기독교 관련 공동체개발전문가들은 사람들이 하나님, 자신, 다른 사람들, 기타 창조세계와 맺고 있는 관계를 회복하게 하기 위해 '자산에 근거한 공동체개발'(asset-based-community-development, ABCD)법을 사용하는 편이 훨씬 유익하다는 것을 깨달았다. ABCD는 하나님이 모든 사람들과 공동체들에게 복을 주셔서 토지나 사회적 관계, 지식이나 동물들, 저축이나 지성, 학교나 창조력, 생산도구 등 다양한 선물들을 주셨다는 성경관과도 부합한다. 또한 물질적으로 빈곤한 사람들이 이미 가진 것들에 주목하며 "지금 잘되고 있는 일이 무엇인가? 당신과 당신 이웃들의 삶을 개선할 수 있도록 하나님이 당신에게 주신 재능은 무엇인가? 당신이 속한 공동체의 개인과 기관들은 어떻게 서로 협력하여 공동체를 개선할 수 있는가?"라는 질문으로 시작한다. 해결책과 자원을 저소득층의 개인이나 공동체 바깥에서 찾는 대신, 처음부터 물질적으로 빈곤한 사람들에게 그들이 어떻게 그들의 재능과 자원들을 주체적으로 관리하여 개인과 공동체들을 하나님이 창조하신 그대로 회복할 수 있을지 묻는다. "당신은 어떤 재능이 있습니까?"라는 질문은 사람들의 존엄성을 확인하고 존재의 빈곤을 극복하는 과정에 도움이 된다. 그들이 자신들의 재능과 능력들을 우리에게 말해줄 때 하나님이 그들을 보시듯이 우리도 그들을 보기 시작하고 우리 존재의 빈곤, 즉 근거 없는 우월감을 극복할 수 있다.

그에 반해 필요에 기반을 둔 개발은 공동체나 개인의 삶에서 부족한 것들에 초점을 둔다. 이런 식의 접근방법은 빈곤해결을 위해서는 외부의 인간적·금전적 자원에 기댈 수밖에 없다는 생각을 전제로 한다. 필요에 근거를 둔 접근방법을 사용하는 교회나 사역단체들은 저소득층을 그들 프로그램의 '고객'이나 '수혜자'처럼 보기 때문에 저소득층의 긴급한 필요를 채우기 위해 음식이나 의복, 거처나 돈을 쉽게 내놓는다. 외부 자원들을 쏟아붓는 행위는 지속적일 수 없을 뿐 아니라 사람들 마음속에 열등감과 무력감을 불러일으켜 하나님이 그들에게 허락하신 재능과 자원들을 주인의식을 가지고 제대로 관리할 수 없게 만든다. 교회나 사역단체가 물자 지원을 중단하면 사람들은 지원받기 이전보다 더 무력해진다.

빈곤의 경감에 대해 '자산에 근거를 둔 개발방식'으로 접근한다 해서 저소득층 사람들에게 (우리도 마찬가지이지만) 절실한 필요들이 있음을 부정하는 것은 아니다. 그 필요들의 일부는 그들의 개인적 죄에서 비롯될 수도 있고 또 일부는 부당한 사회나 경제, 정치나 종교 제도에 기인할 수도 있다. 또 어떤 것은 아담과 이브가 타락하여 죄로 오염된 자연에서 발생하는 재해일 수도 있다. 정말로 죄는 우주의 먼지 한 알갱이에 이르기까지 모든 것을 오염시켰으니 말이다. ABCD는 모든 사람들의 근저에 깔려 있는 고질적인 가난이나 필요를 부정하자는 입장이 아니다. 오히려 그와는 반대로 처음부터 가난이 근본적인 관계들이 망가진 데서 유래한다는 것을 인식하고 저소득층 사람들과 우리 모두를 하나님, 자기 자신, 다른 사람들, 기타 창조세계와 바른 관계를 맺으며 살아가도록 회복하는 과정을 시작하자는 말이다. 무엇이 잘못인지는 밝히기 쉬운 문제이다. 하지만 저소득층의 자존감을 해치고 우월의식을 느끼게 만든, 잘못된 역학관계를 바꾸려면 무엇이 잘되고 있는지 파악하는 일부터 시작해야 한다.

일단 그들이 가지고 있는 것을 파악한 뒤 가난한 사람들이나 공동체에게 질문하라. "지금 당신에게 꼭 필요하거나 결핍된 것이 있나요? 풀어야만 할 문제들은 무엇이죠? 당신이 이미 가지고 있는 것들을 사용한다면 그런 필요들과 문제들을 어떻게 풀 수 있을까요?"

물론 시간이 지나면서 빈곤한 개인이나 공동체가 그들이 필요한 모든 것을 해결할 수 있을 만큼 충분한 자산을 가지고 있지 않다는 것이 명백해질 수도 있다. 그럴 때 비로소 빈곤한 이들이 이미 지닌 자산을 강화하기 위해 외부로부터 자원을 들여오는 게 마땅하다. 하지만 언제, 얼마만큼 외부 자원을 받아야 하는가의 문제는 지혜롭게 결정해야 한다. 외부 자원으로 가난한 사람들과 공동체가 자신들의 재능과 자원을 주체적으로 사용하는 능력을 잃게 해서는 안 된다. 외부 자원을 들여와야 할지 여부를 결정할 때에는 너무 많이 들여오는 것은 아닌지, 그리고 너무 일찍 들여오는 것은 아닌지 이 두 가지를 고려해야 한다. 아주 긴급한 필요가 아니라면 외부 자원을 들여와 그 과정에서 주민들의 주체성을 해하는 것보다는 필요를 충족시키지 않는 편이 더 낫다. 다시 말하지만 빈곤의 경감은 사람들의 관계들을 회복하기 위한 것이지 망가진 근본적인 관계의 특정한 징후들에 일회용반창고를 붙이기 위해서가 아니다.

외부 자원이 곧 주어질 것이라는 기대조차 사람들에게 거짓된 동기부여가 될 수 있다. 이 책 서두에서 밝힌 바, 내가 캄팔라 빈민가에서 시작한 영세상인 강좌를 그 예로 들 수 있다. 그 강좌에 참석한 사람들의 동기는 무엇일까? 그들은 정말로 훈련을 받기 위해 그곳에 왔을까? 혹은 그저 교육을 받는 척하면 뭔가 물질적인 도움을 받을 수 있지 않을까 하는 기대 때문이었을까? 일부 사람들은 진심으로 교육을 받고 싶어 했다는 것을 나는 알고 있다. 하지만 내가 그들에게 어떤 금전적인 보답도 하지 않을 것이라는 확신이 들자 강의 시간에 발걸음을 끊은 사람들도 많았다. 강의를 시작했을 때 그들이 보인 열의와 높은 출석률은 그들의 진짜 동기가 표현되지 않은 것이었을 수도 있다. 즉, 그들은 교육이 아니라 돈을 원했을 수도 있다. 나를 포함해 모든 사람들은 돈과 권력이 개입할 때 이상한 행동을 한다. 가난한 공동체에게 외부인들이란 그들이 그것을 깨닫든 그렇지 않든 종종 돈과 권력을 의미한다.

요약하면 ABCD는 네 가지 중요한 원칙이 있다.

- 개인이나 공동체의 능력과 기술, 자원들에 대해 파악하고 동원하라. 가난한 사람들과 공동체를 하나님이 허락하신, 가능성 넘치는 존재로 이해하라.
- 가능한 한 자원과 해답이 외부가 아닌 가난한 사람들과 그들의 공동체에서 올 것이라고 기대하라.
- 그 지역의 주민들이나 모임, 교회나 기업, 학교나 정부와 관계를 형성하고 또 형성하라. 하나님은 공동체의 다양한 개인과 기관들이 서로 연결하고 보완하도록 만드셨다.
- 현재 절박한 문제를 해결할 수 없을 때에만 외부 자원을 들여오라. 너무 많이, 너무 빨리 들여오지 않도록 주의하라. 또 외부 자원을 들여올 때에는 주민들의 능력과 주체성을 해치지 않도록 조심하라.

성경으로 돌아가라

이 책 2장과 3장에 소개한 '창조–타락–구속'이라는 주제는 가난한 개인과 공동체의 자산과 필요의 본질에 대해 생각할 때 중요한 성경적 이해를 제공한다. 이미 논의했지만 골로새서 1장 16, 17절 말씀은 하나님의 창조의 선하심이 자연세계를 넘어 문명에까지 '모든 것들'에 미침을 보여준다. 그들이 원래부터 가지고 있던 자원과 사람들, 가정들과 이웃 관계, 학교와 사업, 정부를 포함한 가난한 공동체들을 예수 그리스도가 창조하시고, 그래서 이를 그분의 선하심을 반영하는 존재들로 생각하는 것이 우리의 기본 입장이어야 한다. 그러므로 우리는 가난한 사람들의 공동체에 들어갈 때 성지를 밟고 있는 것처럼 느껴야 한다. 왜냐하면 그리스도께서는 이 세상을 창조하신 이래 그 공동체에서 뜨겁게 역사하고 계시기 때문이다. 그런 사실을 고려하면, 우리는 그 공동체에 존경심을 지녀야 하고 그곳에 거주하는 사람들이 하나님이 그들에게 주신 선물들을 발견하고 기념하며 개발할 수 있도록 도우려는 마음을 가져야 한다. 그게 바로 ABCD가 이루려는 일이다.

물론 타락으로 하나님의 창조계획의 본질적인 선함이 왜곡되었고 또한 창조된 자산들도 파괴되었다. 그 결과로 공동체들은 절박하고 긴급한 필요들에 직면했으며 개인의 삶은 망가졌고 조직과 모임, 기업과 교회, 정부들도 공공이익보다는 권력을 추구하고 사람들의 관습과 문화는 세상을 찬양했다. 하지만 모든 것을 잃어버리지는 않았다. 골로새서 1장 16, 17절 말씀은 그리스도께서 만물을 장악하고 계신다고 알려준다. 그분은 죄의 영향이 당신이 창조한 자산들의 선함을 완전히 파괴하도록 내버려두시지 않았다. 비록 왜곡된 형태이기는 하지만, 부패의 한복판에서도 우주를 창조하신 이는 당신이 만드신 자산들이 죄의 영향을 견뎌내도록 하셨다. 그러므로 우리는 절망할 필요가 없다. 타락한 세상에서도 선함을 발견하고 기뻐할 여지가 많으며, 따라서 ABCD를 펼칠 수도 있다.

마지막으로, 하나님 나라의 복음의 기쁜 소식은 그리스도가 모든 것들을 유지하실 뿐 아니라 그것들을 회복시키신다는 것이다. 언젠가는 그분이 만드신 모든 자산들, 즉 자연자원과 개개인들, 이웃들과의 관계와 학교, 기업과 정부 등이 모두 "썩어짐의 종노릇"(롬 8:21)에서 해방될 것이다. 예수 그리스도는 창조하시고 유지하시며 가난한 공동체의 자산들까지도 회복하신다. 그리스도의 몸인 교회도 그분이 하시는 대로 따라 해야 한다.

음중구의 실수

우리는 이제까지 많은 내용을 다뤄왔다. 주술사 그레이스의 생명을 구하기 위해 내가 8달러를 준 일을 기억해보라. 그 일을 통해 성 누가 교회와 그곳 목회자, 영세상인 강의를 들으러 온 사람들, 아니 그레이스 본인에게까지 내가 엄청난 해를 끼쳤을지도 모른다는 사실을 나는 뒤늦게 깨달았다. 지금껏 우리가 논의한 내용들을 다시 살펴보자. 내가 그 페니실린 값을 지불한 일이 어째서 실수가 될 수 있을까? 도와주려는 과정에서 끼쳤을지도 모르는 해가 어떤 것일까? 그레이스를 돕는 더 효과적인 방법은 무엇일까? 이런 질문들을 던질 때 절대로 목표를 망각해서는 안 된다. "관계회복이야말로 빈곤경감의 본질이다."

그레이스는 분명 구제가 필요했다. 오두막의 맨바닥에 누워 혼자서는 아무것도 할 수 없고 다른 누군가의 도움이 절실히 필요했다. 하지만 그녀에게 구제를 베풀 가장 적합한 사람은 나였을까? 4장에서 우리가 알게 된 구제의 제일 중요한 원칙을 기억해보자. "그 지역 사람들이나 가족, 단체들이 고통받는 사람을 도와줄 수 없을 때 혹은 도와주려 하지 않을 때 구제하라." 페니실린 값을 치르려고 주머니에 손을 집어넣는 순간에도 나는 그 원칙이 떠오르지 않았다. 구제는 당연히 필요했지만 나는 이를 제공할 가장 적절한 사람은 아니었다.

나는 그곳 빈민가에 이미 존재하는 자원들, 즉 얼마 안 되지만 그들이 가진 돈과 교회, 목회자와 영세상인 강의를 듣던 백여 명에 이르는 난민들의 인간관계 등을 고려하지 않았다. 사실은 교회로 다시 돌아가 수업을 받으려고 모인 사람들에게 그레이스를 어떻게 도울 수 있느냐고 물어보는 게 옳았다. 그들 모두 극도로 궁핍한 형편이지만 페니실린을 사기 위해 한 사람당 8센트씩은 갹출할 수 있을 것이다. 내 지갑을 열어 나는 ABCD의 중요한 요소들을 저해했다.

물론 내 돈을 건네주는 편이 교회에 모인 사람들에게 그레이스를 도와줄 방법을 찾자고 부탁하는 것보다는 훨씬 쉽고 빠른 해결책이다. 그리고 바로 여기에 빈곤을 경감하기 위한 많은 프로그램들의 문제점이 있다. 속도를 중시하는 북미인들 성향이 지속적이고 효과적인 개발을 하기 위해 필요한 느린 복구 과정을 망쳐놓는다.

왜 이런 것들이 그렇게 중요할까? 그레이스는 그녀가 속한 공동체, 특히 성 누가 교회 안에서 널리 인간관계를 맺어야 한다. 그녀가 교회를 나오기 전에 살던 삶의 방식은 그녀에게 많은 적이 생기게 했고, 에이즈에 감염된 그레이스는 시간이 지날수록 자신을 도와줄 튼튼한 지지기반이 필요할 것이다. 그녀가 오래 살아남으려면 그녀의 근본관계들 가운데 가장 취약한 공동체정신의 빈곤을 줄여야 한다. 나도 엘리자베스도 장기간에 걸쳐 그녀를 도울 수는 없다. 나는 곧 그곳을 떠날 예정이었고 엘리자베스도 사는 곳이 달랐다. 그레이스에게는 그녀가 사는 지역의 사람들과 성 누가 교회가 그녀를 받아들이고 포용해주는 것이 필요하다. 8달러를 덜컥 내줌으로써 나는 그녀가 살아가는 데 꼭 필요한 관계, 즉 그레이스와 공동체 사이에 밀접한 관계가 형성될 수 있는 기회를 망쳤다.

하지만 내가 해를 끼친 것은 단순히 거기서 멈추지 않았을 수도 있다. 그곳에 존재하는 자원을 파악하고 이를 동원하지 않음으로써 그런 자원들이 개발될 기회를 막은 잘못도 내게는 있을 수 있다. 예를 들어, 성 누가 교회는 가난한 공동체 안에서 사역하기 위해 애쓰는 가난한 교회이다. 내가 내놓은 8달러는 성경이 성 누가 교회에게 원하는 것들, 즉 그 교회가 빈민가 안에서 예수 그리스도의 몸과 신부, 완전함이 되는 기회를 방해했다. 나는 성 누가 교회가 하나님 나라의 복음을 가장 작은 사람들에게까지 선포할 기회를 빼앗았다. 성 누가 교회가 빛과 소금의 직분을 감당하게 돕기는커녕 수세기 동안 북미 교회가 전해온 잘못된 메시지, 그러니까 음중구, 즉 권세 있는 자와 부자, 교육받은 사람들과 백인들이 '빛과 소금'이라는 그릇된 메시지를 전하고 말았다.

성 누가 교회 목사에게는 어떤 해를 끼쳤을까? 변변하게 월급도 받지 못하고 매주 얼마 되지도 않는 교인들을 위해 말씀을 선포해온 그 앞에 어느 날 185센티미터의 미국인이 그럴듯한 영세상인교육 프로그램을 가지고 나타났다. 그가 개설한 수업에는 그동안 매주 아침 교회에서 예배를 인도할 때보다 많은 사람들이 몰려들었고 그의 수업 중에 마귀가 쫓겨났다는 소문까지 떠돌았다. 수업에 새로 참석한 주술사 여인이 병에 걸리자 그 요란한 무리의 우두머리인 음중구는 그녀를 위해 약값까지 선뜻 내주었다. 그 교회 목사가 그레이스의 발병 소식을 들었을 때는 이미 그레이스가 꽤 기력을 회복한 상태였다. 그 후 음중구는 비행기에 올라타 모두를 남기고 떠나버리고 성 누가 교회 목사는 이전처럼 매일매일 힘겹게 목회해나갔다. 나는 나도 모르게 성 누가 교회 목사의 목회를 방해했는지도 모른다. 당시에 나는 그런 사실을 깨닫지 못했고 그럴 의도도 없었다. 그럼에도 나는 분명히 그런 짓을 저질렀다.

마지막으로, 그 영세상인 강좌에 나오던 난민들도 있다. 그들은 강의를 들으면서 눈이 왕방울만 해지고 얼굴이 환해졌다. 그들을 자유롭게 하고 해방시켜주는 복음을 받아들였다. 그들 인생에서 처음으로 자신들이 하나님의 형상대로 만들어졌으며, 또 그래서 본질적으로 가치 있고 귀중한 존재라는 사실을 알게 되었다. 비록 다른 사람들은 그들을 열등한 종족 출신이라고 무시하지만 천지를 창조하신 하나님은 그들을 그렇게 여기지 않는다는 것을 알게 되었다. 그들도 재능과 능력을 갖추고 그들의 삶과 공동체를 주체적으로 이끌어갈 수 있는 존재이며 그런 과정을 통해 하나님을 영화롭게 할 수 있다. 하지만 그들에게 처음으로 문제가 일어났을 때, 즉 그레이스가 병에 걸렸을 때 그들이 이제껏 배운 메시지와는 달리 음중구는 자신이 문제를 떠맡아서는 혼자 해결해버렸다.

아, 그 8달러 사건을 다시 되돌릴 수만 있다면 얼마나 좋을까! 나는 엘리자베스에게 성 누가 교회로 돌아가 난민들에게 그레이스를 도와달라고 부탁하라고 했어야 했다. 엘리자베스는 문제를 해결하는 과정에서 목사를 불러올 수도 있었다. 그들이 그렇게 문제를 해결하는 동안 나는 택시를 잡아타고 그 자리에서 부리나케 빠져나왔어야만 했다. 왜 그래야만 하는가? 내가 음중구로 받아들여질 수 있는 상황에서 그곳에 머물러 있는 것은 그들의 인적·물질적·사회적·영적 자원들을 약화시키는 결과를 가져올 뿐이다.

그런데 만약 내가 그냥 그곳을 떠난 후 난민들이나 목사가 그레이스에게 아무런 도움을 줄 방법을 생각해내지 못했다면 어떤 일이 생겼을까? 절대로 일이 그 지경으로까지 가지는 않으리라고 나는 확신하지만, 혹여 그랬다 하더라도 분명 엘리자베스는 그녀 교파에서 자신의 사역을 위해 8달러 정도를 사용할 재량은 있었을 것이다. 그도 여의치 않다면 엘리자베스는 분명 자신의 돈을 가지고라도 그 상황에 개입했을 것이다. 어쨌든 그녀는 나처럼 외부인은 아니니까 내가 개입하는 것보다는 그쪽이 나았을 것이다. 내가 아무런 도움을 주지 않고 택시로 그 자리를 빠져나오더라도 그레이스가 갑자기 악화되거나 하지는 않았을 것이다. 하지만 내가 제공한 8달러는, 너무 빨리 외부 자원을 들여온 탓에 그들에게 더 큰 영향을 줄 기회를 망쳐버리고 오히려 해를 끼쳤을지도 모른다.

내가 여기서 하려는 말은 외부 자원이 언제나 나쁘다는 것이 아니다. 사실 북미 그리스도인들은 가난한 사람들에게 더 많은 지원을 해주어야 한다. 하지만 그 도움을 어떻게 줄지, 누구에게 줄지는 아주 중요한 문제이다. 지역 단체들이 든든히 서가고 가난한 사람들이 자신감을 얻도록 금전적인 지원을 하는 방안을 우리는 강구해야 한다. 내가 제공한 8달러는 이런 기준에 미치지 못한다.

ABCD에 대한 일반적인 접근

이 장 나머지 부분에서는 ABCD에 대한 세 가지 접근방식을 복습하려고 한다.

자산조사

노스웨스턴 대학 ABCD연구소에 근무하는 존 크레츠먼(John Kretz-mann)과 존 맥나이트(John McKnight)에 의해 유명해진 자산조사기법(Asset Mapping)은 미국에서 공동체개발을 할 때 널리 사용하는 방법이다.[1] 이 방식은 특정 공동체의 개인이나 그룹을 인터뷰하여 그 공동체 자산을 파악하기 때문에 '자산재고파악'(Asset Inventorying)이 더 적절한 이름일 수도 있는데, 지역의 개인이나 기업체, 모임이나 기관의 능력과 자원들 같은 다양한 범주의 자산을 기록하기 위해 미리 준비한 양식을 사용한다. 일단 자산조사가 끝나면, 즉 자산목록이 만들어지면 주민들과 개발을 돕는 사람들은 목록을 이용해 공동체의 강점을 파악하고, 개개인들과 단체들 간에 연계를 시키며 공동체를 향상시키고 문제를 해결하기 위해 그런 자산들을 이용하는 최선의 방법들을 찾는다.

이런 모든 말들이 너무 기계적으로 들릴지도 모르지만 사람들에게 자신감을 북돋워주는 관계를 개발하기 위한 출발점으로서 무한한 잠재력이 있는 방법이다. 나는 우리 교회에서 열린 공동체개발에 관한 주일학교 과정의 자산조사연습에 직접 참여해 이 사실을 알게 되었다. 수업의 일환으로 우리가 관계를 형성하려는 저소득층이 사는 마을을 방문했다. 반 학생들은 모두 집집마다 방문하며 "안녕하세요. 저희는 여기서 얼마 떨어지지 않은 커뮤니티 장로교회에 다니는 학생들입니다. 하나님이 이 마을에 주신 선물들이 무엇인지 알아보려고 설문조사를 하고 있습니다. 선생님은 어떤 기술이나 능력을 가지고 계시나요?"라고 질문했다.

솔직히 말하자면 그때 나는 정말 죽고 싶은 심정이었다. 그 지역에서는 아직도 인종 간 갈등이 존재했다. 그 지역에 사는 흑인들과 나 사이에는 분명 어느 정도 사회적인 불편함이 느껴졌다. 게다가 나는 장신에다 거구여서 나를 처음으로 만나는 사람들은 내 모습에 압도되고는 했다. 내가 해야 하는 말은 또 어떤가. "안녕하세요. 저는 여기서 얼마 떨어지지 않은 커뮤니티 장로…." 윽! 차라리 걸스카우트 쿠키를 파는 편이 더 나을 것이다. 당연히 나는 수업에 임하는 태도가 불량했고 '차라리 청교도정신을 연구하는 다른 수업을 수강할걸' 하는 후회까지 들었다. 하지만 강의를 택한 사람은 나였으니 나를 탓할 수밖에 없었다. 나는 마지못해 첫 번째 집 대문을 노크했다.

키가 160센티미터 정도 될까, 문을 빠끔히 열고 나를 쳐다보던 흑인 여성의 눈에는 내 배밖에 안 보였을 것이다. 그녀는 마치 화성인을 만나기라도 한 듯이 얼굴을 들어 나를 쳐다봤다. 나는 태연하게 준비한 대사를 시작했다. "안녕하세요. 저는 여기서 멀지 않은….”

"뭐라고요?"

그녀는 처음 나를 볼 때보다 더 이해할 수 없다는 표정이었다. 나는 그녀가 무슨 생각을 하는지 알 수 있었다. '화성인이 말도 할 수 있다니. 하지만 무슨 말을 하는지는 전혀 모르겠네.'

나는 침을 꿀꺽 삼켰다.

"무슨 일을 잘하시나요? 특별한 기술이 있으신가요?"

그녀가 다시 대답했다. "뭐라고요?"

이 모든 고난 때문에 분명히 하나님이 내 머리에 더 멋있는 금 면류관을 씌워주시리라 생각하며 나는 질문을 반복했다. 이해하기 힘든 상황이겠지만 그녀가 수줍게 입을 열었다.

"글쎄요, 음식이라면 좀 만들 줄 알죠.”

갑자기 그녀 뒤쪽의 어두운 공간에서 목소리가 들려왔다.

"그녀는 새끼돼지 요리를 이 세상에서 제일 잘 만들어요!”

다른 목소리가 맞장구를 쳤다. "맞아요, 아마 쟤만큼 요리를 잘하는 사람은 흔치 않을 거예요."

그녀의 얼굴에 서서히 미소가 떠올랐다. "맞아요, 제가 요리는 좀 하는 편이죠.”

어느새 나는 흑인들 여섯 명에 둘러싸여 그 집 거실에 앉아 있었다. 나

는 남부지방 출신이다. 그런 상황은 내게도 아주 드문 일이다. 나는 다시
미리 준비한 질문으로 도피했다. "안녕하세요. 저는 여기서 멀지 않은…."
그 후에는 그들이 나머지 말을 다 했다.

"이 아이는 조예요. 자전거를 잘 고치죠. 마을 아이들 자전거에 문제가
생기면 조가 다 해결해요." 조의 얼굴이 환하게 밝아졌다. "여기 이 사람
은 맥이고요. 혹시 차에 문제가 있지는 않으세요? 맥에게 가져오면 다 해
결되지요." 의자에 앉아 있던 맥이 자세를 바로잡는 모습이 들어왔다. 그
들은 서로를 자랑하며 끝없이 말을 이어갔다. 내가 할 일은 앉아서 그들
의 말을 기록으로 옮기는 것뿐이었다.

우리는 그날 사람들의 재능들을 많이 수집했다. 그것들은 모두 이후에
그들의 문제를 해결하기 위한 방안을 고려할 때 사용되었다. 하지만 더
중요한 사실은 어떤 재능이 있느냐고 질문한 것만으로도 그들이 자신감
을 회복하기 시작했다는 것이다. 자기가 주변인이라고 생각하는 사람에
게는 그런 질문 자체가 거의 혁명적인 영향력을 지닌다.

주체적 참여에 따른 학습과 행동

'주체적 참여에 따른 학습과 행동'(Participatory Learning and Action, PLA)
은 제3세계 공동체개발전문가들이 1990년대에 개발한, 태도와 그에 관련
한 도구들을 말한다.[2] PLA는 지역공동체 구성원들이 그들의 역사와 자
산, 생존전략과 목표에 대해 생각하도록 하려고 다양한 그룹 위주 활동을
사용한다. 이 과정은 공동체 구성원들이 지닌 지식과 기술들을 확인하여
주체적으로 미래를 살아가게 하려고 만들었다. 시간대, 계절별 달력, 공
동체 조사, 매트릭스 서열화 등 다양한 PLA 활동이 있다. 원래는 제3세계
농촌 지역에서 사용하기 위해 개발되었지만 북미라는 환경, 특히 이민자

들이나 인디언, 흑인이나 남미인 등과 같이 공동사회에 근거한 결정에 익숙한 사람들에게도 효과가 있다.

긍정적 조사

자산조사나 PLA처럼 '긍정적 조사'(Appreciative Inquiry, AI)도 공동체들이 좀 더 긍정적인 미래를 맞게 하는 방법으로서, 특정 공동체가 과거에 잘하고 좋아하던 일에 관심을 집중하는 것이다.[3] 사람들은 스스로 자신의 현실을 만들어낸다는 포스트모더니즘 시각에 근거해, AI는 가난한 공동체들이 자신의 성공적이던 과거를 이야기하며 자신의 역사에 관한 긍정적인 이해의 틀을 형성해, 더 나은 미래를 꿈꾸는 데 이를 이용하게 한다. AI의 중심 생각은 사람들이 자신들의 과거로부터 긍정적인 요소들을 끌어낼 수 있다면 불확실한 미래를 대할 때 더 큰 자신감을 가질 수 있다는 것이다.

하지만 기독교인들은 AI의 근본전제들을 거부해야 한다. 진실은 사회적으로 구성되는 것이 아니다. 거룩하게 만들어지는 것이다. 그럼에도 창조와 타락 그리고 구속의 관점에서 특별히 AI의 도구들은 유용할 수 있다. 하나님은 분명히 모든 공동체에 좋은 선물들을 주셨다. 죄가 엄청난 단절을 가져왔지만 예수 그리스도는 시간이 생긴 이래 문명들을 포함해 모든 창조세계를 유지하실뿐더러 회복하신다. 따라서 모든 공동체들은 선과 악이 혼합된 상태이다. 그리스도인들은 하나님이 공동체들에 부여하신 선한 선물들을 알아보고, 또 그런 선물을 이용해 그들의 약함을 어떻게 고칠 수 있을까 상상하는 데 AI를 사용해, 도래하는 하나님 나라의 현실에 대한 더 많은 증인들을 확보할 수 있을 것이다.

ABCD에 대한 AI의 접근방식은 가난한 사람들과 공동체들에게 다음 그림의 네 가지 과정 속 문제들을 고려해보라고 주문한다.

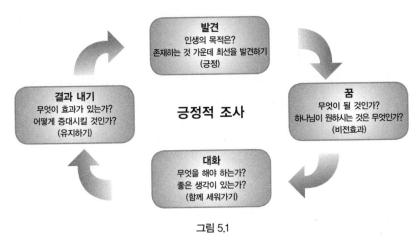

그림 5.1

출처_ Scott Johnson and James D., Ludema, *Partnering to Build and Measure Organizational Capacity: Lessons from NGOs around the World*(Grand Rapids, Mich.: Christian Reformed World Relief Committee,1997), 75.

제3세계에서 활동하는 몇몇 기독교 계통 비정부구호기관(NGO)들은 AI를 사용해 놀라울 만큼 성공적인 결과들을 경험해왔다. 예를 들어, 브라이언트 마이어스의 보고에 따르면, 탄자니아에서 활동하던 한 기독교 NGO는 그 지역의 가난한 공동체들이 잡다한 요구거리들을 처리해달라고 가지고 오는 관행을 멈추게 하고 싶었다. 공동체들이 제각각 향상되기 위해 더 큰 책임감을 가지게 하려고 AI를 사용해 그 NGO는 놀라운 결과를 얻었다.

NGO에서 해결하기를 바라던 잡다한 문제들은 이미 잘되고 있는 것들을 설명하려는 주민들의 열기에 휩싸여 사라졌다. 지역공동체는 그들의 과거와 그 자신들을 새로운 각도에서 바라보았다. "우리가 잘 아는 것들이 있어요." "우리는 자원들을 가지고 있어요." "우리는 자랑거리들이 많아요." "우리는 이미 일을 시작했어요." "하나님은 우리를 선대하셨어요." "우리는 뭔가 해낼 수 있어요." "우리는 하나님이 저버린 사람들이 아니에요." 그런 시각은 공동체가 진정한 자아를 재발견하고 그들의 소명을 발견하기 위해 중요한 첫걸음이 되었다. 이런 발견과 함께 변화를 위한 커다란 첫 장이 열리게 되었다. [4]

어쩌면 독자들은 AI가 그렇게 강력한 도구로서 그 힘을 발휘할 수 있다는 것이 이해하기 힘들지도 모른다. 우리 대부분은 세계의 많은 가난한 공동체들을 덮고 있는 깊은 절망과 수치감을 이해하지 못하기 때문이다. AI는 이미 잘못되어버린 일들로부터 과거 성공적이던 일들로 시선을 옮기게 한다.

AI는 북미 환경에서도 적용이 가능하다. 플로리다의 한 교회에서는 매달 한 번씩 주위 가난한 사람들에게 무료로 식량을 박스째 나눠주는 일을 해왔다. 그저 교인들 가운데 한 명이 이끄는 기도를 같이 드리기만 하면 가난한 이들은 무료로 식량을 얻어갈 수 있다.

하지만 교회의 공동체사역 담당자는 사람들의 개발을 도와야 할 교회가 구제를 행함으로써 가난한 이들이 자신들의 상황을 벗어나려는 노력을 하지 못하게 막고 있다는 사실을 깨달았다. 그래서 그녀는 좀 더 사람들에게 자신감을 주는 역학관계를 만들기 위해 AI를 사용하기로 결정했다. 음식을 나눠주며 몇 마디 말을 하는 대신 교회 성도들과 음식을 받으러 온 사람들을 섞어 소그룹 몇 개를 만든 후, 음식을 받아가는 사람들의 재능과 능력을 발견하기 위해 AI기법을 사용했다. 공동체사역 담당자는 그 효과를 이렇게 설명한다.

그들의 상황을 '고치려' 하는 대신 우리는 그들과 인간관계를 맺으려 했다. 그 과정을 통해 '우리'는 우리 자신이 얼마나 빈곤한 존재들인지, 우리의 영적 가난을 깨닫기 위해 '그들'이 얼마나 절실히 필요한지를 깨달았다. 우리는 진정한 공동체정신이 형성되고 있는 것을 알 수 있었다. 그러자 더 많은 사람들이 예배를 드리러 찾아왔다. 사역에 참여하는 사람들은 도움이 필요한 사람들을 세워주고 교회로 인도하며 그들과 함께 사역에 들어가는 예산을 짜고 일자리들을 알아보았다. 하지만 무엇보다 가장 큰 성공은 그들 모두가 서로를 친구로 여기고 함께하기를 기뻐한다는 것이다. 나는 이런 일들이 우리 교회를 서서히 변화시킨다고 생각한다. 우리는 모두 온전하지 못한 존재인 자신을 깨달음과 동시에 좀 더 아름다운 자신을 바라보고 있다. … 음식을 받아가는 사람들 입에서 나온 몇 마디가 우리가 제대로 된 방향으로 나아가고 있다고 격려해준다. 한 여인은 "나는 더 이상 내가 군중 속의 한 개수에 불과하다고 생각하지 않아요. 이제 내게도 얼굴이 생겼거든요"라고 말했다. 다른 이는 "다음 달엔 음식을 받을 필요가 없지만 그래도 이곳을 찾아와도 괜찮을까요?"라고 물었다. 정기적으로 음식을 받으러 오는 사람들을 자원봉사자들로 일하게 하자 그들은 기쁘게 봉사했다. 지난달에는 한 남성이 "난 마치 우리가 교회 내 작은 교회처럼 생각됩니다"라고 말하는 소리를 들었다. 한 자원봉사자는 우리의 구제 프로그램을 졸업하는 사람을 인터뷰한 내용을 전해주었다. "사람들이 저를 존중해준다는 것, 저와 함께 있는 시간을 즐거워한다는 것이 이곳이 다른 곳들과 다른 점이에요."[5]

ABCD는 빈곤경감의 확실한 비결은 아니다. 그런 것은 존재하지 않는다. 하지만 제대로 된 첫걸음을 떼어놓는다는 것은 물질적으로 빈곤한 이들에게든 우리 자신들에게든 회복, 즉 물질적인 빈곤경감을 위해 꼭 필요한, 자신감을 불어넣는 역학관계 형성을 위해 아주 중요하다.

돌아보며

다음 질문에 답해보라.

1. 이 장 초입에 있는 '들어가며'의 질문들에 대한 당신의 답을 다시 살펴보라. 당신은 당신 자신과 가난한 사람들에 대해 어떤 잠재적인 편견이나 생각을 가지고 있는가?

2. 당신의 재능을 열거하라는 두 번째 질문에 어떤 느낌을 받는가?

3. 빌립보서 4장 8절과 데살로니가전서 5장 11절 말씀은 ABCD의 관점과 방법에 대해 어떻게 조명하는가?

4. 당신이 사역하는 공동체에 자산조사와 PLA, AI를 사용하는 것을 고려해보라. 이런 식으로 접근하는 더 많은 도구들을 알아보라.

WHEN HELPING HURTS

How to Alleviate Poverty without
Hurting the Poor and Yourself

들어가며

잠시 다음 질문에 답해보라.

1. 당신이 속한 교회나 사역단체가 가난한 사람이나 공동체를 도우려 한다
   고 상상해보라. 당신은 누구에게 자문을 구할 것인가? 방법을 찾기 위해
   당신이 의견을 구할 사람들 목록을 작성해보라.

6장

창조세계의 질서를 회복하라

콜롬비아의 어느 농촌 마을 쌀농사를 돕기 위해 현장에 간 한 비영리단체가 마을 사람들을 조직해 협동조합을 설립하고 전동탈곡기와 발전기, 경운기를 공급했다. 그 결과 쌀 생산량이 급증하고 협동조합은 이제껏 받은 금액들 가운데 제일 높은 가격으로 쌀을 시장에 팔았다. 그들의 프로젝트는 겉보기에는 엄청난 성공을 거둔 것 같았고 그 후 비영리봉사단체는 마을을 떠났다. 하지만 몇 년 후, 봉사단원들 중 한 명이 마을을 다시 찾았을 때 협동조합은 해산되고 그들이 제공한 모든 농기계들은 고장 난채 들판에 방치되어 녹슬어 있었다. 심지어 한 번도 이용하지 않은 기계도 있었다. 하지만 마을 사람들은 그를 알아보고는 붙잡고 간청했다. "다시 당신들 단체가 돌아오면 우리는 큰 성공을 거둘 수 있을 거예요."[1]

슬픈 사실은 이런 이야기가 아주 흔하다는 것이다. 전 세계 어디를 가도 기증한 기계들을 사용하지 않아 녹슬어가는 모습을 볼 수 있다. 만들어준 공중화장실은 한 번도 사용한 흔적이 없고 봉사단체들이 마을을 떠난 지 얼마 안 돼 설립단체들이 모두 해체되는가 하면 프로젝트들이 모두

물거품으로 돌아갔다. 2차 세계대전 이후 서방에서 지원한 2조 3천억 달러에도 불구하고[2] 전 세계 인구의 약 40퍼센트인 25억 명 이상의 사람들이 아직도 하루 2달러 미만 돈으로 생계를 이어간다.[3] 사정은 북미도 마찬가지이다. 빈곤을 완화하기 위해 새로운 운동들이 계속 일어나지만 목표를 이루지 못하고 실패를 연속하고 있다. 존슨 대통령이 빈곤과의 전쟁을 선포한 지 45년이 지난 지금까지도 미국의 빈곤율은 계속해서 12퍼센트 이상을 상회한다.

　빈곤을 퇴치하고자 전 세계에서 벌이는 투쟁이 진전을 보이는 것은 사실이지만 투입한 자원의 효율성은 아주 저조하다. 이유가 뭘까?

학습과정 vs. 청사진식 접근방법

　우리는 이미 앞에서 빈곤경감 과정이 지지부진한 이유 몇 가지를 설명했다. 하지만 강조해야 할 중요한 이유가 하나 더 있다. 그런 과정에 대한 빈곤한 사람들의 참여도가 낮다. 연구원들과 빈곤경감운동에 직접 참여하는 사람들에 따르면, 가난한 사람들이 빈곤을 줄이는 방법을 선택, 고안, 실시, 평가하는 과정에 참여하는 경우 성공률이 높아진다. 안타깝게도 2차 세계대전 이후 대부분 빈곤경감운동들은 경제적으로 부유한 주체가 프로젝트를 수립하고 그렇게 수립한 계획들을 경세적 약자들에게 실시하는, 청사진식 접근방식으로서 빈곤한 사람들의 참여를 허용하지 않았다. 그런 접근방식은 표준화된 상품을 만들어내고 그것을 국화빵 찍어내듯 대량으로 실시하는 것이 최종목표였다. 이는 빈곤경감에 대해 패스트푸드 프랜차이즈인 맥도널드식으로 접근하는 방식이라고 할 수 있다.

또한 결과적으로 25억 명의 사람들이 제대로 빈곤경감운동의 혜택을 보지 못하는 원인이기도 하다.

청사진식 접근방식이 아주 효율적으로 보이기는 하지만 종종 실패하고 마는 이유는 지역 문화와 맞지 않고, 또 그래서 주민들이 적극적으로 '자신'의 것으로 받아들이지도 않으며 그들의 환경에서는 통하지도 않는 해결방안들을 일방적으로 밀어붙이기 때문이다. 캔자스 주 지역에서 잘 작동하던 장비라고 해서 아프리카 사하라 남부 지역의 문화나 경제, 제도적 상황에서도 잘 작동하리라는 법은 없다.

예를 들면, 남미 지역에서 활동하는 비영리봉사단체 회원 가운데 한 명은 주민들을 배제한 단기선교사역에서 쓰이지도 않을 집을 어떻게 만들었는지 설명한다.

> 한 단기선교팀이 지역교회의 가난한 목사에게 관사를 지어주러 왔어요. 집 설계도를 만들면서 화장실을 집 중간에 배치했죠. 하지만 그건 지역 문화와 배치가 되었어요. 그곳에서는 화장실을 집 뒤쪽에 두거든요. 목사에게 설계도를 미리 보여주지 않은 거죠. 목사가 그 사실을 알게 된 것은 선교팀이 이미 집을 짓기 시작한 뒤이고 그때도 그의 말은 무시되었어요. 단기선교팀은 목사에게 새집을 지어주어 뿌듯해했지만 정작 목사 본인은 집이 창피했고 과연 그 집에서 살아야 하는지조차 결정할 수 없었죠.[4]

미처 우리가 알지 못했지만 그런 문화적 장벽은 미국 내에도 엄연히 존재한다. 미국 남부의 가난한 시골 주민들에게 저금리로 주택건축자금을 빌려주는 연방농민주택청(Farmers Home Administration, FmHA)의 대출 프로그램을 생각해보자. FmHA는 프로그램 수혜를 입는 모든 주택들에 대해 바닥에 카펫을 깔고 세탁기가 놓인 작은 부엌을 설치하는 식으로 표준화시켜야 한다고 규정했다. 그 프로그램의 효율성을 조사하자 이런 결과가 나왔다.

주택을 어떻게 지어야 할지 연방농민주택청이 규정한 내용은 그 지역 사람들의 지혜와 경험을 무시하는 처사이다. 주택을 건축하려고 대출금을 신청한 많은 사람들은 같은 방에서 요리와 세탁을 하는 것을 비위생적으로 여긴다. 그들은 세탁물로 넘치는 중고세탁기들은 저장실이나 밖의 다용도실에 놓는 것이 낫다고 생각한다. 세탁기를 밖에 놓는 데에는 다른 이점들도 있다. 집에 들어오기 전에 작업복들을 벗어 세탁기에 넣을 수도 있고 세탁기에서 빨래를 한 뒤 빨랫줄에 널기도 용이하다. 흙에서 작업하는 사람들이나 가금류를 가공하는 공장에서 일하는 사람들, 실 보푸라기가 날아다니는 방직공장에서 일하는 사람들에게는 쉽게 빗자루로 먼지를 쓸어낼 수 있는 비닐장판이 카펫보다 편하다. 하지만 연방농민주택청의 대출을 사용하는 사람들은 무조건 주택청 규정을 따라야 한다.[5]

그런 단점들 때문에 많은 사람들은 청사진식 접근방식 대신 개발을 위해 '학습과정식' 접근방식을 선호한다. 이 방식은 실천과 반성의 반복적인 주기로 이루어지는데, 가난한 사람들은 가장 좋은 실천방안 모색, 선택된 전략의 실행, 일의 진행에 대한 평가, 그에 따른 적절한 수정 등 프로젝트의 모든 단계에 참여한다. 이런 접근방식에서 외부인의 역할은 경제적으로 약자인 이들에게 또는 그들을 위해 무엇인가를 하는 것이 아니라 그들과 함께 해결방안을 찾는 것이다.

학습과정식 접근방식은 프로젝트가 제대로 성공할 가능성을 높여주는 데, 거기에는 두 가지 이유가 있다. 우선, 모든 인간들이 마찬가지이지만 가난한 사람들도 처음부터 프로젝트에 온전히 참여하면 그 일에 대한 주인의식이나 열정을 가지기가 쉽다. 즉, 프로젝트를 '자신들의 것'으로 인식할 때 그 일을 성공시키기 위해 자신을 기꺼이 희생하고 장기간에 걸쳐 지지하기가 쉽다. 둘째, 가난한 사람들과 공동체들은 아주 복잡해서 물질적 빈곤에 처해보지 않은 사람들은 잘 이해할 수 없다. 그래서 내부자들, 즉 물질적으로 빈곤한 사람들이 가진 지식과 기술들은 일을 성공적으로 성취하는 데 필수이다. 북미 빈민가 사람이든 멕시코 빈민가 사람이든 인도 시골 사람이든, 그들은 자신들이 사는 곳에 대해 외부인은 알 수 없는 지식들을 가지고 있다. 그들의 통찰력을 무시한다면 정말로 어리석은 짓이다.

눈에 띄는 결과를 내놓기까지 학습과정식 접근은 청사진식 접근보다 비록 시간은 더 걸리지만, 장기적으로 보면 실천 가능하고 지속 가능한 방법이 훨씬 더 효과적이다. 다시 말해, 사람들의 참여를 유도하면 장비들이 들판에서 녹이 슬 가능성을 줄일 수 있다.

수단이 아니라 목적

장비들을 사용하고 쌀 생산량이 늘어나는 것은 좋은 일이지만 사람들이 프로젝트에 참여하는 것을, 그런 목적들을 얻기 위한 수단으로만 생각한다면 빈곤경감 문제에서 사람들의 참여가 얼마나 중요한가를 보지 못하는 것이다.

참여는 단순히 목적을 위한 수단이 아니라 그 자체로서 정당한 목적이다.

그 이유가 무엇인지는 빈곤경감의 정의를 살펴보면 자명하다. 기억하라. 빈곤경감의 목적은 하나님이 의도하신 바대로의 인간됨을 사람들이 경험할 수 있도록 회복시키는 것이다. 즉, 사람들이 하나님의 형상을 지닌 존재로서 자신들의 정체성을 이해하고, 이웃을 자신과 같이 사랑하며, 하나님의 창조세계를 이끌어가고, 모든 일에서 하나님의 영광을 드러내는 것이 중요하다. 그런 전체적인 회복이 이루어지고 있다는 많은 표시들 가운데 하나는 사람들이 개인의 삶의 영역이나 자신이 속한 공동체에서 주권을 행사하는 것이다. 다시 말해, 그들은 자신들의 재능과 자원을 사용해 문제를 더 잘 해결하고, 하나님과 다른 사람들을 섬기기 위한 물질을 만들어내기 위한 방안을 부단히 모색한다. 이처럼 우리의 중요한 목표는 장비들을 사용하게 만들고 쌀 수확량이 늘어나게 하는 것뿐 아니라 농민들에게 자신감을 불어넣어 농사를 가장 잘 지을 수 있는 방법을 스스로 결정하고 이를 실천에 옮긴 후 그 일의 결과를 평가하는, 이런 의사결정 과정을 계속 반복하게 하는 것이다. 그러므로 가장 온전한 의미의 참여는 목적을 위한 수단일 뿐 아니라 가장 중요한 목적이기도 하다!

　그런 관계의 회복은 외부인들이 무엇을 어떻게 해야 할지 결정하고 또 얼마나 잘 수행되었는지 평가까지 하는 청사진식 접근방법으로 성취하기는 힘들다. 그런 방식은 가난한 사람들이 직접 실천하고 그에 대해 반성하는 선순환 기회를 제공하지 못하고, 그럼으로써 그들이 하나님의 형상을 지닌 존재, 시행착오를 통해 하나님의 창조의 경이를 보여주는 존재가 될 수 있는 기회를 박탈한다.

　게다가 청사진식 접근은 암암리에 "외부인인 내가 더 우월한 존재이고 당신은 열등한 존재이다. 그래서 내가 당신을 고쳐주려고 이곳에 왔다"라는 표시를 하게 된다. 그에 비해 참여를 강조하는 방법은 가난한 사람들에게 프로젝트의 모든 단계에서 "당신의 생각은 어떻습니까?"라고 의견을 구하고 그래서 얻은 의견들을 가치 있게 여긴다. 그렇게 질문하는 것 자체가 "나는 당신이 가치 있는 사람이며 지식과 통찰력을 가진 사람이라고 믿습니다. 당신은 당신 상황에 대해 내가 알지 못하는 사실들을 알고 있습니다. 내게 그런 통찰의 일부를 알려주지 않겠습니까? 우리 함께 배워갑시다"라고 말하는 것과 같다.

수단이자 목적으로서 학습과정식 접근법을 사용하는 뛰어난 사역의 예를 우리는 이미 보았다. 3장에서 마크 고닉과 알란, 수잔 티벨은 볼티모어 도심으로 들어가 공동체 주민들과 함께 어울려 살면서 주민들의 참여를 유도하는 방법을 사용하여 4년에 걸쳐 달랑 집 한 채를 고쳤다. 하지만 이런 과정은 그 후 몇 년에 걸쳐 수백 채의 집들을 수리하기에 충분한 에너지와 주인정신을 주민들 사이에서 끌어냈다. 중요한 것은 이런 놀라운 외형적 결과들도 '공동체 구성원들이 하나님이 창조하신 대로의 인간다운 활동에 좀 더 온전히 참여하게 하는 것'이라는 중요한 목표의 부산물에 불과하다는 사실이다.

학습과정식 접근은 개인을 상대로 일대일 사역을 할 때도 사용할 수 있다. 테네시 주 낙스빌에서 미혼모를 대상으로 하는 사역은 다음 방법을 사용한다.

우리는 모든 편모가정에 동일한 청사진을 제공하는 것이 아니라, 각 가정들의 고유한 힘과 역사, 장래목표들을 이해하고 인정해야 한다고 믿으면서 싱글맘들과 그 아이들과 동행하는 자세를 취하려 합니다. 각 가정의 엄마들은 회복될 여지가 있는 가정생활의 영역을 스스로 알아보도록 도와주는 가정후원자와 매주 모임을 가집니다. 비록 후원자가 도와주기는 하지만, 그들은 자신의 가정의 미래를 그려보고 목표를 정하며 그것을 이루기 위해 단계별 행동들에 착수하면서 그 과정에 참여합니다. 그러면 다시 후원자가 싱글맘들이 소질개발을 통해 가정의 장기계획들에 기여하고 책임감 있는 자세로 자신들의 계획대로 살아갈 수 있도록 도와줍니다.[6]

이 프로그램에 참여하는 싱글맘들은 언젠가 자신들의 집을 사고 자립할 날이 오기를 바란다. 하지만 이들이 꿈을 꾸고 계획을 하며 그것을 이루려고 애 쓰는 일 그 자체가 이미 커다란 성공이다.

주의사항

여기에 주의할 점이 있다. 가난한 사람들의 참여를 강조하는 세속적인 주장들은 두 가지 잘못된 전제를 기초로 한다. 첫째, '진실은 상대적'이라는 포스트모더니즘의 믿음에 기초해, 어떤 사람들은 가난한 사람들이 빈곤을 줄이기 위한 과정에 참여해야 하는 이유를 그들 각자가 자기만의 현실을 구축해야 하기 때문이라고 주장한다. '외부인인 우리가 무슨 자격으로 우리 생각을 가난한 사람들에게 강요한단 말인가?'라고 생각한다. 둘째, '인간은 근본적으로 선하다'고 믿는 인본주의 믿음을 가진 사람들은 민주주의처럼 가난한 사람들의 참여도 반드시 긍정적인 결과를 가져올 것이라고 생각한다. 이 두 가지 생각은 성경적 관점에서 볼 때 잘못되었다. 성경은 분명히 절대적 진리가 있으며, 우리가 아는 한 우리는 사랑 안에서 그런 진리를 말해야 한다고 가르친다(엡 4:15). 게다가 가난한 사람들을 포함해 우리는 모두 죄인이다. 사람들의 참여로 인간의 근본적인 타락을 극복할 수는 없다. 개인과 단체들은 언제나 그릇된 결정을 내릴 소지가 있다.

하지만 참여를 강조하는 입장은 가난과 가난의 경감에 관한 성경적 견해와 맞아떨어진다. 우리 모두가 온전하지 못한 존재이지만 그럼에도 하나님의 형상을 지닌 존재라는 성경의 진리는, 공동체 내부 사람이든 외부 사람이든, 사람들의 긍정적 기여를 귀중히 여기며 촉구하는 접근방식에 따라 다시 한 번 확인된다. 또한 이 접근방식은 물질적으로 빈곤한 사람들이 물질적 여유가 있는 사람들을 가르칠 수 있게 함으로써, 그들 사이에 흔히 있기 쉬운 열등감과 우월감이 지배하는 인간관계를 극복할 수 있게 한다. 즉, 물질적으로 빈곤한 사람들의 존엄성이 확인되고 물질적 여유가 있는 사람들의 신 콤플렉스가 발붙일 곳을 잃게 된다.

참여 유형

표 6.1은 실제로 볼 수 있는 다양한 수준의 참여 정도를 연속적으로 보여준다. 표를 보면 위에서 밑으로 내려갈수록 가난한 사람들에게 일방적으로 해주는(to) 접근방법(청사진식 방법)에서 가난한 사람들과 함께하는(with) 접근방법(학습과정식 방법)으로 바뀐다. 가난한 사람들이 완전히 자신감을 회복하면 그들은 '공동체가 주도하는' 범주에 있게 되는데, 그곳에서는 프로젝트들을 바로 가난한 사람들이 이끌어갈 뿐 아니라 그들의 운동에 참여하는 외부인들의 역할도 결정해준다. 하지만 애석하게도 상명하달의 청사진식 방법들을 빈곤경감 방식으로 흔히 사용하고 있어서 공동체가 주체가 된 접근방식은 아주 드물다. 그럼에도 현재 입수 가능한 문헌들이나 우리의 경험에 비추어볼 때 이런 식의 접근방식이 아주 불가능하기만 한 것은 아니다.[7]

교회나 선교사업, 사역 활동 등에서 어떤 환경에서든 최선인, '모든 것에 통용되는' 참여 수준은 없다. 참여의 적절한 정도와 성질은 단체의 임무나 고려할 수 있는 개입의 종류, 관련된 가난한 사람들의 문화 등 수많은 배경요소들에 달려 있다. 제각각 상황에서 최선의 참여 유형과 수준을 알아내려면 지혜가 필요하다. 외부인들은 자신들이 더 이상 중요한 역할을 맡지 않는 '공동체 주체' 수준에 이르기를 희망하며 보통 '협력'이나 더 이상적일 경우 '공동학습' 방식에 참여하기를 촉진한다.

참여 단계

참여 유형	주민의 참여 형태	주민과 외부인들의 관계
강제	주민들은 외부인들이 미리 만든 정해진 계획에 따른다.	일방적 형태
순응	주민들은 외부인들이 정한 과제를 부여받는데, 거기에는 종종 인센티브가 따른다.	주민을 위한 형태
의논	주민들의 의견을 묻는다. 주민들이 앞으로 해야 할 일들을 분석하고 결정한다.	주민을 위한 형태
협력	우선순위를 정할 때 주민들이 외부인들과 협업한다. 전체 과정을 지휘하는 책임은 외부인들에게 있다.	주민과 함께하는 형태
공동학습	주민들과 외부인들이 적절한 목표와 계획을 세우고, 그 계획들을 실행하며, 결과를 평가하기 위해 서로의 지식을 공유한다.	주민과 함께하는 형태
지역공동체 주도	주민들 스스로 자신들의 계획을 세우고 외부 개입자나 조력자 없이 이를 수행하기 위해 행동한다.	주민에 응답하는 형태

표 6.1

출처_ B. de Negri, E. Thomas, A. Ilinigumugabo, I. Muvandi, and G. Lewis, *Empowering Communities: Participatory Techniques for Community-Based Programme Development. Volume 1(2): Trainer's Manual(Participant's Handbook)* (Nairobi, Kenya: Centre for African Family Studies, 1998), 4.

그리스도인들은 교회가 "진리의 기둥과 터"(딤전 3:15)이며 불신자들은 "불의로 진리를 막는 사람들"(롬 1:18)이라고 바로 알고 있다. 하나님의 순전한 은총으로 우리는 불신자들이 가지지 못한 지식을 가지고 있다. 그러나 안타깝게도 이런 사실은 영적 문제들에서 우리를 자만하게 하고 그외 모든 문제에서도 우리가 불신자들보다 잘났다고 생각하게 만들 수 있다. 우리는 종종 우리가 잘 알지 못하는 상황에서도 모든 것을 다 알고 있는 척 허세를 부린다. 아무리 사람들이 참여하도록 독려한다지만 불신자들이 성례를 집행하는 가장 좋은 방법을 결정하게 만드는 것은 터무니없지 않은가. 그 문제에 관해서라면 우리가 그들보다 더 많은 사실을 알고 있지 않은가. 마찬가지로 태국에서 농사짓는 법에 대해 우리가 그 나라의 불신자들보다 더 많은 것을 안다고 생각한다면 이 역시 웃기는 일이다. 불신자들도 하나님의 형상을 지닌 자들이며 종종 좋은 아이디어들을 많이 가지고 있다. 이런 사실을 부정한다면 그들이 닮은 그 하나님께 대한 무례이다. 많은 경우 우리가 도우려는 사람들은 우리에게 가르쳐줄 수 있는 중요한 영적 통찰력을 지닌 동료 신자들이다.

각각의 상황에서 가능한 가장 높은 참여 수준을 모색하라.

다양한 목소리를 들어라

많은 빈곤한 공동체들에는 종족과 인종, 성과 나이, 종교와 사회경제적 지위 등 상당한 다양성이 존재한다. 따라서 각 그룹들이 모두 의미 있는 참여를 하게 만드는 것이 중요한데, 그들 모두 독특한 관점을 제공할 수 있기도 하지만 참여 자체가 중요한 목표이기 때문이다. 공동체 주변에 머무는, 그래서 자신의 의견을 말하기 힘든 사람들이 안심하고 의견을 말할 수 있는 환경을 만드는 것이 중요하다.

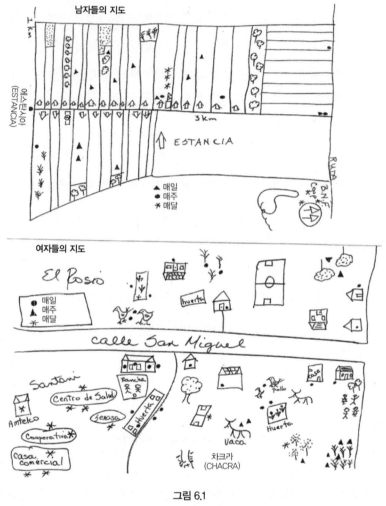

그림 6.1

Peace Corps, *Gender and Development Training: Booklet 5*(Washington, D.C.: Peace Corps Information and Collection Exchange, 1998), 14, 15.

5장에서 언급한 대로 공동체에 접근할 때 사용할 수 있는 중요한 방식

가운데 하나가 '주체적 참여에 따른 학습과 행동'이다. PLA는 일련의 마음 자세와 몇 가지 도구들로써 외부인들이 가난한 공동체의 학습과정을 촉진할 수 있도록 해준다. 사람들이 각자 지식을 공유하고 직면한 문제들을 해결할 방안을 구성할 수 있는 안전하고 흥미 있는 방식이다.

PLA의 다양한 관점들을 포용해야 할 중요성은 파라과이의 작은 마을에서 실시한 PLA 결과를 보여주는 그림 6.1에 잘 표현되어 있다. 조사자는 같은 마을에서 온 남자와 여자들에게 각자 마을지도를 그리게 하고 그들이 각각의 장소를 얼마나 자주 방문하는지 그 지도에 표시하라고 했다. 그 남자들과 여자들은 그들의 공동체에 대해 아주 다른 생각을 가지고 있었다. 그야말로 화성에서 온 남자들과 금성에서 온 여자들이었다. 다양한 목소리들을 PLA에 담지 않았다면 전반적으로 그 공동체 자체에 대해, 관련된 모든 사람들이 왜곡된 이해를 할 뻔했다.

기부하는 사람들이 주의할 점

자선기금을 내놓는 사람들에게서 하나님 나라를 위해 가장 큰 영향력을 이끌어내기 위해 돈을 투자하는 제일 좋은 방법은 무엇이냐는 질문을 받는 것은 흔한 일이다. 그런 질문은 정당하며 주님의 자산들을 진실 되게 사용하려는 거룩한 소원들을 반영하는 것이기도 하다. 하지만 이때 돈을 기부하는 사람들이 기억해야 할 것은 하나님, 자신, 다른 사람들, 나머지 창조세계와 사람들의 관계를 회복하는 것은 물건들을 만들고 파는 행위와는 다르다는 점이다. 심원하고 지속적인 변화가 생기기까지에는 시간이 걸린다. 사실 참여를 유도하는 방식으로 가난한 사람들을 프로젝트에 연관시키는 데에는 많은 시간이 걸린다. 하지만 기증한 기계들이 결국 벌판에 버려져 녹이 슬게 하지 않으려면 가난한 사람들이 자신감을 회복하고 그런 장비들이 필요한지 여부까지도 결정하게 하는, 그런 점진적인 과정을 받아들여야만 한다. 기부하는 사람들은 가난한 사람들이 스스로 결정하는 능력을 가지게 되는 것이 그들에 대한 투자 대비 가장 큰 수익임을 기억해야 한다.

돌아보며

다음 질문들에 답해보라.

이 장 도입부, '들어가며'에 대한 당신의 대답들을 다시 생각해보라.

(a) 당신은 누구에게 자문을 구했는가?

(b) 누구에게 자문하는 것을 피했는가?

(c) 이런 사실에 비추어 가난한 사람들과 당신 스스로에 대해 당신은 어떤 견해를 가지는지 생각해보라.

후속 질문: 인도네시아에 대한 생각

이 책을 시작하면서 당신은 당신 팀원들과 함께 2004년 쓰나미가 덮친 지 4개월이 지난 인도네시아에서 영세상인들을 돕기 위한 선교운동계획을 짜보라는 요청을 받았다. 다음 질문들에 대해 원래 팀원들과 함께 다시 생각해보라. 혼자서 책을 읽고 있다면 혼자 생각해도 좋다.

1. 당신이 애초에 만든 계획들에는 빈곤과 빈곤경감의 본질에 대한 당신의 어떤 잠재적인 생각들이 반영되었는가?

2. 2장에서 우리는 물질적으로 빈곤한 사람들과 도움을 주는 사람들 사이에 흔히 존재하는 역학관계를 표시하는 다음 등식을 다루었다.

가난의 물질적인 정의	+	물질적으로 부유한 층의 신 콤플렉스	+	물질적으로 가난한 층의 열등감	=	물질적으로 부유한 층과 가난한 층 모두의 상처

(a) 당신이 그들의 빈곤을 경감하기 위한 계획을 고안할 때 그들이 수치와 열등감을 느낀다는 사실을 인식했는가?

(b) 그런 사실을 알고 있다면 당신 계획에 어떻게 반영하겠는가?

(c) 당신 계획에서 당신이 신 콤플렉스를 보이는 증거는 없는가?

3. 4장에서 우리는 빈곤과 빈곤경감의 본질에 대해 관계 지향적으로 이해해야 한다는 사실을 논의했다. 이 같은 시각은 당신이 취한 접근방법에 어떤 변화를 주는가?

(a) 당신은 '사람과 과정'에 초점을 두는가? 아니면 '프로젝트와 결과'에 초점을 두는가?

(b) 당신은 개개인과 제도의 잘못을 모두 당신 계획에 반영하는가?

4. 구제, 복구, 개발의 차이점에 대해 답해보라.

(a) 당신의 계획은 정황상 이 세 가지 단계 가운데 어느 쪽이 적절한지를 염두에 두는가?

(b) 복구나 개발이 필요한 단계에서 구제를 제공하지는 않는가?

(c) 개입단계를 제대로 파악했다면 당신은 계획을 어떻게 바꾸겠는가?

(d) '개발'의 관점에서 접근했다면 당신의 계획은 어떻게 달라지겠는가?

(e) 당신의 프로젝트에 온정주의의 흔적은 없는가?

5. 당신은 자산과 필요 가운데 어느 편에 기초를 두고 프로젝트를 계획했는가? 특히 당신의 계획은 자산에 기초한 접근방법의 네 가지 요소들을 잘 드러내고 있는가?

   (a) 당신은 인도네시아 사람들의 능력과 기술, 자원들을 최대한 알아보고 이용했는가?

   (b) 가능한 한 외부보다는 인도네시아 안에서 필요한 자원과 해결방안들을 찾아보았는가?

   (c) 그 지역의 개인과 모임, 교회와 기업, 학교와 정부기관들을 연계하도록 도왔는가?

   (d) 당장의 절박한 필요를 채우는 현지 자원이 부족할 때에만 외부에서 자원을 들여왔는가?

6. 당신의 프로젝트는 얼마나 참여지향적인가?

   (a) 당신 프로젝트의 실시 여부를 누구와 의논하기로 했는가?

   (b) 당신의 프로젝트는 (인도네시아인들에게, 인도네시아인들을 위해, 인도네시아인들과 함께) 일하도록 계획되었는가?

   (c) 당신의 계획은 표 6.1의 어느 범주에 속하는가?

   (d) 당신은 프로젝트를 좀 더 참여지향적으로 만들기 위해 선정과 계획, 실행과 평가의 과정을 어떻게 바꿀 수 있겠는가?

7. 앞의 여섯 가지 질문에 대한 당신의 답을 고려해보라.

    (a) 당신은 스스로에 대해 무엇을 알게 되었는가?

    (b) 당신은 하나님께 당신을 어떻게 변화시켜달라고 기도하고 싶은가?

    (c) 당신의 교회가 벌이는 가난을 줄이기 위한 사역에 대해 당신은 무엇을 알게 되었는가?

    (d) 당신은 하나님께 당신의 교회 또는 사역을 어떻게 변화시켜달라고 기도하고 싶은가?

    (e) 당신이나 당신의 교회, 당신의 사역을 변화시키기 위해 당신은 구체적으로 무엇을 하고 싶은가?

다음 이야기는 스티브와 내가 일하던 연구훈련기관인 '챌머스 경제개발연구소'에서 인도네시아가 쓰나미 피해로부터 회복되도록 도움을 달라는 요청을 받았을 때 실제로 벌어진 일을 기술한 내용이다. 읽은 후 글 말미의 문제들에 계속 답해보라.

나머지 이야기

쓰나미가 덮친 지 4개월이 지난 다음 인도네시아에서 활동하던 기독교 관련 구제개발기관에서 챌머스 연구소에 영세상인들의 복구를 돕는 프로그램 만드는 일을 도와달라고 부탁해왔다. 우리는 젊은 직원 둘을 현장에 파견하고 미국의 우리 사무실에서 기술 지원을 했다. 내가 이 이야기를 하는 까닭은 우리가 얼마나 똑똑한지를 보여주기 위해서가 아니라(사실 우리는 성공보다는 실패한 경우가 더 많았다) 이 책에 나온 여러 원칙들이 우리 경험담에 많이 등장하기 때문이다. 다음에 나오는 이야기의 여러 대목에서 방금 전에 다룬 많은 원칙들과 질문들 가운데 관련된 부분들을 표시해놓았다. 가령 어떤 문장 후미에 '4a'라고 표시되어 있으면 그 문장이 위에 나온 질문 4. (a)에서 다룬 원칙과 관련 있다는 뜻이다.

인도네시아에서 같이 일하자는 요청을 받았을 때 우리는 저명한 구제개발기관이 우리에게 도움을 구한다는 사실에 흥분했다. 그 기관은 오래전부터 주민들의 의견을 반영해온 것으로 유명했다. 그래서 우리는 그들의 부탁을 들을 때 이미 그곳 공동체가 우리를 원하는 것이지 우리가 그들에게 우리를 강요하는 것은 아니라는 사실을 알고 있었다(6a–b). 그런 주민 참여 접근법은 언제나 중요하지만 이 경우에는 특별히 더 의미가 있었는데, 그 지역은 외부인들, 특히 그리스도인들에게 호전적인 회교도들이 거주하기 때문이다.

그 지역은 초토화되기는 했지만 전반적으로 볼 때 심각한 상황은 모면했다. 구제보다는 다음 단계인 복구와 개발이 필요했다(4a). 주민들이 가진 것들과 가장 심각한 장애물들을 파악하기 위해(5a) 우리 대원들은 지역 지도자들과 영세 상인들 모임 10여 개와 기업주들, 시장(6)을 만나 다음 사실을 발견했다.

- 오래전부터 그들은 사업을 하기 위한 종잣돈으로 자신들이 저금한 돈을 사용해왔다.
- 대부분의 제3세계 상황과는 대조적으로 유서 깊은 은행이 그곳 빈민들에게 저축과 대출 서비스를 제공해왔고 사람들의 신임을 받고 있다. 하지만 불행하게도 은행이 심하게 파손되어 대출해줄 자원이 부족한 상태이다.

- 그 지역 상인들은 제빵업자 조합, 목수 조합, 인력거꾼 모임처럼 종류에 따라 강력한 단체들을 형성해 영업하고 있다.
- 시장은 이들 상인들 단체들과 기독교구제개발단체들과 기꺼이 같이 일하려는 자세를 가지고 있다.
- 고똥로용(Gotong Royong: 인도네시아인들이 소중히 여기는 전통관습으로 상부상조라는 의미의 인도네시아 품앗이—편집자 주) 지역에는 미국의 아미시(Amish: 300여 년 전 종교의 자유를 찾아 미국으로 이주한 사람들을 일컫는 말—편집자 주) 공동체처럼 함께 힘을 합해 문제들을 해결하려는 공동체정신이 있다.
- 많은 사람들이 일자리를 잃어 일할 사람들을 구하기는 쉽다.
- 지역에 건축업자들이 있지만 쓰나미 때문에 피해를 입은 상태이다.
- 영세산업을 다시 일으키는 데 가장 큰 애로는 자금 부족이다.

이런 상황에서는 외부 건설업체들을 불러들여 가게들을 다시 세우고 영세상인지원 프로그램을 만들어 사업밑천을 대주면 간단히 모든 문제가 해결될 것이다. 그렇지 않은가? 아니다. 그렇게 하면 그 지역 건설업체들은 더 큰 피해를 입을 것이고 그 지역의 저축정신과 유서 깊은 은행의 존재, 주민들의 지식과 자존심, 공동체정신이 훼손될 것이다(2, 3a, 4e, 5). 그 지역이 입은 피해의 정도를 생각하면 도시와 사업들을 이전 상태로 돌리기 위해 외부 지원이 필요하지만 중요한 것은 그들이 가지고 있는 것(5d), 인도네시아 주민들의 주체성을 해치지 않고 필요한 자원들을 들여오는 것이다. 특별히 지역의 저축정신과 지역 은행을 다치게 하지 않으면서 필요한 자금을 신속히 들여오는 일이 중요하다.

그런 목적을 달성하기 위해 그 프로그램 1단계는 적은 액수의 자본을 영세상인들에게 나눠주어 사업을 시작하게 하는 것으로 정했다. 하지만 지원금을 받으려면 상인들은 쓰나미 이전에 상업을 하고 있었음을 보여주는 증거물을 제출하고 지역 은행에 저축계좌를 개설했다는 증거와 지역 은행 사무실을 포함한 고똥로용 지역의 건물들과 거리를 정리하는 일에도 참여한다는 증거물을 제출해야 한다(5a-c). 제출한 증거물들은 상인 단체와 그 지역 정부 지도자들로 이루어진 위원회가 검토했다(4e, 6). 첫 번째 지원금은 의도적으로 그 지역 건설회사들에게 주었는데, 외부인들이 아닌 그 지역 사람들이 파괴된 건물들과 가정집들을 재건하게 하고 또 그럼으로써 그들의 사업도 새로 일구게 하기 위해서이다(4e, 5c).

프로그램 1단계에서는 영세상인들을 위해 몇 차례 짧게 영세상인교육 프로그램도 제공했다. 수업 내용에는 중요한 기술적인 내용뿐 아니라 성경적인 원칙들도 들어 있다. 그렇게 해서 회교도 영세상인들도 실무를 통해 성경을 알게 되었다(3b). 3장에서 논의한 대로 빈곤을 줄이기 위한 노력에는 망가진 제도뿐 아니라 사람들도 다루어야 하고 복음과 성경적인 세계관에 대한 명확한 설명도 들어가 있어야 한다.

프로그램 2단계는 1단계에 들어간 지 8주째에 시작했는데, 주로 추가 지원하는 자본금에 비례해서 저축하게 하는 등 주민들의 저축과 지역 은행 재건을 위한 노력에 집중했다(5). 1단계에서 지원받은 사람들은 8주간에 걸쳐 계속 저축하고 있다는 증거를 심사위원회에 제출해야 한다(6). 각 개인들이 저축한 금액에 비례해서 외부 자금을 2대 1 비율로 추가로 더 그들의 계좌로 입금했다(5c). 기독교적 세계관을 포함하는 또 다른 영세상인교육 프로그램도 제공했다(3b).

모든 프로그램들과 마찬가지로 우리도 부침을 겪기는 했지만 전반적으로 큰 성공을 거두었다. 수백 개 사업들이 지원을 받고 지역 기관들이 든든히 세워졌다. 프로젝트를 중간 점검한 결과, 하나님, 자기 자신, 다른 사람들, 기타 창조세계와 프로젝트에 관련된 사람들의 관계가 개선되었음을 알 수 있었다(3). 더욱

이 주민들의 적극적인 참여를 유도하는 방식은 의심의 눈길로 쳐다보던 인도네시아인들과 기독교구제개발단체들 사이에 큰 신뢰감을 형성했고, 우리는 영세상인회복 프로그램을 다른 지역으로까지 확대할 수 있게 되었다. 우리의 성공에 감명받은 규모가 크고 널리 알려진 세계적인 구호단체로부터 우리 프로그램을 확대하기 위한 지원금 요청서를 보내보라는 제안까지 받았다.

이 책에 제시한 원칙들은 성공으로 이끄는 비법은 아니다. 하지만 이 원칙들은 효과가 있고 복음에 아주 적대적인 환경에서도 하나님에 의해 사용되어왔다.

8. 이제 모든 이야기를 다 들었으니 이 책 서두에서 당신이 세운 당신 교회의 인도네시아 프로젝트를 다시 생각해보라.

   (a) 당신이 세운 프로젝트의 성공 요소는 무엇인가?

   (b) 당신이 세운 프로젝트는 어떤 해를 입힐 수 있는가?

   (c) 당신의 접근방식은 네 가지 근본관계들을 강화시키는가, 아니면 약화시키는가?

9. 현재 당신의 교회가 가진 빈곤경감 방법들을 개선하기 위해 당신이 취할 조치들을 구체적으로 기록해보라.

Help

3부

네 이웃을
네 몸과 같이
사랑하라

들어가며

당신이 해오던 팀 멤버나 계획 수립자, 재정 또는 기도 후원자 등과 같은 일을 포함하여 2주 정도 가난한 사람들을 위한 단기선교에 관해 생각해보자. 직접 그런 경험이 없다면 당신이 알고 있는 단기선교사역을 사용해도 좋다.

다음 질문들에 간단하게 답해보라.

1. 그런 선교여행이 주는 이익은 무엇이라고 생각하는가? 팀원, 파송 교회나 기관, 파송되는 나라, 봉사 대상이 되는 공동체들이나 개개인들처럼 선교여행에 관계있는 모든 사람들의 경우를 생각해보라.

2. 단기선교여행의 부정적인 영향이 있을 수 있다고 생각하는가? 관계있는 모든 당사자들의 입장에서 생각해보라.

7장

단기선교사역, 한 번 더 깊이 들어가라

1989년에는 12만 명, 1998년에는 45만 명, 2003년에는 100만 명, 2006년에는 220만 명, 엄청난 수의 미국인들이 전 세계로 단기선교를 하기 위해 쏟아져나가고 있다. 비용은 얼마나 들까? 2006년 한 해에만 16억 달러를 썼다.[1] 지난 10년간 단기선교에 나선 이들이 그렇게 급증한 데는 긍정적인 소문이 큰 역할을 했다. 단기선교를 갔다 온 사람들은 현지에서 큰 성과를 거두고 감화를 받아 그 후로도 더 많은 것을 베푸는 선교 활동에 참가하고 장기적인 선교사 활동까지 하게 되었다고 보고했다. 그들 보고에는 물론 진실이 담겨 있지만 그 주장과는 다른, 즉 단기선교가 과연 소문만큼 훌륭한지 의심하는 이야기들도 들려왔다. 예를 들면, 선교전문가 미리암 에드니(Miriam Adeney)는 한 아프리카 그리스도인에게서 이런 이야기를 들었다.

코끼리와 생쥐는 아주 친한 친구였다. 어느 날 코끼리가 "생쥐야, 우리 파티하자"라고 제안했다. 원근 각처에서 동물들이 파티장에 몰려왔다. 그들은 먹고 마시며 노래하고 춤을 추었다. 그중에서도 코끼리가 가장 신 나서 춤을 추었다. 파티가 끝난 후 코끼리가 즐거워서 생쥐에게 말했다. "생쥐야, 이제껏 이렇게 재미있는 파티에 가본 적 있니?" 하지만 생쥐는 대답이 없었다. "생쥐야, 어디 있니?" 코끼리가 친구를 찾아 주위를 둘러보다 놀라서 펄쩍 뒤로 물러섰다. 코끼리 발밑에 생쥐가 깔려 있었다. 그 작은 몸이 짓밟힌 채 흙 속에 묻혀 있었다. 신 나서 날뛰는 친구 코끼리 발에 으깨진 채로. "때로 당신네들 미국인들과 선교 활동을 같이하다 보면 그런 느낌이 들어요." 그 아프리카인이 말했다.[2]

코끼리에게는 나쁜 의도가 없었다. 하지만 그는 자신이 생쥐에게 끼칠 수 있는 영향을 미처 알지 못했다. 똑같은 일이 단기선교 과정에서도 많이 벌어질 수 있다. 특히 가난한 공동체를 대상으로 하는 선교 활동에서 말이다.

단기선교라는 말은 1주에서 2년까지 북미 내 또는 세계 곳곳으로 선교여행을 나가는 것을 뜻한다. 이 장에서는 2006년 단기선교를 떠난 220만 명 사람들 가운데 50퍼센트 사람들이 택한 일정인 2주 미만 선교여행을 단기선교로 한정하겠다.[3] 하지만 여기서 다루는 많은 문제들은 더 긴 선교여행들에도 적용할 수 있다. 이 장에서는 특별히 그것이 미국 내이건 혹은 외국이건, 물질적으로 빈곤한 사람들의 구체적인 필요를 대상으로 사역하려는 선교사역에 집중적으로 관심을 기울이려고 한다. 그 다음에는 주체성 측면에서 단기선교의 장단점을 살펴보고 그 경험을 개선하기 위해 제안하는 것으로 이번 장을 맺겠다. 먼저, 모든 논의의 배경이라 할 수 있는 중요한 '문화 간 차이' 문제를 잠시 살펴보겠다.

상이한 문화를 대할 때 유념해야 할 점

단기선교를 나선 사람들이 코끼리처럼 행동하는 이유 가운데 하나는 선교 참가자들이 문화가 충돌할 때 어떤 일들이 나타나는지 모르기 때문이다. 옷이나 음식, 건축물이나 예술 등에서 볼 수 있는 문화 차이가 아니라, 눈에는 보이지 않지만 사람들의 예측 가능한 반응을 만드는 가치체계의 차이가 더 중요하다. 누가, 혹은 무엇이 그들 삶을 지배하는지, 그들이 겪는 위기와 불확실성은 어떤 성질인지, 권위의 조직이나 역할에 대해 어떻게 생각하는지, 시간의 본질이나 개인 대 단체의 역할에 대해 어떻게 이해하는지 등 가치체계는 다양한 내용들을 포함한다. 여기서는 지면 관계상 마지막 두 개 항목만 다루려고 한다.

전 세계 문화들은 시간에 대해 다양하고 대조적인 견해를 보인다. 단일(Monochronic)시간관은 시간을 얼마 존재하지 않는, 가치 있는 자원으로 이해한다. 여기서는 시간은 잃을 수도 있고 저축할 수도 있다. 시간을 잘 관리한다는 것은 일분일초를 최대한 이용해 무언가를 얻는 것이다. 이런 시간관을 대표하는 가장 유명한 속담은 "시간은 돈이다"이다. 알람 장치는 이런 시간관을 가진 사람들이 성공하기 위한 필수 도구이다. "시간을 아끼라"라는 성경의 명령은 매일매일 해야 할 일의 목록을 완수해가는 이미지를 떠올려준다.

시간에 대한 다른 이해는 다중(Polychronic)시간관이다. 이 시간관에서는 시간을 무제한으로 주어지는 자원으로 생각한다. 스케줄과 시간계획들은 우리가 어떻게 하루를 살아가느냐에 대한 지침일 뿐 큰 의미를 가진 것은 아니다. 임무를 완수하는 것보다는 깊고 의미 있는 인간관계를 형성하는 것이 우선이다. 다중적 시간관을 가진 곳에서는 상품과 서비스들이 덜 생산될지 모르지만 사람들은 더 깊은 공동체정신과 소속감을 가지고 산다.

그림 7.1은 다양한 나라들이 단일시간관과 다중시간관의 어디쯤에 위치하는지 보여준다. 미국은 극단적으로 단일시간적인 문화를 가지고 있지만 제3세계 나라들은 압도적으로 다중시간적인 문화권이다. 북미 내 많은 저소득층 흑인들과 남미계 공동체들도 중상층 북미 교회들과 북미인들보다 다중시간적인 시간관을 가지고 있다.

시간 개념

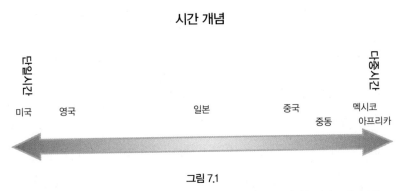

단일시간 　 미국　영국　　　　　일본　　　중국　멕시코
　　　　　　　　　　　　　　　　　　중동　아프리카　다중시간

그림 7.1

출처_ Craig Storti, *Figuring Foreigners Out: A Practical Guide*(Yarmouth, Me.: Intercultural Press, 1999), 82.

각 문화들은 삶을 형성할 때 개인과 그룹이 미치는 역할에 대해서도 다양한 견해를 보인다. 한쪽 끝에는 각 개인에게 내재하는 본질적인 가치와 고유성을 강조하는 개인주의적인 문화들이 있다. 이들은 모든 사람들이 가능한 한 평등하게 대우받아야 한다는 평등주의적인 견해를 지닌다. 이 문화 안에 있는 사람들은 개개인의 성공에 관해 "그들이 될 수 있는 최상의 인물이 되라"라고 가르침을 받는다. '이달의 종업원'이나 팀에서 MVP

가 되는 것은 긍정적인 효과가 있으며 동기부여를 하는 상으로 여긴다. 그런 문화의 교회들은 각 개인의 소명을 강조하고 그들이 받은 영적 재능들을 파악한다.

한편 집단주의적인 문화는 개인의 정체성을 무시하고 단체의 복지를 강조한다. 단체의 다른 사람들을 향한 충성심이나 그들을 위한 자기희생을 고귀하게 여긴다. 이런 문화권 사람들은 대가족, 부족, 고용주나 회사, 학교 등 그들이 속해 있는 다양한 단체들과 각별한 유대감으로 묶여 있다. 집단주의적 문화권 교회는 그들이 속한 외형적인 교회를 개인주의적 문화권 교인들보다 훨씬 중요하게 여긴다.

그림 7.2는 각 나라들이 개인주의와 집단주의 가운데 어느 곳에 위치하는지 보여준다. 여기서도 미국은 제3세계 나라들보다 훨씬 개인주의의 극단에 서 있다. 북미 내 많은 저소득층 흑인들이나 남미계 공동체들은 중상층 북미 교회들보다 훨씬 더 개인주의적 성향이 덜하다.

자아 개념

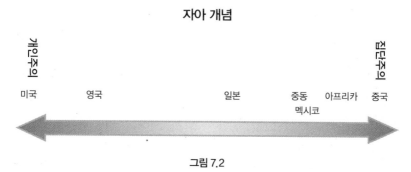

그림 7.2

출처_ Craig Storti, *Figuring Foreigners Out: A Practical Guide*(Yarmouth, Me.: Intercultural Press, 1999), 52.

시간에 대한 다양한 견해를 긍정하거나 비난하자는 것이 아니다. 앞에 나온 표들의 양극단에 대해서 성경은 긍정적인 견해와 부정적인 견해를 보인다. 여기서 말하려는 바는 우리 북미인들이 잘 이해하지 못하는 중요한 문화적 차이들이 존재한다는 것이다. 중요한 점은 북미 단기선교팀들이 이 같은 문화적 차이들을 무시하거나 북미 중상층의 문화적 규범들이 모든 문화보다 우월하다고 생각하는 자문화 중심 사고를 벗어나는 일이다. 그들은 자신들이 개인주의 쪽으로 맨 가장자리에 위치한 '극단적인 문화'에 속하며, 그래서 단기선교팀이라는 코끼리의 멋있는 춤에 대해 그들이 가는 지역 사람들은 전혀 다른 견해를 가지고 있을지도 모른다는 사실을 고려해야 한다.

단기선교사역이 가난한 공동체에 미치는 영향

이제껏 단기선교에 관한 대부분 논의는 그 경험이 선교팀과 그들을 파송한 교회에 어떤 영향을 미칠지에 관해서였다. 정작 선교 대상인 물질적으로 빈곤한 공동체들이 받는 영향에는 많은 관심을 가지지 않았다. 이 장에서는 이 책에서 소개한 개념들을 사용해 그런 영향들을 살펴보려고 한다.

가난한 공동체를 대상으로 하는 단기선교의 가장 큰 문제는 도와주는 입장에서 '가난은 결손 때문'이라는 생각, 즉 '빈곤은 가난한 사람들에게 무엇인가가 결여되어 있기 때문'이라는 생각을 가지기 쉽다는 점이다. 북미인들은 보통 '결여되어 있는 무엇'을 물질적 자원으로 여기지만 사실 지식이나 영성의 부족도 종종 같이 제기되어왔다.[4] 가난에 대한 이런 개념을 가진, 물질적으로 빈곤하지 않은 처지의 사람들은 '결여되어 있는 무엇인가'를 물질적으로 가난한 사람들에게 나눠주는 것을 빈곤경감의 방법으로 선택하게 마련이다. 2장에서는 이때 벌어지는 역학관계를 다음 등식으로 표현했다.

가난의 물질적인 정의	+	물질적으로 부유한 층의 신 콤플렉스	+	물질적으로 가난한 층의 열등감	=	물질적으로 부유한 층과 가난한 층 모두의 상처

빈곤을 무엇인가의 결여로 보는 이런 시각은 단기선교에서 특히 문제가 된다. 모든 것을 '주어야' 할 시간이 단 2주밖에 없지 않은가!

이와는 대조적으로 가난에 대한 좀 더 합리적인 접근은 물질적으로 빈곤하든 그렇지 않든 모든 사람들은 망가진 관계(비록 그 맥락은 다르지만)로 고통받고 있다고 이해하며, 양쪽 모두 예수 그리스도를 통해 삶을 회복해나가는 과정을 추구하도록 격려하는 것이다.

이런 이해를 배경으로 이제까지 이 책에서 논의한 관점에서 단기선교를 생각해보자.

단기선교사역과 구제·복구·개발

구제가 필요한 단계에서 행하는 단기선교는 별로 없다. 자연재해가 발생한 지역이라 하더라도 단기선교팀이 현지에 도착하면 '출혈이 멈추고' 복구단계가 시작될 때쯤일 것이다. 아니, 가난한 나라로 떠나는 단기선교사역은 재난이 발생하고 한참 지난 지역도 아닌, 장기적 개발이 필요한 만성적인 문제들을 겪는 지역으로 향하는 경우가 대부분이다. 불행히도 단기선교에 나서는 이들은 거의 현지상황을 미리 파악하지도 않고 적합하지도 않은 구제를 그들의 행동방침으로 정한다.

그 예로, 허리케인 카트리나가 걸프만 연안을 초토화시켰을 때 그리스도인들 수만 명이 재해를 당한 사람들을 돕기 위해 몰려갔다. 다양하게 도움을 제공한 그들은 분명 하나님의 몸 된 교회를 증거하는 아름다운 일을 했다. 그중 젊은이들로 구성한 어느 단기선교팀은 카트리나가 지나간 직후 바로 현장으로 달려가 도로를 정비하고 무너진 집들의 잔해를 정리했다. 그 후 1년이 지나 그 선교팀이 피해를 입어 파괴된 집들을 복구하기 위해 다시 그 지역을 찾았을 때는 떠나간 주민들이 속속 돌아왔다. 그런데 젊은 성인 남자들 몇몇을 포함한 가족이 사는 집의 보수를 도와달라는 부탁을 받고 선교팀이 매일 석고보드와 카펫을 뜯어내며 열심히 일하는 동안, 그 집 남자들은 느긋하게 앉아 일하는 모습을 하루 종일 지켜보고만 있었다.

그 선교팀의 첫 번째 선교여행은 필요한 순간에 적절히 실행한 구제였다. 하지만 두 번째 여행은 아무리 의도가 좋더라도 적절한 개입은 아니라고 본다. 그들이 봉사하러 간 집 식구들은 자신들의 집을 보수하는 데 참여할 수 있지만 그러지 않았다. 차라리 선교팀은 그 집에서 철수하여 자신들의 집을 보수하는 데 힘을 합하려는 다른 가정을 도우러 가는 편이 나을 것이다.

구제가 적절한 개입단계인 상황이더라도 단기선교팀이 구제하는 것이 적절하지 않을 수도 있다. 4장에서 논의했듯이 지역 단체들이나 사역자들이 구제할 능력이 있고 그럴 의향이 있다면 그들이 구제를 담당하게 하는 쪽이 낫다. 현지인인 그들은 누가 도움이 필요하고 누가 도움이 필요하지 않은지 알 수 있고 단기선교팀이 그곳을 떠난 후에도 계속 남아서 사역을 감당할 사람들이기 때문이다. 이와 동시에 단기선교팀은 독립적인 외부 단체가 아니라 지역 단체들에 소속되어 있다고 그들이 여기도록 해야 한다.

이제껏 논의한 문화적 차이들을 고려하면 대부분 상황들은 구제나 복구가 아닌 개발이 필요하다. 단기선교팀들은 전형적으로 단일시간관을 가지고 있으며 그들에게 허락된 2주간을 그들의 '임무'를 수행할 기회로 여긴다. 그래서 일분일초를 현명하게 사용해 최대한 많은 일들을 해내려 한다. 많은 선교 모임들을 주최하고 많은 건축 프로젝트를 완수하며 수백, 아니 수천 명에게 건강검진을 실시하려고 한다. 하지만 일들을 빨리 해내는 것이 개발을 의미하지는 않는다. 개발은 평생에 걸쳐 일어나는 과정으로 2주간에 걸쳐 결실을 볼 수 있는 것이 아니다.

단기선교팀이 단일시간관에 입각해 열심히 일하더라도 그들이 가 있는 곳의 문화는 다중시간관의 지배 아래 있어 사람들은 서두르는 법이 없다. 그들에게는 일을 마치는 것보다는 사람들을 사귀는 게 더 중요하다. 이런 상황은 단기선교팀에게는 큰 좌절감을 가지게 할 수 있는데, 해놓은 일도 없는데 시간만 흘러가는 것처럼 느끼기 때문이다. 그러다 보니 그리 오래지 않아 다중시간적인 문화 아래 사는 형제자매들을 깔보고 무능하다고 판단 내리게 된다. 그러면 온정주의가 끼어들게 마련이고, 그때부터 선교팀이 모든 일들을 떠맡아 진행하게 된다. 그러지 않으면 단기선교팀 입장에서는 최악의 상황, 즉 2주라는 시간 안에 이루어놓은 일이 아무것도 없는 상황이 벌어질지도 모르기 때문이다.

아데니(Adeney)는 이렇게 상황을 요약한다.

단기선교는 '이익을 보여줄', 미리 세운 목적을 달성할 기간이 아주 짧다. 여기에는 우리가 우상으로 섬기는 속도나 계량화, 구획화나 돈, 성취나 성공의 추구가 반영된다. 프로젝트를 사람들보다 더 중요하게 여긴다. 우물을 파고 50명이 개종한 사실이 중요하다. 그들을 파송한 교회에 전할 좋은 소식이 중요하다. 그들이 사용한 시간과 비용이 그만한 가치가 있다는 사실을 증명해야 한다. 목표 안에 일을 마치기 위해 그 사회에서 사용하는 기술보다는 외부에서 기술을 들여오고 마을 원로들과 오래된 관습, 서두르지 않는 태도보다는 개인적인 성취를 더 중요시한다. 우리는 신 나서 춤을 춘다. 아주 거대한 발을 가지고.[5]

"하지만 우리는 여행 기간 중 아주 훌륭한 인간관계들을 맺었어요. 그건 개발 절차에 적합한 일 아닌가요?"라고 반문하는 사람도 있을 것이다. 하나님은 성령을 통해 다양한 배경을 가진 신앙인들이 특별한 유대를 맺게 하시지만, 개인주의적인 북미인들은 집단주의적인 문화 안에서 얼마나 오랜 시간이 걸려야 이런 일이 가능한지는 간과하고 그들의 '새로운' 친구들과 가진 교제의 깊이만을 과장해 강조하는 경향이 있다. 가령 태국 출신 친구와 함께 한 주일 동안 어울려 지내는 것만으로 개인적이고 친근한 인간관계를 맺을 수 있다고 생각한다. 하지만 사실 그 태국 친구는 자신이 속한 '그룹'에 대한 깊은 충성심에 비교하면 북미 친구와의 관계를 아주 피상적인 만남으로 여기기 쉽다.

단기선교사역과 자산 그리고 필요에 기초한 접근방식

처음부터 한 공동체의 필요에 집중하는 것보다는 공동체가 지닌 자산에 집중하는 편이 낫다는 사실을 기억하라. 추가로 외부에서 어떤 자원들을 들여와야 할지 결정하기 전에 그 공동체에 속한 개개인들과 공동체 전체의 자연적·물질적·사회적·영적·지적 자산들을 파악하고 동원하는 일이 중요하다.

불행히도 단기선교팀들은 가능한 한 빨리 임무를 달성하기 위해 그들의 지식과 기술들, 물질적인 자원들을 가난한 공동체들에 전달하려는, '필요에 근거한' 행동양식을 보인다. 사실 단기선교팀들에게는 이미 어떤 자원들이 현지에 존재하는지 파악할 시간조차 없다. 그 결과 온정주의가 다시 고개를 들어 지역 자산을 훼손하는 결과를 초래하고 존재와 공동체 정신, 주체성의 빈곤을 초래한다.

예를 들어, 남미에서 가난한 공동체를 개발하려고 노력하는 토착민들 기구와 함께 일하는 미국인 멤버 이야기를 들어보자.

> 우리 단체의 원주민 직원은 매주 저소득층이 사는 마을에 가서 성경공부를 인도하고 있습니다. 열악한 마을을 장기적으로 개발하려는 우리 노력의 일환이지요. 하지만 그곳에 단기선교팀이 다녀가고 난 후로는 아이들이 우리 기구에서 하는 성경공부 시간에 도통 나타나지를 않습니다. 원주민 직원인 친구 말에 따르면, 우리가 하는 성경공부 시간에는 단기선교팀원들이 보여준 각종 신기한 물건들과 행사들이 없기 때문입니다. 우리는 그들처럼 아이들에게 선물들을 나눠주지도 못합니다. 아이들은 우리가 단기선교팀원들처럼 흥미 있거나 창의적이지도 않다고 생각한 것입니다.[6]

미국 단기선교팀들의 30퍼센트가 향하고 있는 남미에서 수십 년간 일해온 릭 존슨(Rick Johnson)도 비슷한 말을 한다.[7] 여름성경학교와 복음전도집회를 개최하고 교회와 학교, 가정집과 병원들을 건축하며 가난한 이들에게 물질을 나눠주려고 찾아오는 많은 단기선교팀들에 대해 그는 이렇게 기록한다.

> 현지어조차 하지 못하고 현지 교회 교인들이나 그들이 일하려는 공동체조차 제대로 이해하지 못하는 사람들에게 지시를 받는다는 모욕감과 온정주의에 속으로는 화가 나지만, 도와주겠다고 제의해오는 단기선교팀을 거절

하거나 그들에게 자신들의 속마음을 솔직하게 털어놓는 교역자들은 별로 없을 것이다. 주님을 의지하며 살아가려고 애쓰며 공동체에서 빛이 되고자 소망하는 교인들이라 해도 자신들의 책임을 떠맡기를 간절히 원하는 부유한 사람들에게 그 책임과 필요들을 넘겨주기가 쉽다. 이처럼 하나님이 주신 기회를 이용하고 의무들을 수행하려는 교인들의 주체적인 노력이 선한 의도를 가진 외부인들에 의해 무산된다.[8]

미묘하고 눈에 잘 띄지 않는 사항들도 있다. 단기선교팀의 개인주의적인 문화는 집단적인 문화권 내 사람들의 지식을 둘러엎는 결과를 가져올 수 있다. 예를 들어, 단기선교팀은 공동체 내 모든 사람들을 동등하게 대우해야 옳다고 여겨 식량을 나눠주더라도 모든 이들에게 공평하게 분배할 것이다. 하지만 어떤 공동체 문화를 가진 사회에서는 특정한 사람들에게 식량을 훨씬 더 많이 주는 것이 그들이 재정적으로 자립할 수 있게 도와주는 일이며 또 그들이 얻은 소득을 공동체 전체와 나눌 수 있게 해주는 일이 된다. 공동체에 근거를 둔 이런 방법들은 오랜 세월에 걸쳐 혹독한 환경과 투쟁해온 현지인들의 지식을 반영한다. 이 같은 현지인들의 지식을 발견하고 귀중히 여기지 않으면 단기선교팀들은 선한 일을 하려다가 뜻하지 않게 사람들에게 해를 끼치는 수가 있다.

2주라는 짧은 기간 동안 단기선교팀은 어떻게 그 지역에서 살아가기 위한 지식을 포함한 현지 자산들을 발견할 수 있을까? 그에 대한 대답은 쉽지 않다. 하지만 가장 좋은 첫걸음은 장기간에 걸쳐 자산에 기초한 개발을 지향하는 현지 사역들 일부로 활동하는 것이다. 단기선교팀은 자신들이 그 지역에서 수행하는 사역의 전반적인 전략에 부합하는지 여부를 살펴 기존사역의 효과를 저해해서는 안 된다.

참여지향적 개발의 관점에서 본 단기선교

6장에서 지역을 개발하는 데 주민들이 참여하는 것의 중요성을 살펴보았다. 상징적이거나 강요에 따른 참여를 넘어 가난한 사람들의 공동체와 교회, 가정들이 자신들의 삶에 대한 개입을 계획하고 실행하며 평가하게 해야 한다.

단기선교팀을 받아들이는 공동체와 교회, 기관들이 선교팀들이 무슨 일을 해야 할지, 어떻게 해야 할지를 결정하는 주체가 되어야 한다. 아니 그들이 단기선교팀을 파송해달라고 요구해야 한다. 많은 현장 사역자들이 그들이 속한 더 큰 기관들이나 교회, 후원자들로부터 단기선교팀을 받으라는 압력을 받는다. 하지만 연구 결과에 따르면, 선교팀을 받는 기관들은 차라리 그들에게 돈을 보내주기를 원한다고 한다.[9]

나도 개인적으로 만약 스위스에 있는 어떤 사람이 조지아 주의 130명 교인이 출석하는 작은 교회에 성경공부를 도와줄 13명 요원들을 파견하는 것과 그들을 파송하는 비용인 2만 5천 달러를 현금으로 주는 것 두 가지 가운데 하나를 선택하라고 제안하면 분명히 현금을 선택할 것이다. 그 2만 달러는 우리가 오랫동안 꿈꾸어오던 증축비용으로 사용하고 나머지 5천 달러는 성경공부 예산을 두 배로 늘리는 데 사용해 활기찬 성경공부 시간이 되도록 할 것이다. 물론 사람들이 오가는 데 따른 문화의 교환이나 우정 같은 부산물도 중요하지만 우리 교회가 장기적으로 부흥하려면 자금이 더 필요하기 때문이다. 만약 이번에 스위스 단기선교팀을 받아들이는 것이 앞으로 오랫동안 그들과 유대를 쌓고 더 많은 돈을 지원받을 수 있는 길이라면 우리는 그렇게 할 수도 있다.

단기선교팀에 대한 논의는 물질적으로 빈곤한 형제자매들의 마음속에 오갈지도 모르는 계산까지 반영해야 한다. 만약 그들이 솔직히 자신들의 마음을 털어놓을 사회적 · 정치적 · 경제적 힘이 있다면 우리는 그들의 속마음을 듣고 놀랄 것이다. 하지만 그들에게는 그럴 힘이 없다. 중상층 북미 교인들은 자신들의 힘이 스스로 생각하는 것 이상으로 국내외 형제들의 목소리를 억눌러왔다고 인정해야 한다. 힘을 가진 사람들은 잘 의식하지 못하지만 힘없는 사람들은 자신의 그런 처지를 뼈저리게 느낀다. 이런 문제는 단기선교사역보다 더 광범위한 문제이지만 단기선교도 분명히 그런 문제로 긴장이 감도는 곳이다. 의도하지는 않았지만 우리의 큰 발에 밟히는 생쥐가 있을지도 모른다.

자원의 효율성

단기선교팀은 그들이 향하는 공동체에 자신들이 미치는 영향에 대해 관심을 기울여야 한다. 사역의 목적은 우리가 아니다. 그들이다. 앞에서는 단기선교에는 좋은 점만 있는 것이 아니라는 점을 다루었다. 현재 단기선교운동의 장단점을 놓고 고려해야 할 문제가 또 하나 있다.

북미 교회는 점점 더 많은 국내외 그리스도인들이 자신들의 나라와 단체, 공동체 안에서 사역하고 있다는 사실을 유념해야 한다. 이런 현상은 교회가 크게 부흥하는 제3세계에서 더욱 확연하다. 하나님은 이들 원주민 그리스도인들에게 하나님의 나라를 확장하게 하려고 놀라운 재능과 뜨거운 열정을 허락하셨다. 그들은 외부인으로서는 아무리 뜨거운 열정을 가진다 해도 힘겨울 수밖에 없는 환경에서 장기간에 걸쳐 사역한다. 게다가 지역 문화나 말에 능통하기 때문에 외부인보다는 사역하는 면에서 훨씬 효과적일 수 있다. 그뿐 아니라 현지인 사역자들은 북미의 평균 수준에 비교할 때 그에 훨씬 못 미치는 급여를 받고 일한다.

이런 사역자들의 존재는 우리가 북미 단기선교회 자원의 효율성에 대해 심각하게 되묻도록 한다. 예를 들어, 아주 저명한 기구 하나는 아프리카 전역에 걸쳐 원주민 선교사들을 지원한다. 그들에게 1년간 들어가는 돈은 1년 월급 1,200달러, 산악자전거 250달러, 배낭과 유니폼 티셔츠, 침낭 구입비용 90달러, 총 1,540달러이다. 다른 유명한 기독교구제개발기구도 공동체에서 개발 관련 활동을 하는 사람들에게 연간 1,500~5,000달러 정도의 비용을 지불하고 그들을 고용한다. 이 금액들을 단기선교사역에 들어가는 비용과 비교해보라. 10~20명 정도 사람들을 2주 미만으로 현지에 보내는 데에는 보통 2만~4만 달러 정도 소요된다. 단기선교 한 팀을 1, 2주일 동안 현장경험을 시키는 데 들어가는 돈이면 좀 더 효율적인 원주민 사역자들을 10명 이상 1년 동안 일하게 할 수 있다. 낭비가 많다고 우리가 정부의 재정지출을 비난할 처지나 되는가? 이런 중요한 자원의 효율성 문제는 그저 가볍게 넘길 문제가 아니다.

단기선교사역의 필요성을 옹호하는 사람들은 거기에 들어가는 돈은 어차피 다른 용도로는 사용할 수 없다고 주장한다. 단기선교를 위한 자금을 출연해주는 사람들은 흔히 사역을 나가는 사람이거나 아니면 선교팀과 친분 있는 사람들로서 사역에 대한 깊은 관심보다는 일회성 선물처럼 비용을 대주는 것이기 때문에 원주민 사역을 위한 비용같이 다른 형태의 사역을 위해서는 나올 수 없는 돈이라는 말이다. 하지만 진정으로 이런 현실이 단기선교사역을 위한 재원 형성에 대한 진실이라면 정말 슬픈 이야기이다. 설교단이건 그 외 다른 곳에서건 하나님의 사람들은 하나님 나라의 자원을 효율적으로 사용하기 위한 도전을 받아야 마땅하지 않은가. 단기선교사역을 지원하는 것보다는 '개인적으로 연관'이 덜 되어 만족감이 덜할지는 모르지만, 자원을 좀 더 효율적으로 사용하는 방법을 지원하는 것은 남들의 이익을 위해 자신이 죽는 복음의 훌륭한 모델이 아닌가. 분명 이런 태도는 본인이 직접 만져보고 맛을 보며 경험해봐야 한다고 요구하는 현재의 문화적 요구와는 다르다. 하지만 복음은 하나님 나라의 확장을 방해하는 사회 규범에 맞설 것을 요구해왔다. 우리가 중요한 것이 아니다. 그분이 중요하다!

단기선교사역을 옹호하는 다른 사람들은 더 많은 사역을 위한 헌금, 장기 선교사들, 문화를 초월하는 우정 등을 내걸며 하나님 나라를 위한 더 큰 수익을 창출하는 투자로서 선교여행을 생각해야 한다고 주장한다. 언뜻 보기에는 이런 주장은 그럴듯하다. 선교여행에서 돌아온 많은 이들이 "내 삶은 변화되었습니다. 이제부터 저는 선교운동에 적극적으로 참여할 겁니다"라고 말한다. 많은 선교사들도 자신들의 장기간에 걸친 사역의 발단이 선교여행이라고 간증한다. 단기선교사역을 갔다 온 많은 이들은 자신들이 현지 공동체 사람들과 깊은 우정을 맺고 그것이 여행에서 아주 큰 의의가 되었노라고 말한다. 모두 진실한 마음으로 한 말들이지만, 선교여행이 사람들에게 미치는 장기적인 영향을 너무 과장한다는 증거들이 나타나고 있다.

칼빈 대학 사회학과 조교수인 커트 버 빅(Kurt Ver Beek)은 온두라스(Honduras)에서 20년이 넘게 활동했는데, 선교여행이 팀원들에게 미치는 장기적인 영향을 조사했다.[10] 그는 여행을 끝마치고 난 직후, 그들이 펼친 주장뿐 아니라 행동양식까지 살펴보았다. 그 자료에 따르면, 선교여행을 다녀온 사람이건 그들을 파송한 교회이건 장기적으로 선교를 위한 헌금이 확연히 늘어나지는 않았다. 장기간 사역을 수행하는 선교사들 수가 꽤 안정적이라는 사실에 비추어볼 때 선교사들이 늘어날 것이라는 주장도 신빙성 없는 말이다. 선교여행을 통해 우정이 형성된다고 하지만 여행이 끝난 후 현지에서 사귄 '새로운 친구들'과 그 어떤 연락이라도 주고받는 사람은 아주 소수이다. 한마디로 정리하자면 돌아오는 수익은 투자를 정당화할 수 없을 정도이다.

단기선교의 영향을 개선하기 위한 제안들

단기선교사역을 계획하고 멤버를 모집, 심사, 훈련하며 비용을 모으는 과정에서 여행에 관련된 모든 사람들에게 단기선교의 좋은 영향은 늘리고 해는 줄일 수 있는 많은 방법들이 있다. 많은 교회와 사역자들이 이런 방법들을 채택한다.

현장경험 설계

여행 자체의 전반적인 모양을 설계하는 데 충분히 관심을 기울여라. 몇 가지 팁을 제공하자면 다음과 같다.

선교여행을 주관하는 기관, 즉 단기선교팀을 받는 기구가 가난의 본질을 이해하고 적절한 빈곤경감의 기본원리들을 채택하도록 해야 한다.

주관기관 그리고 공동체 멤버들이 그들의 사역과 삶을 개선하려는 계획의 일환으로 단기선교팀을 요청했는지 확인하라. 그들은 단기선교팀을 파송하는 교회에 선교팀 파송 요청 말고도 다른 요청을 할 수 있는 선택권이 있어야 한다. 주관기관과 공동체 멤버들이 단기선교팀이 어떤 일을 해야 할지, 하지 말아야 할지를 결정하는 주된 결정자이어야 한다.

단기선교팀을 보내지 않을 수도 있다는 대안에 열려 있어라. 단기선교는 참여하는 이들에게나 그들을 받아들이는 모두에게 해를 끼칠 수 있다. 당신의 교회에 활력을 불어넣고 교인들을 좀 더 교회에 끌어들이기 위해 가난한 사람들을 짓밟는 일을 초래해서는 안 된다.

여행이 뭔가를 '하는' 것보다는 그저 그곳에 '있는' 것, 뭔가를 '배우는' 것에 초점을 맞추도록 만들라. 찾아가는 공동체의 구성원들 집에 머물고 그들과 교제하라. 하나님이 누구이신지, 그분이 어떻게 그들 삶에서 역사하시는지에 대한 주민들의 깨달음을 공유하고 그들에게 선교여행팀원들과 팀원들 교회의 연약함을 고백하고 기도를 부탁하라. 만약 그 지역의 그리스도인들이 물질적으로 빈곤하다면 이런 경험은 단기선교사역팀원들이 혹시 가지고 있을지도 모르는 '건강과 부의 복음'에 대한 믿음을 극복하게 하는 좋은 첫걸음일 수도 있다(2장 참조).

여행에서 무언가를 '할 때'에도 온정주의에 빠지지 않게 경계하라. 주민들이 스스로 할 수 있는 일을 하지 마라. 선교팀은 돕는 역할만 할 뿐 공동체 구성원들이 주로 일하게 하는 것이 중요하다. 따라서 공동체 구성원들이 의무를 다하지 않을 때 어떤 조치를 취해야 하느냐의 문제를 포함한 일련의 사안에 참고할 만한 역할과 권한 등 명백한 지침과 규율이 필요하다. 선교팀이 함부로 개입해 주민들의 책임을 떠맡아서는 안 된다.

단기선교팀의 구성원 수는 최소한으로 정한다. 그래야 현지 주민들과 더욱 많은 접촉을 할 수 있고 코끼리의 발처럼 피해를 끼치는 일을 줄일 수 있다.

팀원 모집과 심사

단기선교팀을 모집하기 위한 메시지와 절차들은 아주 중요하다. 모집 과정은 단기선교사역에 대한 사람들의 기대를 형성하고 어떤 사람들이 지원할지에 영향을 미치기 때문이다. 몇 가지 고려할 사항들이 있다.

'가서 그들을 도우라'라는 식의 메시지는 지양하고 '가서 배우자'라는 의미의 메시지를 사용해야 한다. 더 이상 지저분하고 슬픈 얼굴을 한 어린이를 내세운, '당신을 죽이고 가서 섬기겠습니까?'라는 팸플릿은 눈에 안 띄었으면 하는 바람이다. 그런 메시지는 사람들의 삶을 바꾸기 위해 단기선교팀이 얼마나 큰 희생을 해야 하는지, 그들의 도움이 없으면 현지의 가난한 사람들이 얼마나 속수무책일지만을 강조한다. 하지만 고작 2주 동안에 그런 엄청난 희생과 변화를 만들어내기는 거의 불가능하다.

가서 경험할 모험과 재미를 부각시키는 단기선교사역 모집광고를 하지 마라. 관광지 방문과 쇼핑 기회를 늘어놓는 단기선교사역 프로그램들이 늘고 있다. 그런 일들을 즐기는 것 자체에는 아무 문제도 없다. 다만 휴가를 '선교여행'이라고 이름 붙이거나 그런 여행을 하려고 자신들의 십일조나 헌금으로 경비를 충당하지 마라. 그런 짓은 현지에서 묵묵히 자신을 희생하며 사역을 감당하는 미국인 혹은 원주민 사역자들, 그리고 그곳의 가난한 사람들에 대한 모욕이다.

단기선교사역 명칭도 '비전여행'이나 '가서 배우고 돌아와 실천하자' 등으로 바꿔보자. 이런 이름들은 선교여행에 대해 장래 더 큰 열심을 북돋기 위해 배우는 경험으로, 그 자체가 목적이 아닌 더 큰 목적을 위한 수단으로 볼 수 있게 한다. 또한 선교여행에 대해 제대로 된 기대를 가지게 하는 것 외에도 사람들이 "이런 경험을 하기 위해 우리가 얼마나 돈을 사용해야 하는가?"라는 생각을 하게 한다.

단기선교사역을 더 큰 선교운동의 일부로 소개하지 않도록 주의하라. "선교를 지지하게 생각하고 있다면 단기선교사역부터 시작하십시오"와 같은 말을 흔히 들을 수 있다. 오랜 기간 선교사로 섬기는 많은 사람들이 선교여행을 해본 적이 없다는 사실에 비춰볼 때 그런 말은 크게 과장되었다. 더욱이 그런 말은 진지하게 선교나 공동체개발사역을 하는 데 필요한 사항들에 대한 그릇된 선입견을 심어줄 수 있다.

선교여행에 참가할 사람들에게 적어도 몇 시간에 걸쳐 분명히 그 여행에 대해 실질적으로 설명하는 시간을 마련하라. 그리고 그들이 여행을 실행으로 옮기기 전에 새로 알게 된 사실을 소화할 시간과 '여행에 들어갈 비용'을 따져볼 기회를 주어야 한다.

선교여행에 참여하려는 사람들에게 교회 내 또는 교회 외부에서 펼치는 활동에 적극적으로 참여함으로써 여행에 대한 그들의 의도가 진지함을 증명하라고 주문하라. 교회사역에 대한 참여도를 높일 수 있을 뿐 아니라 선교사역을 감당하는 첫 경험을 얻기 위해 비용이 많이 드는 선교여행을 떠나려는 사람들을 줄일 수 있을 것이다. 더욱이 대부분 우리는 문화적 장벽이 존재하지 않는, 우리가 익숙한 환경에서 사역을 감당하기가 더 수월하다. 그렇다고 그런 장벽들이 아무것도 아니라는 말은 아니다. 국내의 사회경제적인 차이조차도 우리가 넘어서야 하는 것처럼 이런 문화적 장벽들은 여전히 우리에게 중요한 문제이다. 그에 더해 개발에 집중하는 국내사역에 동참해보면 장기적인 변화에 따르는 어려움을 경험할 수 있다. 이런 역학관계를 경험한다는 것은 짧은 기간의 단기선교팀 같은 '외부인'이 성취할 수 있는 일들에 대한 현실적 감각을 가지게 해준다.

성공을 위한 훈련

'경험을 통한 학습'은 아주 강력한 효과가 있다. 단기선교사역을 개선해야 할 이유는 그 과정을 통한 학습이 장래 활동으로 연결되게 하기 위해서이다. 연구 결과에 따르면, 단기선교사역이 참가자들에게 긍정적이고 장기적인 영향을 끼치려면 여행 전과 여행 중, 여행 후 훈련 과정을 포함해야 한다.[11] 분명 단기선교사역이 가지는 모든 문제들의 만병통치약일 수는 없지만, 잘 짜인 훈련 프로그램은 팀원들이, 특히 도움을 받는 물질적으로 빈곤한 공동체들에게 성공적으로 사역할 수 있도록 하는 방법 중 하나이다. 훈련하는 데 투자를 줄이거나 초점을 잘못 맞춘 훈련 프로그램은 단기선교사역이 해로운 결과들을 낳게 만든다.

여행 전에 받는 교육을 권장사항이 아닌 필수사항으로 만들라. 그저 가고 싶다는 마음이 있고 그에 따른 재원을 마련할 수 있다 해서 선교사역 멤버가 되기에는 부족하다. 여행을 떠나기 전에 이런 일에 대해 시간을 내어 배울 마음이 없다면 여행 중이나 여행 후에 배우는 사람의 마음자세를 어떻게 유지할 수 있겠는가.

이제껏 이 책에 소개한 개념들을 요약해 훈련 과정에 포함시켜라. 모양만 다를 뿐 우리는 모두 가난한 사람들이라는 사실을 강조하라. 이런 내용 외에도 팀워크훈련이나 영적 준비, 몇 마디 기본적인 언어구사 능력과 함께 방문하는 나라에 대한 특별한 정보사항 등을 같이 훈련하라.

현장에서 하는 훈련 두 가지를 준비하라. 첫째, 팀원들이 출발하기 이전 훈련시간에 다루던 아이디어들 가운데서 현실로 다가온 사항을 숙고하고 토론하게 하라. 둘째, 여행 전 훈련시간에 소개한 주제들을 더욱 심화하는 과제를 부여하라.

여행을 마친 후에 이루어지는 학습도 매우 중요하다. 여행을 마치고 적어도 1년 동안에 걸쳐 잘 계획되고 권위 있는 학습기간을 마련하라. 그런 후속 학습은 그들이 선교여행의 정점에서 느낀 경험을 실제로 삶을 바꾸는 사건으로 만들기 위해 성경공부식의 방법을 사용한다. 잘 계획된 여행을 제대로 실천하고 난 후에 열심히 학습하게 하면 단기선교여행에 참여한 사람들의 삶에 큰 영향을 줄 수 있을 것이다.

여행경비 만들기

누가 무엇을 위해 비용을 내는가는 중요한 문제이다. 단기선교사역 지원자들 모두 일정 금액을 자신의 비용으로 충당하게 하라. 왜 그래야 하는가? 기억하라. 이는 세상을 구하기 위한 여행이 아니라 학습경험의 일부이다. 학습하는 사람들은 자신이 일정 부분 비용을 지불할 때 더 열심히 학습에 임한다. 여행기금 모금 행사에 몇 시간 참여하는 것으로는 교육적인 경험에 그들이 충분히 투자했다고 볼 수 없다.

당신이 여행경비에 드는 돈을 내는 만큼 행선지에서 건실한 공동체개발사역을 펼치는 기구들에게 기부하는 일도 한번 생각해보라. 원주민 선교사들이나 공동체개발가들의 봉급을 지불하는 것도 좋다. 하지만 원주민 교회 목사를 지원하는 것은 별로 좋지 않다. 자신들의 교회 목사 봉급을 마련하는 교인들의 책임을 무시하는 행위이기 때문이다. 거액의 돈을 작은 교회들이나 개개인들에게 주는 것보다는 장기간에 걸쳐 개발사역을 해온, 재정과 경영에 책임을 질 줄 아는 명망 있는 기관에 맡기는 편이 낫다.

—

축복이 될 수도 있는 단기선교사역

우리가 단기선교에 관해 몇 가지 문제들을 다룬 까닭은 그것이 '가치중립적'인 행위가 아니라는 사실을 보여주기 위해서이다. 단기선교는 유익을 끼칠 수도 있고 해를 끼칠 수도 있다. 만약 당신의 교회나 사역이 단기선교의 득과 실을 살피고 있다면, 당신의 전반적인 선교전략에서 단기선교사역이 어떤 역할을 맡거나 맡지 않아야 할지를 진지하게 고민해보고, 이 장에서 제기한 많은 문제들을 실천하도록 하라. 단기선교사역의 이익을 최대한 확대하고 가능한 해를 줄이는 데 큰 도움이 될 것이다.

다음 두 장은 사람들의 수입과 부를 늘리기 위한 다양한 '경제개발' 전략에 집중하면서 교회가 국내외 물질적으로 빈곤한 사람들에게 사역할 수 있는 또 다른 방법들을 다루려고 한다.

돌아보며

다음 질문에 답해보라.

1. 이 장 첫 부분 '들어가며'에서 제기한 문제에 대한 당신의 답을 다시 생각해보라. 그때와 지금의 답이 달라졌는가? 그렇다면 어떻게 달라졌는지 구체적으로 답해보라.

2. 당신 교회에서 계획하는 장래의 단기선교사역들을 생각해보라. 이 여행에서 개선해야 할 점 서너 가지를 나열하라. 당신은 교회에서 이런 변화를 어떻게 이끌어낼 수 있는가?

3. 단기선교사역보다 더 효율적으로 교회의 선교나 사역에 드는 비용을 사용할 대안이 있는가? 그런 대안들을 알아보기 위해 당신은 어떤 조치들을 취할 수 있는가?

WHEN HELPING HURTS

How to Alleviate Poverty without
Hurting the Poor and Yourself

들어가며

다음 질문들에 답해보라.

1. 어떤 이유로 당신의 교회는 지금의 자리에 있게 되었는가?

2. 당신은 어떤 이유로 지금의 거주지에 살게 되었는가?

3. 당신의 교회나 당신의 거주지에 가까이 살고 있는 가난한 사람들을 알고
   있는가?

8장

이웃 사랑, 전략적으로 시도하라

조니 프라이스는 44세로 직업이 없고 미국에 사는 흑인이다. 그가 여섯 살 때 아버지가 세상을 떠나 엄마가 가정부 일을 해서 받는 보수로 아이 열 명을 양육했다. 지금 조니도 혼자 매달 실업수당으로 받는 1,168달러로 두 아이를 키우지만 제대로 된 생활을 할 수가 없다. 하지만 이 같은 조니의 처지가 특별하지는 않다. 그가 사는 마을의 14.4퍼센트가 빈곤층으로 살아간다.

북미의 도심 빈민가의 가난은 처참할 정도인데, 조니가 사는 곳이 도심은 아니다. 그는 교외 주택가에 산다. 요즘은 교외 주택가에 조니 같은 사람들이 넘쳐난다. 그 가운데에는 시간당 6.25달러 급여를 받고 있으며, 살기 위해서는 무료음식배급처에 의지할 수밖에 없는 조디 같은 이들도 있고, 난방이 안 되는 차고에서 사는 로자 같은 여인도 있다. 그녀는 자신이 다니는 교회에서 절반이 넘는 사람들이 자신과 비슷한 처지라고 설명한다. 최근에 이민을 온 후아니타는 일주일에 70시간 가정부로 일하는데, 급여는 시간당 4.03달러를 받는다.[1]

미국 역사상 처음으로 도시보다 교외 지역에 가난한 사람들이 더 많이 사는 현상이 벌어졌다.[2] 원래 도심에 살던 사람들이나 새로 이민 오는 사람들이 저렴한 주거와 특별한 기술 없이도 일할 수 있는 일자리를 찾아 대거 교외 주거 지역으로 몰려들었다. 그 바람에 이곳에 위치한 교회들은 자신들도 모르는 사이 '가난과의 전쟁' 최전선에 위치하게 되었다. 애틀랜타(Atlanta) 주에서 30년 이상 도심사역을 해온 밥 럽튼(Bob Lupton)은 새로 벌어진 현상을 이렇게 설명한다.

> 과거에는 교외 주거 지역의 사회의식이 있는 교회 교인들은 가난한 사람들에게 봉사하기 위해 도시로 찾아가야 했죠. 그들은 도심사역을 하는 우리와 연계해서 집을 짓고 아이들에게 공부를 시키며 헌옷을 기증했어요. 그들이 도시로 찾아온 이유는 그곳에 가난한 사람들이 집중해 있기 때문이에요. 물론 도시에는 아직도 가난한 사람들이 많아요. 하지만 지금은 교외 주거 지역이 점점 가난해지고 있어요. … 출근하듯이 도시를 찾아와 하던 사역은 점점 줄어들고 있지요. 한때는 안정적이던 교외 베드타운 지역에, 백인들만 다니는 학교에 들어오는 새로운 주민들을 섬기기 위한 새로운 방법을 만들어야만 해요.[3]

교외 주거 지역에서 나타나는 빈곤은 전통적인 도심의 가난에 비해 눈에 잘 띄지 않는다. 주민들의 가난을 온 세상에 알리는 듯한 도심의 대규모 빈민 주거 지역들과는 달리 교외 지역의 가난한 사람들은 오래된 아파트단지나 트레일러촌, 1950년대 지은 벽돌주택 지역, 저소득층을 위해 쇼핑몰 뒤에 세운 주거지 등에 흩어져 산다.[4] 그래서 그들은 간과되기 쉽다.

물론 시간이 지나면서 그들의 존재도 점점 확연해질 것이다. 그렇게 되면 중상층 미국인들과 복음주의 교회들은 20세기 교회들이 가난에 시달리고 다양한 인종이 뒤섞여 살던 도심을 피해 도망쳤듯이 교외 주거 지역에서 도망치는 실수를 반복할 것인가?[5] 교회는 다시 한 번 가난한 사람들에게 "우리 동네는 안 돼!"라고 말하며 교회좌석들을 이삿짐 트럭에 싣고는 예수님이 그렇게 안타까워하시던 이들이 미치지 못하는 곳으로 도망할 것인가?

교외 지역에 새로 나타나기 시작한 가난한 사람들 말고도 도심의 빈민 지역에서 외곽의 애팔래치아 산맥 지역까지 빈곤이 널리 퍼지고 있다. 이제는 우리가 어디에 살건, 어느 교회에 다니건 가난한 사람들을 보려고 멀리까지 갈 필요가 없을 것이다. 북미 그리스도인들은 이런 현상에 어떻게 대처해야 하는가? 상황들이 제각각 다르겠지만 다음 장은 다양한 환경에서도 효과가 있는 몇 가지 경제개발 전략들을 다루려고 한다. 하지만 먼저 북미인들의 빈곤에 영향을 미치는 일반적인 경제환경을 고려해보자. 이 논의를 하면서도 우리의 궁극적인 목표를 잊어서는 안 된다.

물질적 빈곤의 경감

네 가지 근본관계들을 회복함으로써 사람들이 일을 하고 그 일의 소산으로 자신과 가정을 돌보게 하고, 이를 통해 하나님을 영화롭게 하는 그들의 소명을 다하게 하는 것이다.

망가진 제도들과 망가진 사람들

가난한 사람들은 흔히 힘 있는 사람들이 만든 제도에 매여 있다. 따라서 가난을 경감하기 위한 노력은 언제나 가능한 한 인간관계를 중시하는 방향에서 망가진 제도와 사람들을 모두 다루어야 한다. 북미의 상황에서 이런 일은 어떻게 진행해야 하는가?

3장에서 논의했듯이 의도적이든 그렇지 않든 수세기에 걸쳐 망가진 제도는 미국 흑인들의 빈곤에 빌미를 제공했다. 대부분 독자들은 역사적으로 그들에게 가한 압제 탓에 미국 인디언들이 빈곤한 처지에 이르렀다는 사실도 잘 알고 있다. 이런 사정은 20세기가 시작될 때 모든 사람이 공평한 위치에 있지 못했다는 것을 말해준다. 비록 현재는 눈에 띄는 차별이 없다 하더라도 많은 사람들이 금세기를 눈에 띄게 불리한 위치에서 시작하며 점점 통합되고 세계화되는 경제 제도에서 뒤처지게 만들었다.

세계화는 북미 노동자들을 제3세계 저임금 노동자들과 힘겨운 경쟁을 하도록 만들었다. 새롭게 세계경제무대에 등장하는 나라들은 제조산업 분야를 확장시켜온 세계의 가난한 사람들이 절실히 요구하는 일자리를 제공한다. 이런 추세에 맞춰 미국경제는 기본적인 제조업으로부터 서비스업이나 전문지식이 필요한 분야로 옮겨가면서 수준 높은 교육을 받은 인력들이 필요하게 되었다. 하지만 불행히도 그런 분야에서 일하는 육체노동자들의 일자리나 임금은 이전에 비해 줄어들고 있다. 결과적으로 북미의 육체노동자들은 더욱 압박을 받고 있으며 이런 추세는 지속되거나 심할 경우 앞으로 더욱 악화될 수도 있다. 전 세계적으로 통합되어가는 경제는 불안정성을 더욱 높인다.

이 장 처음에 소개한 조니 프라이스는 이런 환경에 처한 사람의 좋은 예이다. 조니는 노스캐롤라이나의 그린스보로에서 30분쯤 외곽에 위치한 직물공장에서 19년 동안 일했다. 시간당 19달러를 받았고 그 외 회사에서 주는 각종 혜택들로 중산층이 사는 동네에서 주택대출금을 갚으며 아이들을 양육하면서 별 부족함 없이 살았다. 하지만 몰아닥친 감원태풍에 일자리를 잃은 그는 근처 백화점에서 저임금을 받고 일하는 점원 신세를 벗어나는 데 필요한 기술을 습득하려고 동네 커뮤니티 칼리지를 다닌다.[6] 실업과 저임금, 종래의 고임금 생산직을 대체하는 서비스 분야 일자리들이 오늘날 미국인들을 가난으로 몰아넣는 가장 큰 원인들이다.

물론 실업 문제가 순전히 국내외 경제 제도의 문제 탓만은 아니다. 많은 가난한 사람들은 그들의 행동 면에서 취업하기에 어려운 문제점들이 있다. 이런 문제점들은 일을 하여 소득이 생기는 만큼 도리어 불이익을 주던 과거 복지 제도 때문에 악화된 측면도 있다. 그래서 1996년의 복지 제도 개혁안을 살펴보면, 계속해서 복지수당을 받을 수 있는 기간을 개인당 2년 이하로, 평생 동안 복지수당을 받을 수 있는 기간을 5년 이하로 줄임으로써 일을 해야 하는 동기를 부여한다. 게다가 수당을 받으려면 일을 하거나 일자리를 찾거나 직업훈련을 받아야 한다. 결과적으로, 일을 하는 것이 경제적인 생존을 위해 꼭 필요하고, 노동자들은 그들의 취업을 가로막는 개인적인 행동의 문제점들을 고쳐야만 한다.

노동자들이 갖추어야 할 기술

경제의 세계화는 강력한 교육 제도가 필요한데, 비단 직업을 위한 기술 습득만이 아니라 급격히 변화하는 세계경제에 노동자들이 적응할 수 있도록 일반기술들과 기본능력을 함양하기 위해서이다. 오늘의 일자리가 내일이면 사라질 수 있고 따라서 사람들은 그런 현실에 적응하고 다시 훈련을 받아 새로운 기술들을 습득할 수 있어야 한다.

애석하게도 미국의 사회적 불평등을 영속화하는 데 공교육에 대한 자금배정방식이 가장 큰 역할을 한다. 공립학교들의 대부분 예산은 주정부나 그들이 속한 지방에서 나오기 때문에 가난한 주나 지방에 있는 학교들은 학생당 지원받는 금액이 줄어들 수밖에 없다. 더욱이 정부나 주, 지방 재원을 학교들에 배분하는 방식이 가난한 지역의 학교에는 불리하여 기존의 불평등을 더욱 심화시킨다.[7] 그 결과 특정 지역 학생들에게는 다른 지역 학생들보다 1인당 300퍼센트 더 많은 예산을 집행하는 불균형을 초래한다.[8] 가난한 지역의 불충분한 학교 예산은 제대로 수업받지 못한 졸업생들을 배출하고 이들은 다시 낮은 급여를 받게 되어 충분한 교육세를 수세하는 데 장애가 된다. 이렇게 빈곤의 악순환이 계속 이어진다.

물론 자금 부족만이 낙후된 학교들을 만드는 것은 아니다. 빈민가의 허무주의 같은 '빈곤의 문화'를 통해 전파되는 죄로 어두운 마음, 왜곡된 세계관, 옳지 못한 가치체계 등이 부실한 학생들을 만드는 데 큰 몫을 담당한다. 하지만 수백 년에 걸친 인종차별을 포함한 지역적 · 전국적, 심지어는 세계적 세력들이 애초에 이런 빈민가를 형성하게 만들었다는 사실도 잊어서는 안 된다. 지금은 눈에 띄는 인종차별이 없더라도 과거의 해악이 미국 교육 제도를 통해 영구화되고 있다.

부의 축적의 중요성

경제의 세계화는 빈곤과의 투쟁에서 수입만이 아니라 부의 중요성을 부각시킨다. 수입은 한 가계가 임금과 이자, 배당 형태로 얻는 소득의 흐름이다. 그에 비해 부는 한 가계가 저축이나 유산으로 얻는 자산덩어리로 예금계좌와 주식, 채권과 부동산 등을 포함한다.

부를 축적하는 것은 빈곤경감에서 세 가지 중요한 역할을 수행한다. 첫째, 부는 조니 프라이스 같은 사람들이 직장을 잃었을 때 살아가기 위한 충격완화 장치로 작용한다. 대부분 경기침체 기간에 가난한 사람들이 먼저 일자리를 잃지만 계속 생활해나가는 데 필요한 자원은 갖추고 있지 못하다. 변동이 점점 잦아지는 경제환경에서 부는 어려운 시기를 견디기 위해 필요하다. 둘째, 부는 가외의 수입을 창출한다. 주식이나 채권은 배당금을 낳고 집은 가격이 올라간다. 자동차는 돈을 벌기 위해 일하러 나갈 때 기동력을 제공한다. 셋째, 저축을 하고 부를 관리하는 과정을 통해 사람들은 긍정적인 자세와 자기규율을 배우고 하루 벌어 하루를 사는 태도를 버리고 '내일을 대비하는' 투자지향 자세로 바뀐다.[9]

그런데 애석하게도 공공정책은 중상층 사람들이 부를 축적하는 데 유리하게 만들어진 반면 가난한 사람들이 부를 축적하기에는 불리하다. 중상층 사람들은 회사에서 직원이 불입하는 만큼 더 부금을 부어주고 연금을 받을 때까지 세금도 유예하는 퇴직연금저축제도에 가입하거나 주택대출이자 납입에 대한 세금공제를 받지만 가난한 사람들은 재산이 있으면 복지혜택을 받을 수 없다는 이유로 그나마 얼마 되지 않는 부를 다 없애버린다. 저금이나 투자를 하는 경우 그들은 복지혜택을 삭감당하는 벌을 받는다. 그 결과 많은 가난한 가정들은 경제적 충격에 매우 취약할 수밖에 없고 미래를 위한 재정계획 같은 일은 생각도 할 수 없다.[10]

2008년 세계를 덮친 서브프라임 모기지 사태는 엄청난 경제적 충격을 안겨주었다. 비양심적인 대출기관과 중개인, 평가인들이 정보가 어두운 주택 구매자들을 이용한, 망가진 제도의 모습을 생생히 보여주었다. 사실 예산을 세우고 미래 계획을 세우며 재정적인 거래를 하는 것에 대해 이해하는 능력이 부족해, 가난한 사람들은 그나마 있는 그들의 수입조차도 최대한 효율적으로 사용해 부를 축적하는 일을 하지 못한다.

주택과 의료

서브프라임 사태는 조니 프라이스 같은 사람들이 직면하는 제도의 또다른 오류를 보여준다. 저렴한 주택 부족이 그것이다. 육체노동자들의 임금과 취업기회는 점점 줄어가는데, 집세와 집값은 계속 상승해왔다. 서브프라임 사태가 오기 전에도 미국 저임금 가정의 47퍼센트는 주거비용으로 심각한 부담을 느꼈다. 즉, 수입의 50퍼센트 이상을 주거비용으로 사용하는데, 이를 제외하면 각 가정이 매달 식비로 지출할 수 있는 비용은 평균 257달러, 의류 구입비 29달러, 의료비 9달러에 불과했다.[11]

북미인들을 위협하는 중요한 제도의 문제가 또 하나 있다. 저렴한 의료 혜택을 받을 수 있는 기회이다. 2007년, 미국에서 일하는 성인들의 42퍼센트가 의료보험이 없거나 부분적으로 보험을 가입한 상태였다. 37퍼센트는 높은 의료수가 때문에 필요한 의료를 받지 못한다고 응답했다.[12] 사회경제적인 불평등도 엿보인다. 소수민족들과 가난한 사람들은 나머지 국민들에 비해 훨씬 열악한 의료환경에 놓여 있었다.[13]

결론적으로 북미의 가난한 사람들에게는 다음 사항들이 필요하다. 생활이 가능한 수준의 임금을 지급하는 일자리, 돈을 관리하는 능력, 부를 축적할 기회, 적절한 가격으로 공급되는 주택과 의료와 교육, 그리고 무엇보다 죄로 물든 마음이나 감정, 행동을 극복하기 위해 예수 그리스도의 몸 된 교회가 제공하는, 관계를 회복시키는 사역이 필요하다.

필요에 부응하기

이번에는 앞서 열거한 필요사항들 가운데 세 가지, 취업과 재정관리, 부의 축적에 대해 논의하려고 한다. 세 가지 모두 빈곤경감에서 '경제개발' 영역에 속하기 때문이다. 이들은 교육의 확대와 주거와 의료 제공 같은 사안들보다는 교회가 다루기에 훨씬 용이하다. 하지만 우리는 이런 서비스 제공도 아주 중요하다는 사실을 깊이 인식하고 있으며 어디에서인가 다른 교회들과 사역자들이 이런 문제들을 성공적으로 다루기를 간절히 바라 마지않는다.

취업과 재정관리, 부의 축적을 개발 측면에서 돕기 위한 교회의 개입은 각각 독특한 역할을 수행하지만 그럼에도 다음 면들에서 유사하다.

- 북미의 가난한 이들은 대부분 자신들의 삶을 개선하는 데 참여할 수 있으므로 구제보다는 개발의 방법을 사용한다.
- 경제 제도의 특정 측면들을 개선하거나 가난한 사람들이 기존 제도를 좀 더 효율적으로 사용할 수 있도록 한다.
- 가난한 사람들이 가지고 있는 기술들과 지성, 노동력과 규율, 경제력, 창의성, 용기를 이용하는, 자산에 기초한 방법을 사용한다.
- 가난한 사람들에게 사역을 계획하고 실행하며 평가하는 데 참여할 수 있는 기회를 준다.
- 복음에 대한 명료한 소개와 세계관을 다루는, 성경에 기초한 교육과정들을 이수할 수 있는 기회를 준다.
- 사랑과 지원, 격려를 해주는, 그래서 개개인의 존엄(자신과의 관계)과 공

동체정신(다른 사람들과의 관계), 주체성(다른 창조세계와의 관계)과 영적 친밀감(하나님과의 관계)을 회복하게 해주는 관계적인 방법을 사용하는, 교회에 기초를 둔 멘토들의 팀을 이용한다.

- '개발'을 창출하기 위한 시간적인 공간을 확보할 수 있도록 긴 시간에 걸쳐 시행한다.

직업준비사역

클라이브는 미국에서 가장 가난한 사람들이 사는 지역의 하나인, 테네시 주 멤피스 시내에 있는 클리어본(Cleaborn)과 풋(Foote)의 빈민가에서 성장했다. 많은 빈민가 사람들이 그렇듯이 갱 조직에 연관되어 마약과 폭력을 일삼고 감옥을 제집 드나들듯 했다. 총에 맞아 사경을 헤맨 적도 있다. 하지만 지금은 작년부터 일해온 대형철물점에서 '이달의 모범 점원'으로 선정됐다. 예수 그리스도를 섬기는 신실한 그리스도인이기도 하다.[14]

클라이브는 지난 10년 동안 클리어본과 풋 지역에 희망을 가져다준, 기독교사역기구인 어드밴스 멤피스(Advance Memphis)가 제공하는 '잡스포라이프'(Jobs for Life, JFL: www.jobsforlife.org)의 직업준비 프로그램을 2008년에 졸업한, 백 명이 넘는 졸업생들 가운데 한 명이다. 2008년의 첫 10개월 동안 어드밴스의 JFL 졸업생들 83명이 일자리를 얻었다. 어드밴스는 아무런 광고를 하지 않는데도 소문을 듣고 직업준비훈련을 받으러 오는 가난한 사람들을 돌려보내야 할 정도였다. 교육받고 싶어 하는 사람들에 비해 교육받을 수 있는 인원이 한정되어 있어서이다.

어드밴스 멤피스는 전국에 걸친 JFL 네트워크의 130개 지부 가운데 하나이다. 이들은 교회와 사역단체들의 도움을 받아 가난한 사람들이 직업을 구할 수 있도록 돕는다. 어드밴스 같은 JFL 지부들은 세 가지 사역요소들을 잘 배합해 사용한다.

첫째, 성경적 관점에서 '소프트 스킬'(soft skills) 개발을 강조하는, 가난한 사람들을 위한 교실 내 훈련을 한다. 소프트 스킬이란 확고한 직업윤리와 팀워크정신, 의사소통 능력 같은 일반적이고 비전문적인 능력들을 말한다. '하드 스킬'(hard skills)은 예를 들면, 자동차 정비공이 자동차 엔진에 대해 알고 있는 지식처럼 특정 직업에 필요한 전문지식을 말한다. JFL은 직업계획, 일의 본질적인 가치, 훌륭한 태도, 성실, 권위에 대한 존중, 갈등해결, 책임, 시간 엄수, 단정한 복장 등의 문제들을 다루는, 성경에 기반을 둔 커리큘럼들을 통해 소프트 스킬들을 개발한다.

둘째, '옹호자'들이라고 불리는 멘토들이 JFL 참여자들을 격려하고 지지해서 그들이 수업을 마치고 직업을 구해 삶을 제대로 살아갈 수 있도록 도와준다. 일대일 멘토를 받는 것도 가능하지만 아무래도 교회 멘토팀들이 더 오랜 기간 관계를 지속하며 조언할 수 있을 것이다. 멘토가 된다는 것은 녹록한 일이 아니다.

셋째, 기업들이 JFL 수료생에게 면접기회와 일자리를 주고 적합한 작업환경을 제공하겠다고 약속한다. JFL은 직업교육사역이 망가진 제도와 사람들의 네 가지 근본적인 관계들을 회복하도록 도와주고, 그럼으로써 사람들이 자신들의 일을 통해 하나님을 영화롭게 할 수 있도록 해준다. 또한 소프트 스킬을 가르치고 그들을 지원하는 제도와 일자리를 소개하는 네트워크를 갖춤으로써 가난한 사람들이 경제 활동을 할 수 있게 해준다. 이에 더해 성경에 기초한 교육과 직업훈련생들에 대한 관계적인 접근은 개개인들의 망가진 삶을 치유하는 효과가 있다. 결과적으로 전국에 걸쳐 JFL을 수료한 사람들의 80퍼센트 이상이 적어도 1년은 취업상태를 유지하는데, 이는 놀라운 업적이다.[15]

직업훈련에서 소프트 스킬의 학습은 빈곤한 사람들이 직업을 구할 때 아주 중요한 첫 단계이다. 복지수당으로만 생활하다가 처음 회사생활을 시작하는 사람들에게서 기업들이 가장 원하는 자질이 무엇인지 기업들을 대상으로 전국에 걸쳐 조사한 결과, 12개 긍정적인 자질들 중에서도 고용주들이 가장 원하는 3개 자질들은 그림 8.1처럼 나타났다. 각 막대들 옆에 있는 수치들은 그것들을 가장 중요한 세 가지 자질들 가운데 하나로 생각하는 고용주들의 퍼센트이다.[16] 소프트 스킬 훈련 과정을 통해 배울 수 있는 자질들을 가장 중요하게 여기는 반면에 하드 스킬 훈련 과정을 통해 습득되는, 특정 직업에 구체적으로 필요한 지식들을 가장 중요하지 않게 여긴다고 표시되어 있는 것을 눈여겨보라.

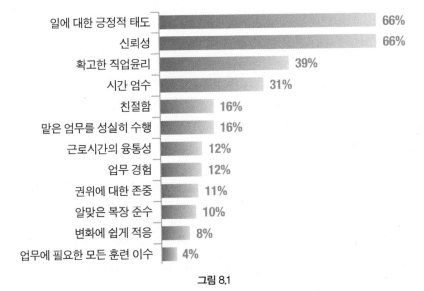

그림 8.1

Marsha Regenstein, Jack A. Meyer, and Jennifer Dickemper Hicks, *Job Prospects for Welfare Recipients: Employers Speak Out*(Washington, D.C.: Urban Institute, 1998), New Federalism Issues and Options for States, Series A, No. A-25, August.

직장생활로 처음 시작한 일자리들은 급여가 충분하지 않은 경우가 많다. 그래서 가난한 사람들은 임금을 향상시키기 위해 하드 스킬들을 계속 교육받아야 한다. 비록 교회는 그런 훈련을 제공할 능력은 없지만 가난한 사람들이 직업을 통해 장기적으로 추구하려는 목표들을 설정하게 하고 커뮤니티 칼리지나 직업학교들을 통해 그들이 계속 교육받도록 도울 수는 있다. 물론 다시 학교를 다니려면 경제적인 부담이 따른다. 그 문제는 부축적 과정에서 더 다루기로 하겠다.

재정교육사역

미국인 이삭은 20대 후반이며 흑인이다. 지금 그는 새로 머플러를 갈아야 할 낡은 미니밴을 타고 대출 브로커를 만나러 간다. 자동차 등록증과 키를 채권자에게 넘겨주면 600달러를 받을 것이다. 이달 말이면 그가 빌린 돈은 750달러로 늘어나는데 연이율로 따지면 300퍼센트가 넘는 금리이다. 만약 석 달 안에 갚지 못하면 그가 빌린 금액은 연이율 381퍼센트에 달하는 1,172달러로 늘어날 것이다. "내가 형편이 정말 이렇게 막막하지만 않다면 여기 오지도 않았죠. 사람들을 이렇게 등쳐먹는 곳에 온다는게 정말 수치스럽지만 그래도 아이들에게 꼭 들어가야 할 돈이 필요해서 온 거예요."[17)

이삭의 사연은 아주 흔하게 들을 수 있다. 빈민가는 부동산담보 대출브로커들, 가전제품 임대업자들, 급여 및 세금환급금 담보 대출업자들, 전당포, 자동차등록증담보 대출업자들 등 고리의 이자를 붙이는 대출업자들로 득실거린다. 일단 이들의 돈을 빌리면 빚의 수렁에서 헤어나기가 어렵다. 예를 들면, 200달러나 300달러를 급여담보 대출업자에게서 2주 동안 빌리면 연 400퍼센트가 넘는 이자가 붙는다. 대부분 대출받은 사람들은 만기된 대출금을 서너 번 연장해야 하는데, 그에 따라 비용은 더 추가되게 마련이다. 급여담보로 대출받는 사람들은 대출원금 325달러를 갚기 위해 평균 800달러를 사용한다.[18]

많은 사람들은 이런 대출조건들을 잘 이해하지 못하기 때문에 비양심적인 대출업자들의 명백한 사기에 희생된다. 조사 결과, 재정에 관한 교육을 제대로 받지 못한 것이 그런 술책들에 속아 넘어가는 큰 원인임이 밝혀졌다.[19]

최근 폭발적으로 증가하는 고리대금업자들이 없을 때에도 많은 가난한 사람들, 아니 대부분의 사람들은 자신들의 돈을 잘 관리할 수 있는 지식과 자제심이 부족했다. 지금 교회와 각종 단체들은 성경을 기초로 재정에 대한 기본교육을 사람들에게 할 수 있는 좋은 기회를 맞고 있다. 교육과정들은 기독교적인 관리능력, 예산 짜기, 목표설정, 저축, 부채감축, 가계부 쓰기, 십일조, 은행거래, 신용관리 등이 있을 수 있다. 모든 교회의 임원들은 재정교육을 제대로 시킬 수 있어야 한다. 훈련은 일대일이나 그룹 형태로 진행할 수 있고, 멘토들이 팀을 이뤄 교육받는 사람들과 장기적인 인간관계를 맺으며 책임감을 불어넣어 주는 사역을 감당한다.

가장 좋은 교육과정들을 선정하기란 쉽지 않다. 목표로 삼는 사람들의 교육수준, 교육을 받아야 할 내용, 문화적 특징들, 학습방식, 세계관 등을 잘 이해해야 한다. 다양한 사람들을 상대로 사역한다면 몇 가지 교육과정들을 운영하는 편이 좋을 것이다. 가장 이상적인 교육은 교육받는 사람들의 영적인 고통과 세계관 문제를 문화적으로 포용하는, 성경적인 내용들이 들어가 있어야 한다. 가난한 흑인들이나 인디언들, 남미 이민자들에게 중산층 백인 사진들이 가득한 교재를 사용한다면 그들의 자존감을 높이는 데 별로 도움이 되지 않을 것이다. 목표로 삼은 청중들에게 잘 맞도록 교육과정들을 비용을 들여서라도 변경해야 한다.

재정교육사역을 하는 사람들은 교육받는 사람들이 근로소득세액공제 (Earned Income Tax Credit, EITC)를 사용하게 도와서 그들의 저임금 문제를 조금이나마 완화시킬 수 있다. 1975년에 시작한 EITC는 사람들이 받는 임금에 대한 세액공제를 해주는 제도이다. 뿐만 아니라 근로자가 전혀 소득세를 내지 않아도 연방정부는 그에게 세금을 환불해준다. 현재 두 명 이상 아이를 부양하는 저임금 노동자는 세액공제를 40퍼센트 받을 수 있는데, 가령 그가 시간당 8달러 임금을 받는다면 정부로부터 가외로 3,2달러씩 시간당 임금으로 더 받을 수 있다. 그의 임금이 상승함에 따라 이런 혜택은 줄어들지만 전반적인 혜택은 상당한 금액에 이른다. 예를 들면, 시간당 8달러를 받고 일하는 가장이 1년에 받는 급여는 총 16,000달러로 네 명 가족의 경우 빈곤선 아래에 속한다. EITC는 이 가정에게 연 4,536달러를 제공해 그들이 빈곤선 이상으로 올라오게 한다.[20]

EITC는 가난한 사람들이 일을 함으로써 자신과 가족들을 부양할 수 있도록 경제환경을 바꿔준다. 이 제도는 미국 양당의 전폭적인 지지를 받으면서 점차 확대되어 현재는 저임금 근로자 가정들에 대한 미국정부의 가장 큰 지원 프로그램이 되었다. 2003년 한 해 동안 EITC는 440만 명의 경제수준을 빈곤선 이상으로 끌어올렸고, 그들 가운데 과반수가 다름 아닌 아이들이었다. EITC가 없다면 빈곤선 아래 아이들이 25퍼센트 더 증가했을 것이다.[21]

안타깝게도 EITC의 혜택을 받을 수 있는 사람들의 15~25퍼센트 사람들이 자신들의 권리를 사용하지 못하고 있다.[22] 많은 사람들은 그런 제도가 존재한다는 사실조차 알지 못하며, 또 설령 안다 해도 어떻게 이용하는지를 모른다. 교회는 재정교육사역의 일환으로 사람들이 EITC에 신청

서류를 내도록 도와줌으로써 큰 유익을 끼칠 수 있다.

부축적을 위한 사역

베라리사는 보석세공사로 일하면서 자신과 두 자녀가 정부가 제공하는 복지혜택에서 벗어나기 위해 노력해왔다. 하지만 그녀의 연 수입은 6천 달러도 되지 않고, 아마도 보석세공에 사용하는 독성화학물질들 탓인지 암에 걸렸다는 진단까지 받았다. 한 정부지원기관이 그녀를 텍사스주 휴스턴에 있는 종교 관련 단체인 커버넌트 커뮤니티 캐피탈(Covenant Community Capital)에 소개했다. 그 단체는 저임금 근로자 가정들에게 돈을 관리하고, 시간이 지나면서 가치가 불어나는 자산들을 취득하는 기술들을 가르쳐 그들이 가난의 악순환에서 벗어나도록 도왔다.

베라리사는 저임금 근로자 가정들에게 그들이 저금하는 액수의 반 정도에 해당하는 돈을 덧붙여주는, 커버넌트 커뮤니티 캐피탈의 개인개발계좌(Individual Development Account, IDA) 프로그램에 등록했다. 그래서 힘들여 번 돈의 일부를 저축하고 IDA 프로그램의 필수조건인 개인재무교육을 이수하고 주택구매준비 수업을 들었다.

그녀는 15개월 후 프로그램을 수료하고 저금한 돈에다가 커버넌트 커뮤니티 캐피탈과 다른 기관들이 지원한 돈을 계약금으로 마련해 생애 처음으로 5만 2천 달러짜리 집을 구매했다. 그 뒤로 자신감이 생겨 계속해서 수입을 늘려갔고 휴스턴 대학 강의도 들었다. 3년이 지난 지금 그녀의 암은 증세가 호전되었고 부동산대출금도 완제했다.[23]

이처럼 IDA 프로그램은 가난한 사람들이 소득을 저축하도록 장려해 부를 축적하게 돕는다. 주택이나 자동차 구매, 사업자금 준비, 교육비에 사용된다는 전제하에 가난한 사람들이 저축한 돈에는 100퍼센트에서 30퍼센트까지 장려금이 붙는다. 그들의 예금에 비례해 지급하는 돈은 애초 의도대로 사용하도록 자산을 파는 사람들, 예를 들면, 부동산담보대출을 하는 은행에 지급한다. 이 돈은 교회나 개인기부금, 기금이나 금융기관들, 연방 혹은 지방정부들로부터 나온다.

프로그램에 참여한 사람들은 보통 2, 3년 저축하는 동안 예산을 짜고 자금을 관리하는 능력을 배양하기 위해 재정교육을 받는다. 게다가 소기업경영이나 주택관리 같은, 그들이 구입하려는 자산에 관계된 교육을 더 받기도 한다.

분명 개인개발계좌가 성공하려면 가난한 사람들이 기꺼이 저축할 수 있어야 한다. 이는 14개 프로그램에 참여하던 2,364명을 4년 반 동안 체계적으로 추적조사한 끝에 밝혀낸 사실이다. 이 연구 결과, 개인이 매달 저축하는 금액의 평균은 19.07달러이고 열두 달 가운데 여섯 달만 저축할 수 있다. 그들의 예금에 덧붙는 지원금까지 계산하면 매년 약 7백 달러를 저축할 수 있다. 개인연금에 가입한 일반인들처럼 자신들의 저축에 장려금이 붙는다면 가난한 이들도 그들에게 꼭 필요한 부를 획득하기에 충분한 금액을 저축할 수 있다.[24]

IDA 프로그램은 젊은 사람들이 저축하는 습관을 들여 미래를 위한 계획을 세우는 데 사용할 수도 있다. 젊은이들을 겨냥한 역동적인 창업자과정과 재무교육과정들도 저축액에 상당한 지원금을 제공하는 사역의 보조과정으로 쓸 수 있다.

이 프로그램은 대부분 교회에서 시행할 수 있다. 1~5명 정도의 참가자들만으로도 프로그램을 운영할 수 있기 때문이다. 집사나 사역인도자들이 프로그램을 운영하고 교회 성도들이나 다른 교회들의 도움을 받아 자금을 만들 수도 있다.

그런데 모든 연령대를 대상으로 효율적으로 부를 축적하게 하는 프로그램이지만 단순히 그것으로 끝이 아니다. 보통 수년간 지속되기 때문에 멘토를 하는 사람들과 프로그램 운영자들은 프로그램에 참가한 사람들과 충분히 회복을 도모하는 인간관계를 할 기회를 얻는다. 즉, 프로그램에 관계된 모든 사람들은 자신들의 존엄성에 대한 새로운 인식을 가지며 새롭게 희망을 품고 새로운 행동양식을 지니며, 무엇보다 예수 그리스도의 구속을 경험한다.

돌아보며

다음 질문에 답해보라.

1. 이 장 초입의 '들어가며'에 있는 질문들에 대한 당신의 대답을 다시 생각해보
   라. 당신 교회의 위치는 중상층 가정들과 교회들이 도심을 버리고 교외 고급주
   택가로 탈출할 때 정해지지는 않았는가? 가난한 사람들에 대한 성경적인 공의
   의 관점에서 당신과 당신 교회는 이런 상황에 어떻게 반응해야 하는가?

2. 당신의 교회에서 가장 가까이 사는 빈민들을 찾아보라. 정부복지담당부서나
   비영리사역단체들, 부동산업자들에게 그들의 소재를 물어보라. 온라인에서
   인구통계자료를 검색해도 좋다.

3. 가난한 사람들이나 공동체를 찾은 후에는 5, 6장에 나온 개념들과 방법들을 사
   용해 그들과 관계를 발전시켜나갈 방법들을 생각해보라.

4. 당신이 알고 있는 실업가들을 향해 가난한 사람들에게 일자리를 줄 용의가 있
   는지 물어보라. 그들이 긍정적인 대답을 하게 하려면 당신의 교회는 어떤 조처
   를 취할 수 있는가?

5. 정원을 돌보거나 청소, 보수 등 아무 일이라도 당신의 교회는 가난한 사람들에
   게 임시로 일자리를 줄 수 있는가?

6. 근처 빈민가를 차로 지나면서 부동산담보 대출브로커들, 가전제품 임대업자
   들, 급여나 세금환급금 담보 대출업자들, 전낭포, 자동차담보 대출업자들이
   얼마나 영업하는지 조사해보라. 그들에게 직접 대출조건을 물어보라.

7. 직업준비훈련과 재정교육, 부축적 사역을 실시하기 위해 더 교육을 받아야 할
   지 생각해보라. 교육자원과 교육기회들은 챌머스 경제개발연구소에서 도움을
   받을 수 있다(www.chalmers.org).

들어가며

제3세계의 교회나 선교사, 소규모 사역단체들에게 다음 질문을 해보라.

1. 그곳의 가난한 사람들에게 돈을 빌려준 적이 있는가?

2. 상환을 받는 데 애먹은 적은 없는가?

3. 그 과정에서 어떤 성공과 실패를 경험했는가?

9장

일어나 자리를 들고 걸어가게 하라

1976년, 당시에는 거의 무명에 가깝던 한 경제학 교수가 끔찍한 흉년을 겪는 방글라데시의 한 시골마을을 방문했다. 그곳에서 그는 가족을 먹여 살리려고 대나무로 의자를 만들어 파는 수피야란 여인을 만났다. 수피야는 옴짝달싹도 못하는 상황이었다. 재료를 구입하기 위해 매일 22센트를 빌려야 하지만 담보물도 없을뿐더러 그녀가 원하는 대출금 규모가 너무 작아 은행들은 돈을 빌려주려 하지 않았다. 달리 방도가 없어 할 수 없이 지역 고리대금업자들에게 돈을 빌렸는데, 터무니없는 액수를 이자로 지불하고 나면 하루 열두 시간 일하고 수중에 떨어지는 돈은 고작 2센트였다. 이런 사정은 수피야의 이웃들도 마찬가지였다. 그들은 일주일에 10퍼센트(연이율로는 520퍼센트)에서 하루 10퍼센트(연이율로는 3,650퍼센트)에 달하는 이율로 돈을 빌려 썼다. 경제학 교수는 호주머니에서 27달러를 꺼내 수피야의 이웃 주민들 41명에게 빌려주었다. 놀랍게도 그가 빌려준 돈들은 모두 정한 기한에 정확하게 그에게 다시 돌아왔다.[1] 흔히 알려진 생각과는 달리 가난한 사람들에게 돈을 빌려주고 상환을 받는 일이 가능했다.

35년 후 그 경제학 교수, 무하마드 유누스 박사(Dr. Muhammad Yunus)는 노벨상을 수상하고, 그가 방글라데시 빈민들에게 돈을 빌려주려고 1976년 설립한 그라민 은행(Grameen Bank)은 758만 명에게 74억 달러를 대출해주었다. 그라민 은행의 대출금 가운데 98퍼센트가 상환되는데, 이는 그라민 은행 자원이 방글라데시 빈민들에게 계속 다시 대출될 수 있음을 의미한다.[2] 무엇보다 유누스 박사를 본떠 전 세계적으로 소규모 금융(microfinance, MF)운동이 일어나 2015년 말까지 극빈자들 1억 7,500만 명에게 대출 및 다른 금융 서비스들(저축과 보험 등)을 제공할 예정이다.[3] '소규모기업 개발'(microenterprise development)이라고도 불리는 소규모 금융은 정말로 제3세계에서 가난한 사람들에게 경제적인 회복을 가져다주는 최고의 방법 가운데 하나가 되었다.

보기보다는 어려운 소규모 금융

그레이스 펠로우십(Grace Fellowship) 교회는 북미의 교외 주택가에 위치한다. 수십 년 동안 우간다 서부 지역 교회들을 도와 그 교회들이 그 나라 사람들의 영적·물질적 요구들에 부응하게 하려고 노력해왔다. 그레이스 펠로우십 교회는 몇 년 동안 많은 돈을 사용해 우간다에 교회를 짓고 고아원을 경영하며 목회자들에게 급여 지불하는 일을 돕고 있었다.

교회 교인이던 사업가 존은 우간다에서 교회가 벌이는 사역에 좌절감을 느끼기 시작했다. 비록 성경이 그레이스 교회의 부를 우간다의 자매교회들과 나누라고 명한다고는 생각하지만 그 모든 일들이 마치 끝도 없는 블랙홀에 투자하는 것처럼 느껴졌다. 수십 년 동안 도움을 주지만 우간다의 교회들은 재정적인 자립과는 거리가 멀었다. 교인들은 여전히 가난하고 공동체들도 계속 빈곤하며 목회자들과 교회 직원들은 그레이스 교회 기부금을 계속 기대했다. 영원히 끝나지 않을 일 같았다.

그럴 때 그라민 은행에 관한 소식을 알게 되어 존은 매우 흥분했다. 그레이스 교회도 그라민 은행처럼 우간다 교회들 안팎으로 가난한 사람들에게 작은 액수로 대출을 해주면 어떨까? 아주 훌륭한 사역일 뿐 아니라 그렇게 해서 사람들 수입이 증가하면 헌금액도 늘어날 테고, 결국에는 목회자와 교회 직원들 월급은 물론 교회사역을 위한 자금까지 자급자족할 수 있을 것이다. 대출금은 계속해서 다시 대출될 수 있으므로 그 프로그램은 영구적으로 지속될 것이다. 존은 드디어 블랙홀을 메울 방법을 찾아낸 것만 같았다.

존은 이런 생각을 선교위원회의 다른 회원들에게 알려주었고, 그들은 모두 기꺼이 동조했다. 몇 달 후, 2주일간 일정으로 우간다를 방문한 존은 그곳 교회들이 힘을 합해 소규모 금융 프로그램을 세우도록 도왔다. 그후 2만 달러를 주어 대출업을 시작하게 했다. 6개월이 지났을 때 그가 넘겨준 돈은 모두 대출이 되었다. 12개월이 지났을 때 상환되는 대출은 거의 없고 우간다의 교회들은 소규모 금융 프로그램을 계속할 수 있도록 자금을 보충해달라고 요구했다. 블랙홀은 오히려 이전보다 더 커져버렸다.

몇몇 예외가 있을지는 몰라도 그레이스 교회 이야기는 아주 흔한 경우이다. 많은 북미의 교회들과 선교사들, 사역단체들이 전 세계에서 소규모 금융을 시도해왔다. 불행히도 그들은 그라민 은행을 흉내 내는 것이 생각보다 훨씬 힘들다는 사실을 깨달았다. 대출금이 회수되지 않아 사역에 드는 예산을 집행하는 데 차질이 생기고 결국 몇몇 프로그램들은 파국을 맞았다. 그 과정에서 관계된 많은 사람들이 상처를 받게 된 것은 물론이다. 북미의 교회와 사역단체들, 선교사들, 제3세계의 협력교회와 사역단체들, 그리고 무엇보다 당사자들인 가난한 사람들이 가장 큰 상처를 입었다.

이번 장에서는 제3세계 가난한 사람들이 직면한 경제적 환경을 알아보고 교회들과 선교사들, 사역단체들이 경제개발을 통해 그들의 삶에 큰 영향을 끼칠 수 있도록 세 가지 방법을 제시하려고 한다. 첫째, 적절한 형태의 소규모 금융을 사용하라. 둘째, 소기업경영과 가계운영 등과 관련된 주제의 훈련을 제공하라. 셋째, '사업을 사명으로' 하라. 하지만 이 모든 논의를 하면서도 항상 우리의 궁극적 목표를 잊어서는 안 된다.

> ### 물질적 빈곤의 경감
> 네 가지 근본관계들을 회복함으로써 사람들이 일을 하고 그 일의 소산으로 자신과 가정을 돌보게 하고, 이를 통해 하나님을 영화롭게 하는 그들의 소명을 다하게 하는 것이다.

망가진 제도들과 망가진 사람들

망가진 경제 제도는 물질적인 빈곤에 일조하는데, 이는 제3세계를 보면 명확히 알 수 있다. 그곳에서는 실업률이 하늘을 찌르고 26억 명이 하루 2달러가 안 되는 돈으로 생계를 유지한다.[4] 대부분 빈곤은 아주 만성적이며 구제가 아니라 장기간에 걸친 개발이 필요하다(4장 참조).

대부분 경제학자들은 제3세계에서 경제성장이 일어나려면 대규모 제조업을 일으켜야 한다고 주장한다. 거기서 창출되는 일자리들이 가난한 사람들에게 돌아갈 테고 그래서 물질적인 빈곤이 사라질 것이라는 말이다. 그런데 문제는 제3세계에서 인구가 증가하는 것만큼 빠른 속도로 제조산업이 생기지 않는다는 데 있다. 그 결과, 많은 빈민들이 소규모 자영업이나 농사 또는 10인 미만 영세사업체에서 일한다.

연구원들과 실천가들은 가난한 농부들과 영세사업체들이 겪는 가장 큰 고충은 장비와 기타 투자를 위한 자본의 부족이라고 믿는다. 재래적인 의미의 은행이 없는 지역들이 많고 설령 그런 은행들이 있다 해도 가난한 사람들에게 대출해주고 저축계좌를 열어주는 것은 이익이 남지 않는다고 기피한다. 그 결과 대부분 사람들에게는 대수롭지도 않은 저축과 대출 서비스가 농장과 영세산업을 영위하기 위한 자본이 절실한 가난한 사람들에게는 손이 미치지 못하는 혜택들이다.

은행을 이용할 수 없는 수피야처럼 가난한 사람들은 엄청난 고리를 요구하는 사채업자들에게 돈을 빌릴 수밖에 없다. 돈을 모을 때도 매트리스 밑에 돈을 감추는 등의 방법을 사용할 수밖에 없지만 쉽게 분실할 위험이 있다. 그렇게 돈을 모으다 보면 소문이 나게 마련이고 조금이라도 돈이 모일라치면 돈이 궁한 친척들이 빌리려고 나타난다. 그런 위험들을 피하려고 집 밖에 돈을 두기 위해 그들이 찾아가는 민간저축업자들은 돈을 '안전한 곳'에 보관하는 대가로 연이율 80퍼센트의 수수료를 요구하기도 한다.[5] 그렇게 해서 10달러를 1년 동안 저축해놓으면 수수료를 차감하고 2달러를 돌려받는다.

그런데도 가난한 사람들이 그런 서비스를 이용하는 이유가 무엇인가? 그들은 농장을 경영하거나 영세한 산업을 이끌어가는 데 필요한 쌈짓돈을 모으려고 대출이나 저축 서비스를 이용한다. 그런 돈이 없다면 아기들에게 먹일 약도 구입할 수 없고 관혼상제를 감당할 수도 없다. 아이들을 교육하기도 불가능하고 지붕이 새도 보수할 수가 없다. 그들에게는 빌리든 저축을 하든 돈이 있어야 한다.

요약하자면 제3세계의 망가진 제도들은 그곳에 사는 사람들이 일을 통해 자신과 가족을 부양하는 일을 불가능하게 만든다. 그런데 여기서 중요한 사실이 있다. 망가진 것은 제도만이 아니다. 우리 모두와 마찬가지로 가난한 사람들도 죄로 치닫는 자신들의 마음과 왜곡된 세계관, 비도덕적인 행위들로 고통을 겪는다. 이런 사정은 제쳐놓고 제도의 잘못에만 집중한다면 빈곤경감을 위해 반드시 필요한 관계들의 회복을 기대할 수 없다. 복음과 또 그 복음이 그들 자신과 하나님, 다른 사람들, 기타 창조세계와의 사이에서 가지는 의미를 분명하게 제시해야 하고 복음이 모든 빈곤을 줄이려는 노력의 모델이어야 한다. 특히 3장에서 논의했지만, 제3세계에서 벌어지는 많은 사역들은 정령신앙들에 맞서서 사람들이 운명론에 빠지지 않도록 노력해야 한다.[6]

소규모 금융 혁명

무하마드 유누스의 그라민 은행은 일부나마 망가진 금융제도를 고칠 수 있다는 사실을 보여주었다. 돈을 빌리려는 사람에게 그가 속할 대출 모임에 가입하게 한 후 그 모임에 속한 사람들이 서로 대출보증을 서게 함으로써, 그라민 은행은 가난한 사람들에 대한 대출이 부실화되지 않을 수 있음을 증명했다. 또 충분한 액수를 대출해주면 거기서 나오는 이자로 은행의 영업비용을 충당할 수 있다는 것도 보여주었다. 즉, 그라민 은행은 가난한 사람들에게 돈을 빌려주면서도 망하지 않고 살아남을 수 있는 은행의 가능성을 보여주었다.

그레이스 펠로우십 교회의 존처럼 유누스의 성공 이야기를 들은 기부자들과 단체들은 한껏 고양되었다. 고아원 같은 곳에 끝없이 그냥 돈을 대주는 것보다 계속 반복해서 대출해주는 소규모 금융처럼 영원히 자금 흐름이 가능한 곳에 돈을 기부할 수 있게 된 것이다. 그 결과, 그라민 은행 같은 소규모 금융기관들이 제3세계 전역에 우후죽순으로 생겨났다. 소규모 금융기관들은 기부자들과 가난한 사람들을 대상으로 하는 투자자들에게서 기금을 모아 돈을 빌려주고 상환받은 돈을 다시 빌려준다. 이전에는 고리대금업자들에게 돈을 빌리던 많은 가난한 사람들이 그들을 통해 저리로 돈을 빌릴 수 있게 되었다.

그라민 은행 같은 금융기관들이 성공하려면 무엇이 필요할까? 많은 전문지식도 필요하지만 무엇보다도 기존은행들처럼 소규모 금융기관도 오랫동안 망하지 않고 영업할 것이라는 확신을 고객들에게 심어주어야 한다. 만약 오래지 않아 자신이 돈을 빌린 금융기관이 망할지도 모른다고 생각하면 대출받은 사람들은 돈을 갚지 않아 돌아올 불이익을 두려워하지 않게 된다. 대출된 자원을 회수하지 못하면 소규모 금융기관들은 문을 닫을 수밖에 없다.

소규모 금융기관들에 대한 찬반론

제대로 돌아가는 소규모 금융기관들은 훌륭한 서비스들을 제공할 수 있고 가난한 공동체의 귀중한 자산으로 여겨질 수 있다. 그들은 신속하게 자본을 영세기업들에 투입할 수 있고 일부 금융기관들은 건강보험이나 의료보험 같은 서비스들까지 고객에게 제공한다. 하지만 소규모 금융기

관들에는 몇 가지 무시할 수 없는 약점이 있다.[7]

- 예금 서비스를 제공할 수 없다. 연구원들은 많은 가난한 사람들이 대출보다는 저축을 하고 싶어 한다는 사실을 발견했다. 이런 경향은 수입이 빈곤선 훨씬 아래인 '극빈자들'(그림 9.1 참조) 사이에서 더욱 두드러진다.[8] 특히 형편이 취약한 그들은 저축에 특별한 관심을 보인다. 대출보다 저축이 돈을 빌리는 것보다 덜 위험하기 때문이다.[9] 하지만 불행히도 소규모 금융기관들은 돈을 빌려주는 데만 관심을 기울이고 가난한 사람들이 저축할 방법들을 제공하지는 않는다. 몇몇 지역에서는 이런 상황에 변화가 나타나지만, 많은 소규모 금융기관들은 고객들로부터 저금을 받을 수 없도록 정부로부터 규제를 받는다.[10]

- 극빈자들을 고객으로 할 수 없다. 40달러 정도 대출을 취급하는 소규모 금융기관은 흔하지 않다. 극빈자들에게는 그조차 큰돈이어서 5~12달러 정도로 더 적은 액수의 대출을 원한다. 수피야가 하루 22센트씩 돈을 빌리고 싶어 하던 것을 상기해보라. 대출금액이 너무 크고 저축예금을 받을 수 없다는 사실 때문에 소규모 금융기관들은 극빈자들을 대상으로 영업할 수가 없다. 그래서 소규모 금융기관들은 소득수준이 빈곤선 바로 위아래에 위치한 '취약한 비빈곤자'나 '중간층 빈곤자'를 대상으로 영업하기에 적합하다.

- 시골 지역 빈민들을 도울 수 없다. 인구가 밀집된 지역에서 돈을 빌려주는 편이 고객별 교통비용이 적게 들어 싸게 먹히게 마련이다. 그래서 소규모 금융기관들은 제3세계 빈민들의 75퍼센트를 차지하는, 시골 거주 빈곤층에게 문을 열어주려고 노력한다.[11]

- 사업자금만 대출해준다. 가난한 사람들은 영세산업이나 가옥개축, 비상

사태나 기타 결혼이나 장례처럼 다양한 이유들로 돈이 필요하지만 소규모 금융기관들은 이런 사실을 간과하고 사업자금으로만 대출해준다.

• 복음과 제자의 삶을 전하지 못한다. 기업으로 살아남기 위해 대부분 소규모 금융기관들은 대출과 기타 금융 서비스들을 제공하는 것 이외 다른 비용들을 줄인다. 불행히도 이런 경향은 기독교 관련 구제개발금융기관들이 복음과 제자의 삶을 전파하는 것을 축소시킨다. 하지만 대출만 가지고는 사람들을 하나님, 자신, 다른 사람들, 기타 창조세계와 화목하게 할 수 없다. '믿음은 들음에서 나오지' 돈을 빌리는 데서 나오지 않는다.

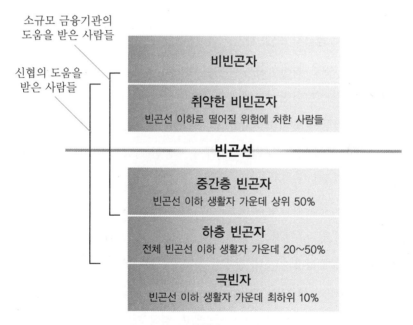

소규모 금융기관의
도움을 받은 사람들

신협의 도움을
받은 사람들

비빈곤자

취약한 비빈곤자
빈곤선 이하로 떨어질 위험에 처한 사람들

빈곤선

중간층 빈곤자
빈곤선 이하 생활자 가운데 상위 50%

하층 빈곤자
전체 빈곤선 이하 생활자 가운데 20~50%

극빈자
빈곤선 이하 생활자 가운데 최하위 10%

그림 9.1

Adapted from Monique Cohen, *The Impact of Microfinanec, CGAP Donor Brief*(Washington, D.C: CGAP, July 2003), 1.

제3세계의 주류기관들

선교사들과 제3세계 교회들은 말과 행함으로써 사역할 때, 물질적 빈곤의 경감을 가져오기 위해 경제개발을 어떻게 이용할 수 있을까? 선교사들과 제3세계 교회들이 빈곤경감 최전방에서 사역하기 때문에 북미 교회들의 적절한 역할은 그들을 지원하고 힘을 실어주는 것이다. 이 장 나머지 부분에서는 북미 교회들이 온정주의를 경계하며 현지인들이 가진 자산을 이용하여 그들이 참여하게 유도하는 방향에서 어떻게 그들을 지원할 수 있을지 생각해보려고 한다.

소규모 금융 공급자 모델: 자기 지역에서는 시도하지 마라!

제3세계의 많은 선교사들과 교회들 그리고 작은 규모의 사역단체들은 그라민 은행을 본떠 빈민들에게 대출해주기 위해 소규모 금융기관들을 설립하는, '공급자 모델'(Provider Model)을 추구한다. 앞서 소개한 우간다 교회들이 그레이스 펠로우십 교회에서 제공한 자금으로 시도하던 것이 바로 그런 일이다.

애석하게도 선교사들과 교회들은 대출을 취급하기에는 두 가지 적절하지 못한 점이 있다. 첫째, 그들에게는 그들의 대출 프로그램이 자생력을 갖출 만큼 크게 성장하는 데 필요한 전문지식과 경영능력, 재원이 없다. 앞서 언급했듯이 대출받은 사람들은 돈을 빌린 금융기관이 오래가지 못할 거라고 생각하면 돈을 갚지 않을 테고, 결국 재원 부족으로 프로그램이 끝날 수밖에 없다. 자생력을 갖추려면 소규모 금융기관은 수십만 명에 달하는 고객들이 있어야 한다. 하지만 그렇게 많은 고객들을 선교사들이나 교회들이 감당하기에는 벅차다. 둘째, 선교사들이나 교회들은 그들이 전하는 은혜의 복음과 대출상환을 독촉하는 금융회사 직원의 엄격함을 조화롭게 수행하기 어렵다. 대출금을 상환하지 못한, 애가 다섯이나 딸린 과부에게서 담보물을 빼앗아올 수 있는 선교사들이 얼마나 있는가? 하지만 선교사나 목사가 그녀에게서 채권을 회수하지 못하는 경우 다른 대출자들도 대출을 갚지 않아도 된다고 생각할 테고, 결국 프로그램은 막을 내릴 것이다. 소규모 금융사업은 그리 만만한 일이 아니다.

많은 선교사들과 교회들은 이런 경고를 무시하고 공급자 모델을 잘 수행할 수 있을 거라고만 생각한다. 하지만 현실은 냉혹하다. 좋은 의도로 선교사들과 제3세계 교회들이 시작하지만 결국 도산하고 만 대출 프로그램들이 세상에는 널렸다. 그레이스 펠로우십 교회 같은 사례가 아주 흔하게 벌어진다. 공급자 모델은 성공할 수 없다.

소규모 금융 선전 모델: 기부금 없는 소규모 금융

"이 교회의 '구제신용조합'(Saving and Credit Association, SCA) 분들이 도와주시지 않았다면 우리 애는 꼼짝없이 죽었을 거예요. 돈을 빌려주신 덕분에 약도 사고, 저희를 위해 찾아와 기도도 해주셨어요." 하나님의 긍휼 교회(God's Compassion Church) 청중 앞에서 마리아가 간증한 내용이다. 간증이 끝나자 카밀라가 일어나 교회조합이 마리아에게 돈을 빌리라고 권하여 이를 밑천으로 과자 가게를 차려 형편이 훨씬 나아졌다고 보고했다. 그녀는 이제 스스로의 힘으로 아이들을 보살필 수 있게 되었다.

하나님의 긍휼 교회의 구제신용조합은 대출을 41건 실행해 100퍼센트의 회수율을 자랑한다. SCA 회원들은 그 덕에 자신들이 투자한 금액에 대해 연 50퍼센트의 배당금을 지급받는다.

하지만 진짜 큰 소득은 경제적인 것 이상이다. SCA 회원들은 서로를 위하여, 각 가정들을 위하여 기도하고, 하나님은 그 기도에 응답하신다. 남편들이 직장을 구하고 아이들이 건강을 되찾으면서 망가진 인간관계들을 회복했다. 이 같은 활동들을 지켜본 이웃들은 서로에게 보이는 관심과 사랑을 칭찬하기 시작했고 SCA 회원들은 그들을 매주 SCA 모임과 성경공부 시간에 초대했다. 마을 주민들은 SCA 회원이 아니더라도 그 지역의 고리대금업자들로부터 돈을 빌리는 것보다 훨씬 저렴한 이율로 돈을 빌릴 수 있다. SCA가 다시 회기를 시작할 때 그들은 모두 새로운 회원들로 가입했다. [12]

하나님의 긍휼 교회의 SCA는 믿는 가정이건 그렇지 않건 모든 사람들이 '선전 모델'(Promotion Model)이라고 부를 만한 말과 행위의 강력한 사역을 보여준다. 놀랍게도 그곳의 SCA는 기부금도 한 푼 없고 외부인의 관리 없이도 소규모 금융기관의 대안이 될 만한 방향을 제시한다. SCA는 가난한 사람들이 돈을 저축하고 그 돈을 다른 이들에게 빌려주는 간단한 형태의 신용단체이다. 각 회원들은 매주 정례 모임 때 미리 결정한 금액을 저금한다. 그리고 적립금의 얼마를 누구에게 어떤 조건으로 빌려줄지 결정한다. 보통 6개월에서 1년 사이로, 미리 지정한 영업기간이 끝난 후 대출을 통해 얻은 배당금과 함께 저축원금이 회원들에게 돌아간다. 외부인들의 돈이나 관리가 전혀 필요 없는 소규모 금융인 셈이다.

이런 모델에서 현지 교회와 선교사들의 역할은 단지 그런 식의 조합을 소개하는 일뿐이다. 교회나 선교사들은 조합회원들이나 돈을 관리하지 않는다. 그보다는 가난한 사람들이 스스로 이런 일을 해낼 수 있도록 자신감을 불어넣고, 필요한 목돈을 빌리거나 저축하기 위한 시스템을 만들 수 있도록 훈련시킨다. 그뿐 아니라 조합의 정례 모임이 있을 때는 선교사나 교회 사역자, 혹은 회원들이 복음을 전하면서 제자의 삶을 살기에 적합한 환경을 제공한다.

제3세계 선교사들과 현지 교회들이 택할 수 있는 가장 효율적인 방법이 SCA 권장이라는 데는 다음과 같은 이유들이 있다.

- SCA는 작은 규모로 운영하기에 용이하고 교회나 선교사들이 개입해 돈을 빌려주거나 환수할 필요가 없다.

- SCA는 대출을 취급하는 것 외에도, 가난한 사람들이 저축을 하고 그 배당금을 받을 수 있는 길을 제공한다.

- SCA는 도시나 시골에 관계없이 어디에서건 형성할 수 있다.

- SCA는 5~12달러 정도 소규모 대출에서부터 수백 달러에 달하는 대출까지 다 취급한다. 따라서 SCA는 중간층 빈곤자들을 포함한 다양한 계층의 빈민들이 그 대상이다.

- SCA에서 빌린 목돈은 사업뿐 아니라 가정에서 필요한 일들에도 사용할 수 있다.

- SCA는 지역의 지혜를 기반으로 현지인들이 만든 제도이며 주민들의 저축액을 사용한다는 점에서, SCA의 설립촉진은 자산에 기초한 빈곤경감 방향과 일치한다.

- SCA는 외부인들이 청사진을 만들 듯이 운영방침을 만들어 전해주는 것이 아니라 회원들 스스로 운영방침을 결정하는 등 주민들의 높은 참여를 요구하는 방향으로 촉진될 수 있다.[13]

- SCA가 교회사역들이나 선교사들의 활동의 일환으로 시작되었다는 사실은 복음을 전하고 제자의 삶을 사는 것을 용이하게 하여 개인적인 차원에서 망가진 삶을 치료할 수 있게 한다.

말과 행위로 하는 효과적인 사역의 일환으로 소규모 금융 서비스를 제공하는 개별 교회들과 사역기관들의 사례는 셀 수도 없을 정도이다. 하지만 규모가 더 큰 프로그램들도 가능하다. 예를 들면, 르완다에 있는 영국 성공회는 교회가 중심이 되어 현지인의 모든 삶을 보듬기 위한 노력의 일환으로 구축한 SCA에 회원을 8만여 명 가입시키려고 노력한다.

그렇다면 SCA는 아무런 문제점도 없을까? 두 가지 문제점들이 먼저 눈에 띈다. 첫째, 가난한 사람들은 그들에게 소속된 대출자들의 그룹들을 잘 관리하지 못하고 정확하게 장부를 관리하거나 규정을 엄격히 적용하는 데도 서투르다. 하지만 소규모 금융기관들은 이런 기능에 능숙하다. 둘째, SCA는 소규모 금융기관들처럼 큰 규모의 대출을 위한 자본금을 빨리 조달하지 못한다. 대출그룹 회원들, 특히 비교적 큰 금액의 대출을 감당할 수 있는 회원들은 대출 자본을 만들기 위해 저축하는 과정에서 조바심이 날 수 있다. 그렇지만 SCA 결성을 촉진하는 모델은 제3세계에서 제도와 개인 차원에서의 잘못을 고칠 수 있는 실용적인 대안이다.

소규모 금융 연대 모델: 부에 대항해 싸우는 연합군대

소규모 금융기관들과 교회나 선교사들이 인간의 삶을 전반적으로 향상시키려는 비전이 있다면, 개인과 제도 차원에서 죄가 끼치는 영향을 해결하는 데 필요한 요소들을 각자 제공하면서, 그들은 함께 사역할 수 있다.

라이베리아에서 치열한 내전이 벌어지는 동안 기독교 계통 소규모 금융기관 하나는 살육현장에서 고통을 겪는 사람들을 도왔다. 곤궁에 처한 사람들에게 돈을 빌려주고 교회들과 힘을 모아 돈을 빌리는 사람들의 영적인 필요까지도 보듬었다. 일부러 교회나 교회 근처에서 대출자들 모임을 열어 지역교회들이 그들을 대상으로 사역할 수 있게 했다. 목사들과 교회 임원들은 그들과 성경공부도 하고 집집마다 방문하여 자문도 해주고 돈을 갚는 것은 그들의 인격에 관계된 문제라고 대출자들을 일깨웠다. 사역 담당 목회자들은 그 대출자들의 그룹들에 강한 연대감을 느끼고 그들에 대한 사역이 자신들의 교회에서 반드시 필요한 부분이라고 여긴다.

이러한 연대는 아주 놀라운 결과를 가져왔다. 내전 희생자들은 장사를 하여 기아를 면하기에 충분할 만큼 소득을 얻었다. 한 대출자는 자신에게 일어난 변화를 이렇게 설명한다. "소규모 금융기관의 도움을 받기 전에는 나는 하나님께 내 목숨을 거두어달라고 기도했어요. 더 이상 고통을 당할 수 없기 때문이죠. 아이들은 먹을 게 없어 항상 두통에 시달렸어요. 배가 고프니 늘 인상만 쓰고 웃는 얼굴을 볼 수가 없었지요. 하지만 지금은 언제나 집 안에 먹을 것이 있어요."[14] 돈을 빌린 사람들이 교육이나 의료에 투자하고, 그들의 자존감과 책임감이 향상되며, 부족 간의 관계가 돈독해지고, 영적인 성숙에 이르는 증거도 찾아볼 수 있다.

목회자들은 이런 연대로 그들의 교회가 더욱 든든히 서가는 데 기쁨을 표시한다. 소규모 금융기관에서 대출받은 교회 성도들은 거기서 얻은 기술들과 자신감, 영적 성숙을 이용해 교회사역 전반에 걸쳐 도움을 준다. 한 목회자는 매주 교회에서 간증시간에 소규모 금융사업에 대해 교인들이 하나님께 감사와 찬양을 하는 소리를 듣는다고 한다.[15]

이런 연대의 모델은 그 대상들이 소규모 금융을 감당할 능력이 없는 극빈자나 몰락한 사람들이 아닌 이상 개개인들과 금융제도들 모두에게 회복을 가져다줄 수 있는 강력한 방법일 수 있다. 소규모 금융기관들은 대출업무나 회수업무를 관장하고, 교회나 선교사들은 그들이 담당할 수 없는 업무들, 즉 복음전파나 제자의 삶을 가르치고 개인 상담이나 응급지원을 해주며 영세상인들을 위한 교육과 가계관리 등 성경적인 세계관과 관련된 다양한 일들을 다룰 수 있다.

그러나 불행히도 이러한 연대 모델이 말과 행위를 이용한 사역의 강력한 도구가 될 수 있음에도 실제로 이를 실천하는 곳은 적다. 많은 교회와 선교사들은 전반적인 인간 삶에 대해 관심을 가지기보다는 사람들의 영적인 부족에만 관심을 두기 쉽다. 일부 교회들과 선교사들은 대출이나 이자, 회수와 관련한 규율들과 상행위 자체를 더럽고 영적이지 못하며 자비와 관계없는 행위라고 생각하여 소규모 금융기관들의 은행업무를 기피한다. 이러한 문제들은 하나님 나라의 포괄적인 성격에 관한 신학적인 고찰을 선행한다면 해결할 수 있다. 마찬가지로 소규모 금융기관들도 인간에 대해 전반적으로 조망하지 못하고 인간의 빈곤 문제가 자본을 공급하면 해결될 것이라고 생각할 수 있다. 게다가 소규모 금융기관들은 교회의 박애와 사랑의 문화를 교회 성도들에 대한 부실한 대출 상환율의 원인으로 여기고 교회를 경계한다. 그럼에도 이런 사소한 장애들은 극복이 가능하여 연대를 통한 모델은 다양한 맥락에서 제도와 개개인들의 불완전함을 고칠 수 있는, 실천 가능한 방법으로 쓸 수 있다.

보완을 위한 교육 모델: 자본 하나만으로 살 수 없는 사람

소규모 금융운동은 영세산업에 종사하는 이들의 가장 큰 문제는 자본 부족이라고 전제한다. 따라서 그들은 영세산업 영위에 관한 훈련에는 별 관심을 두지 않는다. 하지만 몇몇 사람들은 소규모 금융기관들의 이런 선형적인 접근방식에 의문을 표시하며 빈곤은 다양한 측면을 가진 문제로서 자본 제공 하나만으로는 극복할 수 없다고 주장한다. 사실 저축과 대출 서비스에 더해 적절한 훈련의 주제와 방법들을 적용할 때 가난한 사람들의 생업과 삶이 향상된다는 증거가 더욱 많아지고 있다.[16]

챌머스 연구소는, 널리 인정받고 있는 무종파적인 개발기관이 만든 전문교육과정에 성경적 세계관이 담긴 메시지들을 삽입한다. 소규모 상업영위 원리들과 가계금융, 보건(말라리아, 에이즈, 이질)에 관한 교육 이외에도 그들은 사람들의 존엄성과 자주성, 자율을 강조해 정령주의의 거짓에 대항하는 성경적인 메시지들을 적용한다.

이런 교육과정들은 많은 교회 관련 사역들에도 적용할 수 있지만 특별히 선전 모델의 전반적인 성격을 더욱 공고히 함으로써 SCA 모임에 사용하기 위해 만들어졌다. 연대를 강조하는 모델을 사용하는 교회들과 선교사들은 이런 보조 프로그램들을 소규모 금융 고객들 그룹에도 적용하여 소규모 금융기관들이 독자적으로 제공하는 것보다도 더욱 전체를 아우르는 방법을 취할 수 있다.

선교를 위한 사업

지난 10년 동안 인기를 모은 프로그램으로 '선교를 위한 사업'(business as missions, BAM)이 있다. BAM은 그들의 선교사역을 지탱하기 위해 천막 만드는 일을 한 바울과 아퀼라, 프리실라에게서 그 연원을 찾는다. 그리고 다양한 형태를 취하지만 가장 두드러진 특징은 선교사가 합법적이며 영리를 목적으로 하는 사업을 경영하고 또 그것을 사역수단으로 이용한다는 것이다.[17] 이 책에서 언급한 다른 프로그램들, 즉 공급자와 선전, 연대와 보완을 위한 교육 등의 모델들은 모두 사람들이 영세하나마 자기 사업을 소유하고 경영하도록 돕는 데 초점을 맞춘다.

BAM은 실업가들이 사업가로서의 수완과 경영능력, 재원을 이용해 타문화를 향한 선교사역에 동참할 수 있는 기회를 준다. BAM 회사들은 보통 십여 명에서 천 명 정도 종업원들을 고용하는 중소기업들로 이루어진다.

BAM은 문호를 개방하지 않은 나라에 교두보를 만들고 사역자금을 마련하며 관계를 형성하는 데 자연스러운 환경을 제공하기 위해 사용하기도 하지만, 많은 사역기관들이 BAM을 빈곤을 줄이기 위한 방편으로 사용한다. 제3세계의 가장 큰 문제는 취업할 기회가 적다는 것인 만큼 많은 기업들을 일으켜 가난한 사람들에게 일자리를 주는 것은 충분히 납득이 갈 만한 이야기이다. 게다가 종업원들과 고객들과 의도적으로 관계를 형성하여 복음을 전하고 제자의 삶을 증거할 기회를 많이 만들 수도 있다.

BAM은 신약의 역사만큼 오래되었지만 그 효율성에 관한 체계적인 연구가 거의 없는 까닭에, 소규모 금융에 비하여 BAM의 장단점을 설명하기는 어렵다. 하지만 몇 가지 주장은 할 수 있다.

- BAM은 금전적인 효율성에서 선전과 연대, 보완 교육 모델들에 비하면 가난한 사람들에게 직접 미치는 영향력이 적다. 이 책에서 설명하기에는 너무 벅차지만 적어도 BAM 기업들이 소규모 사업체들보다 훨씬 복잡하고 전문지식이 필요하며 종업원 1인당 자본이 더 많이 들어간다는 사실을 주목하라. "하나님의 나라를 건설하기 위한 BAM의 금전적 효율성이 떨어진다"는 말을 하려는 것이 아니다. 예수님은 단지 열두 명의 제자들을 택하셨지만 그들이 세상을 바꾸었다. 하지만 가난한 사람들에게 영향을 미치기 위해 BAM에 더 많은 비용이 들어간다는 것은 그로 인해 얻는 유익의 측면에서 짚어봐야 할 문제이다.
- 소규모 기업들에 비교할 때 향상된 기술과 많은 자본을 사용하는 BAM은 노동자들의 생산성을 훨씬 높인다. BAM을 통해 직접 영향을 받는 사람들은 그 수가 적을지라도 소규모 금융 모델에 관련된 사람들보다 더 많은 수입을 얻는다.

- BAM은 모든 사람들이 다 할 수 있는 프로그램은 아니다. 교회나 선교사들은 사업을 잘 이끌지 못한다. 게다가 북미에서 사업에 성공한 사람이라고 해서 제3세계에서도 잘하리라는 법은 없다. 문화와 사업 관행의 차이가 북미에서의 성공이 반드시 거기서도 재현되리라는 보장을 할 수 없게 한다. 선전과 연대, 보완 교육 모델들은 BAM보다 실행하기 쉬워 해를 끼칠 가능성도 적다.

- BAM을 실행하는 교회들이나 선교사들은 사업체에 따로 보조를 하여 의존성을 높여서는 안 된다. 예를 들면, 제3세계에서 사업을 영위하는 선교사가 수공예품을 북미 교회들로 보내 판매한다면 위험한 상황을 초래할 수 있다. 선교사가 은퇴를 하고 나면 선교사 대신 경영을 담당할 사람의 급여 비용을 마련할 수 없거나 물건을 미국으로 수송하고 판촉 활동을 할 비용을 마련할 수 없는 기업은 도산할지도 모르고 가난한 종업원들은 다시 빈손이 될 수도 있다. BAM 기업들은 자신들의 모든 비용을 스스로 지불할 수 있는 진정한 사업체들이어야 한다.

북미 교회의 역할

성경의 명령(고전 12:12-31)을 따르고 자산에 기초한 공동체개발을 하려면 북미 교회들은 이미 제3세계에서 사역하고 있는 지체들을 북돋워주어야 한다. 특히 제3세계 교회들과 선교사들은 선전, 연대와 보완을 위한 교육 등의 모델들을 충분히 수행할 능력이 있다는 사실을 기억하라.

그렇다면 북미 교회들의 적절한 역할에는 어떤 것들이 있을까? 우선 몇 가지가 있다.

- 선교사들과 제3세계 교회들이 공급자와 선전, 연대와 보완을 위한 교육 등의 모델들을 실행하도록 그들의 훈련에 들어가는 비용을 지원하라. 하지만 모든 비용을 지원하는 것은 좋지 않다. 사람들은 다만 얼마라도 자신들이 지불한 것에 더 애착을 가지게 마련이다.[18]

- 훈련하는 사람들을 훈련하라. 비록 북미 그리스도인들보다 선교사들과 현장의 지역교회들이 가난한 사람들의 최전선에서 사역을 감당하기에 더 적합하지만 북미인들 가운데에는 최전선에서 사역하는 사람들에게 새로운 모델들과 도구들, 교육과정들을 훈련시킬 만한 충분한 역량이 있는 이들이 있다. 북미인들과 제3세계 사람들로 구성한 훈련팀이 현장에서 사역을 수행하는 사람들을 지원하는 아주 강력한 수단이 될 수 있음을 우리는 발견했다.[19]

- 소규모 금융기관들에게 복음전파와 제자들의 삶을 가르치기 위한 보완책을 제공하라. 소규모 금융기관들이 재정적으로 자립해 있다면 대출자원으로 쓰라고 돈을 제공하지 않는 것이 좋다. 재정적으로 자립한 금융기관이라면 국제자본시장에서 필요한 자금을 구할 수 있다.

- BAM 기업들에 대한 재정적 · 인적 투자를 고려하라.

- 당신의 비전에 합하는 소규모 금융사업이나 BAM 기업을 찾아 후원자가 되어 기도와 네트워킹, 재정을 통해 지원하라.

돌아보며

다음 질문에 답해보라.

1. 만약 당신의 교회가 제3세계에서 가난한 사람들을 대상으로 활동하는 선교사들이나 현지 교회들을 알고 있다면 선전과 연대, 보완을 위한 교육의 세 가지 모델에 관심이 있는지 물어보라. 긍정적인 반응을 보이면 그들에게 그 방법들을 사용하라고 권하라. 교육자원과 교육기회들은 챌머스 경제개발연구소에서 도움을 받을 수 있다(www.chalmers.org).

2. 당신은 훈련을 시키는 사람으로서 재능이 있는가? 그렇다면 훈련자들을 훈련시키는 역할을 감당하는 일을 기도하면서 고려해보라.

3. 당신의 교회 실업가들에게 BAM을 수행하거나 지원하려는 생각이 있는지 물어보라.

Help

4부

상처를 주지 않고
이웃을 돕는 일을
지금 시작하라

들어가며

잠시 다음 질문들에 답해보라.

1. 당신의 삶에 긍정적인 변화를 만들려고 행동하던 때를 기억해보라. 그런 행동을 하게 된 동기가 무엇인가?

2. 당신의 삶에 큰 영향을 준 사람(들)에 대해 생각해보라. 그들은 당신에게 어떤 식으로 접근했는가? 그들이 사용한 방법 가운데 당신에게 효과가 있던 것은 무엇인가?

10장

이웃 사랑에
성경적 방법을 적용하라

"제리, 정말 고마워요. 당신이 없으면 나는 속수무책일 거예요. 정말이지 이런 부탁은 이번이 마지막이에요." 토니가 말을 마치고 사무실을 나간 후 제리는 속으로 생각했다. '이번이 마지막일 거라고? 그럴 리가 없지. 다음 달 이맘때면, 아니 그 다음 달, 또 그 다음 달에도 다시 나타날 거야. … 아마 끝이 없을 거야.'

제리는 두 손에 얼굴을 묻고 이 일을 그만두어야 한다고 다시 한 번 생각했다. 지난 8년 동안 제리는 미국의 한 중소도시 대로에 위치한 부흥일로의 파크뷰 펠로우십(Parkview Fellowship) 교회에서 구제부장을 맡았다. 파크뷰 교회는 도시의 상업지구 요지에 있는데, 원로목사는 성도들이 교회 내부에만 관심을 기울이는 것을 지양하고 "예수님의 사랑을 예루살렘과 유다, 사마리아와 땅끝까지 전파하라"는 비전을 제시했다. 교인들이 그 비전에 공감하기까지는 시일이 걸렸지만 결국 그의 비전은 교회에 새로운 에너지와 활력을 불어넣었다. 특히 교인들 가운데서도 젊은 전문직 종사자들이 그들의 도시를 벗어나 변화를 만든다는 생각에 크게 공감하고, 그들이 이제껏 양육받은 교회와는 다른 교회를 만드는 데 힘을 보태겠다고 결심했다.

제리는 파크뷰 교회의 예루살렘부 최일선에서 도움을 청하러 오는 사람들에게 교회를 대표하는 일을 했다. 사실 밖을 향해 뻗어나가자는 당회장 목사의 비전을 처음에는 전폭적으로 지지했지만 날이 갈수록 환멸감에 빠져드는 자신을 어쩔 수가 없었다. 그의 삶은 수많은 핑계를 대며 공과금 낼 돈이 없다거나 식료품을 구입할 수 없다고 매번 도움을 청하지만 조금도 개선의 모습이 보이지 않는 토니 같은 사람들에게서 영원히 벗어날 수 없을 것만 같았다. 제리는 마치 자신이 고정고객들에게 끊임없이 현금을 내주는 현금인출기 같아 보였다. 토니 같은 사람들이 계속 생활할 수 있게 도와줌으로써 사실은 다름 아닌 자기가 그들을 해치고 있는 것은 아닐까 하는 생각도 들었다. '이런 식으로 계속해나갈 수는 없어.' 제리는 생각했다. '하지만 무엇을 어떻게 바꾸어야 하지?'

제리가 앉아 있는 사무실 건너편에서도 비슷한 일이 벌어졌다. 성도들 가운데 한 무리가 교회 외국선교담당인 댄 목사와 함께 회의실에 앉아 있었다.

그들 가운데 한 명이 입을 열었다. "목사님, 우리는 목사님을 존경하지만 지금 이대로 계속 갈 수는 없습니다. 몇 년 동안 우리는 교회 단기선교팀을 재정적으로 지원했지만, 아프리카에 있는 사람들은 우리가 그곳에서 일하기 전이나 지금이나 마찬가지로 빈곤에서 벗어나지 못하고 있습니다. 우물을 파주고 공중화장실을 지어주며 헌 옷을 나눠주고 새로 교회를 지어주었지만, 계속해서 새로운 사람들과 더 많은 프로젝트를 진행하기 위한 자금을 보내달라는 요구만 해올 뿐입니다. 우리가 그곳 교회에 지원하는 자금이 제대로 사용되지 않는다는 얘기입니다. 뭔가가 바뀌어야만 합니다. 이제는 지쳤습니다."

댄 목사는 얼마 전부터 이런 순간이 오리라고 생각했다. 당회장 목사로 부터 교인들을 해외선교에 참여하게 하라는 명을 받은 그는 열심히 일했고, 점점 늘어나는 단기선교팀들의 수를 보고 당회장 목사는 기쁨을 감추지 못했다. 하지만 댄 목사는 오래지 않아 교인들이 이런 선교여행들이 얼마나 효과가 있는지, 교회가 자금을 지원하는 프로젝트들에 대해 얼마나 가치가 있는지 의문을 표하리라는 것을 알고 있었다. 그중에서도 사업하는 교우들이 특히 그들이 낸 헌금에 대한 투자수익을 들먹이며 좌절감을 표했다. '그래, 이대로는 안 돼.' 댄 목사는 생각했다. '하지만 어떻게, 어디서부터 시작해야 하지?'

이런 문제는 파크뷰 교회만 겪는 것이 아니다. 많은 북미 교회들과 사역자들이 물질적으로 빈곤한 사람들을 대상으로 펼쳐온 그들의 사역을 그 방법 면에서 재검토한다. 많은 사람들은 그들이 국내에서건 외국에서건 '개발'이 필요한 곳에 '구제'를 적용해온 사실을 발견했다. 하지만 그런 문제를 시정하기 위해 무엇을 어떻게 해야 할 것인가?

애석하게도 제각각 상황이 다르기 때문에 모든 경우에 다 통하는, 성공적인 '개발 프로그램'을 시작하는 방법은 없다. 하지만 이 장에서는 교회와 사역자들이 자산에 기초한, 참여지향적인 개발과정을 시작하는 데 도움이 될 수 있는 몇 가지 중요한 원칙들을 제시하려고 한다. 그리고 나서 다음 장에서는 당신의 교회나 사역이 제대로 된 방향으로 나아가기 위해 따라야 할 몇 가지 구체적인 절차들을 대략적으로 설명할 것이다.

원칙 1: 인격적인 변화를 위한 방아쇠를 만들라

'개발'은 사람들이 하나님, 자신, 다른 사람들, 기타 창조세계와 바른 관계를 회복하는 계속적인 변화의 과정이라는 사실을 상기하라. 하지만 사람들은 정말 변화할 수 있는가? 지속적이고 긍정적인 변화는 성령의 능력 없이는 불가능하다. 변화를 위해 기도하는 것은 개발과정에서 가장 중요한 수단이다. 학자들과 현장 사역자들은 사람들이 변화를 경험하는 과정을 지켜보다가 개발과정의 핵심에 위치하는 변화를 이끌어내는 데 사용할 수 있는 일정한 유형을 파악했다.

개인과 공동체의 변화 주기

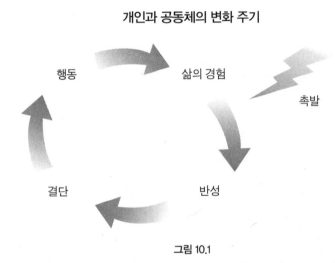

그림 10.1

출처_ David A. Kolb, Experiential Learning: *Experience as the Source of Learning and Development* (New Jersey: Prentice Hall, 1983).

그림 10.1에서 볼 수 있듯이 변화가 발생할 수 있는 맥락은 개인이나 공동체가 현재 살아가면서 겪는 경험이다. 어떤 계기로든 그런 개인이나 공동체가 자신들의 현 상황을 반성하고 그들이 원하는, 가능한 미래에 대해 생각할 때 변화는 발생한다. 그런 반성은 자신들이 생각하는 바람직한 상황을 만들기 위해 필요하다 싶은 행동들을 실천에 옮기겠다는 결단을 이끌어낼 수 있다. 그런 행동을 실천에 옮긴 후에는 새로운 삶을 경험하게

된다. 만약 사람들이 그들 삶에서 계속 긍정적인 변화를 이루어가려면 이런 순환과정이 계속되어야 한다. 따라서 개발의 가장 주요 특징은 긍정적인 변화를 일으킬 방아쇠들을 찾는 것이다.

개인이나 공동체들이 변화를 일으키게 하는 세 가지 일반적인 방아쇠로는 최근에 겪은 위기와 현재 상황에 대한 부담감, 그들의 삶을 개선할 수 있는 새로운 방법이나 전망이 있다. 변화를 일으키기 위한 이들 각각의 방아쇠에 대한 조력자들의 역할도 모두 다르다.

예를 들면 우선, 죄를 지어 체포된 사람은 어쩌면 자신의 현재 삶을 되돌아볼 수 있게 하는 위기를 맞았는지도 모른다. 이런 상황에서 조력자는 그 사람에게 자신을 돌아보게 하는 질문을 던지고 그가 긍정적인 변화를 시작하려고 할 때 격려해주기만 하면 된다. 사람들이 맞는 위기를 허비하지 마라.

두 번째 방아쇠에서는 아주 막다른 골목이 아니라면 사람들에게 동정을 베풀지 않아야 한다. 그렇게 해야 당사자들이 그들이 처한 상황을 좀 더 절실히 느끼고 그들의 삶을 개선하는 조치를 취할 것이기 때문이다. 예를 들면, 제리는 토니의 공과금납부를 도와주는 대신 자신과 함께 좀 더 영구적인 해결책을 찾아보자고 권해야 한다.

전날 내가 막 이전 장을 다 썼을 때 어떤 남루한 사내가 방문을 노크하고 들어왔다. "안녕하세요. 전 윌리엄이라고 해요. 정원의 낙엽을 청소하고 기름값이라도 좀 벌고 싶은데 괜찮을까요? 전 정말 돈이 필요하고 선생님 정원도 낙엽이 꽤 쌓여 있던데요"라고 그가 말했다. 가격을 흥정하고 나서 해가 질 때까지 그는 일을 절반 정도 마쳤다. 나는 그에게 일을 마친 분량만큼 지불했고 그는 다음 날 다시 돌아와 일을 마저 하겠노라고 말했다. 하지만 그는 그날 밤 늦게 다시 찾아와 돈을 조금 더 줄 수 없느냐고 부탁했다. (나는 그에게 내가 방금 쓴 이번 장을 주고 싶은 마음까지 들었다.) 나는 그 부탁을 거절하고 내일 다시 돌아와 일을 마저 마치면 그만큼 돈을 더 지급하겠다고 말했다.

오늘 아침에 나는 윌리엄이 몇 주 동안 인근에서 동냥을 하며 돌아다녔다는 사실을 알게 되었다. 우리 이웃들은 그의 요구를 거절했고 그래서 궁해진 그가 일을 하겠다고 나선 것이다. 푼돈 집어주기를 거절함으로써 우리 이웃들은 윌리엄이 변화하기 위해 필요한 두 번째 방아쇠를 당긴 셈이다. 다시 말해, 그의 처지를 견디기 힘들게 만들어 그가 일을 하고 싶은 마음이 들게 했다. 밤늦게 그가 보인 행동은 아직도 동냥에 대한 미련을 버리지 못했다는 것을 보여준다. 우리가 계속 그의 변화를 위한 방아쇠가 제대로 작동하기를 원한다면 우리는 일관되게 그가 일을 하도록 만들어야 한다.

오늘 윌리엄이 돌아와 낙엽 청소하는 일을 마쳤다. 나는 그에게 제대로 된 일을 할 생각은 없느냐고 물었다. 그는 "그럼요, 전 크레인운전을 할 줄도 알고 포크리프트도 몰 줄 알아요. 항공기 급유도 해봤고요. 하지만 도저히 일할 곳을 찾지 못하겠어요"라고 대답했다. 나는 그에게 앞으로도 나를 찾아와 일거리를 부탁할 수는 있지만 밤 10시에 찾아와 돈을 요구하는 것은 반갑지 않다고 말해주었다. 그는 자신의 행동을 사과하고 전화번호를 알려주면서 더 할 일이 있으면 불러달라고 부탁했다. 나는 우리 이웃들이 그가 계속 변화할 수 있도록 두 번째 방아쇠를 제대로 낭겨주기만을 기도할 뿐이다.

세 번째 방아쇠를 당기는 데는 다양한 방법들이 있다. 8장과 9장에서 논하던 경제개발을 위한 다양한 개입들 가운데 어느 것이라도 개인과 공동체들에게 새로운 가능성들을 제시할 수 있다. 5장에서 논하던 ABCD의 기본 접근방식도 사람들이 새로운 가능성들을 고려하게 만들 수 있는, 간단하지만 강력한 도구이다. 예를 들면, 심각하게 열등감을 느끼는 사람에게는 그저 "당신이 가지고 있는 재능들과 능력들을 이야기해주겠어요?"라는 질문만으로도 큰 영향을 미칠 수 있다. 수세기 동안 아무런 희망이 보이지 않는 문화 속에서 살아온 사람들에게는 "어떤 꿈들을 가지고 있나요?"라는 질문이 변화를 이루기 위한 강력한 방아쇠일 수 있다.

일단 반성을 위한 방아쇠가 당겨졌다 해도 변화를 위한 나머지 과정들이 저절로 뒤따르는 것은 아니다. 아니 실제로는 의미 있는 변화를 가로막는 많은 장애물들이 존재하므로 변화를 일으키려는, 물질적으로 빈곤한 개인이나 공동체들 곁에서 그들 힘만으로는 감당할 수 없는 장애물들을 힘을 합해 제거하는 것이 중요하다.

따라서 변화를 막는 가장 큰 장애들 가운데 하나는 도움을 주는 사람들이 부족하다는 것이다. 우리는 모두 격려해주고 우리 말을 들어주며 기도해주고 도움의 손길을 내밀어주는 사람들이 있을 때 일을 잘해나갈 수 있다. 하지만 실제로는 긍정적인 변화를 이루려는 사람들 주변에는 이에 대해 위협을 느끼고 질투하는 사람들이 있게 마련이어서 그들의 변화를 막기 위해 애를 쓴다. 이것이 자산에 기초한 참여지향적인 개발을 추구하는데 다음 원칙이 꼭 필요한 이유이다.

원칙 2: 도움을 줄 사람들을 동원하라

다이애나는 직장을 잃고 식당에서 손님들 시중을 들었다. "난 정말 수치스러웠어요. 물론 가난한 사람들은 모두 그렇게 느끼겠지만, 난 정말 열심히 일했고 머리도 나쁘지 않고 못된 사람도 아니에요. 그렇지만 결국 이 꼴이 됐어요." 도움을 찾던 다이애나는 곁에서 격려해주고 친구가 되어주며 그들의 인맥을 이용해 도움을 주는 '동맹자'로 구성된 '지원 서클'에 가입했다. 몇 달 후 그녀는 직장을 다시 구했지만 서클은 더 큰 소속감으로 더욱 열심히 활동했다. "나는 1시간 걸려 직장에 가서 8시간 동안 일하고 다시 1시간 동안 차를 몰고 와서 아이를 데려온 후 같이 45분간 차를 달려 서클에 참석하러 가곤 하지요." 서클은 그녀가 친구를 사귀고 지도력을 키우게 해주었다. 다이애나에 따르면, 서클은 다른 프로그램들과는 달리 자신이 도움을 받은 프로젝트와 다른 사람들에게 자신이 받은 것을 다시 돌려줄 기회를 제공한다. 서클에서 다이애나는 예산 짜는 법과 금전관리법을 배웠다. "서클은 비난을 하거나 수치심을 느끼게 하는 분위기가 아니에요. 그냥 '내가 지금 처한 상황은 이래요'라고 편하게 말할 수가 있죠. 항상 올바른 결정만 해온 것은 아니지만 어쨌든 뭔가 상황이 나아지려면 책임이 필요하다는 것을 알았죠."[1]

개발과정에는 반드시 따르게 마련인 변화를 바라는 개개인들이나 가족들에게, 도움을 주는 사람들이 얼마나 힘이 되는지 다이애나의 이야기를 통해 잘 알 수 있다. 복음으로 변화된 사람들, 그리고 화목을 위한 사절들로 부르심 받은 사람들인 교회는(고후 5:18-20) 상처를 입은 개인과 가족들을 친밀한 인간관계를 통해 돌보고 양육하는 이상적인 공동체가 되어야 한다.[2]

하지만 현실은 이상과 한참 다르다. 사역하면서 부딪치는 가장 큰 장애는 보통은 어려움에 처한 개인이나 가족들 곁에서 그들과 시간을 보내고 그들을 돕기 위해 힘을 보태려는 사람들이 턱없이 부족하다는 사실이다. 1년 중 하루 토요일에 시간을 내어 낡은 집들에 페인트칠을 하는 자원봉사를 할 사람들은 쌓이고 쌓였지만 정작 그 낡은 집들 안에 사는 사람들을 매일 사랑해줄 사람들을 찾기는 아주 어렵다.

게다가 그런 관계가 무조건 건강한 관계가 되리라는 보장도 없다. 물질적으로 부유한 사람들과 가난한 사람들 사이에서 자주 발생하는 신 콤플렉스와 열등감의 역학관계를 강화하는 계기가 된다면 오히려 큰 해를 끼치기 쉽다. 사실 실제로 자주 사용하는 말인 멘토(mentor)와 멘티(mentee)도 잘못된 인간관계를 만들기 쉽다. 그런 이유로 지원하는 역할을 맡은 사람들을, '잡스포라이프'는 '챔피언'이라 부르고 '내셔널 서클스 캠페인'(National Circles Campaign: www.movethemountain.org)은 '동맹자'라고 부른다. 잊지 말아야 할 점은 관련된 모든 사람들이 성장하고 자신들의 약함을 극복해야 한다는 것이다. 그러려면 이런 관계에 관련된 모든 사람들이 겸손해야 하며 서로 도와주려는 마음이 있어야 한다.

교회와 사역기관이 어떻게 연약한 사람들을 도와줄 사람들을 모집해 참여를 지향하고 자산을 기초로 하는 개발목표들 및 원칙들과 일치하는, 서로 멘토가 되어주는 관계를 조성할 수 있을까?

조언자가 되는 것에 관해서는 방식들과 자료들이 많지만[3] 다이애나의 이야기는 북미에서 자리를 잡아가는, 도움을 주는 사람들의 '서클'이란 모델이 얼마나 효과가 있는지 잘 보여준다.[4] 보통 서클은 '서클 동맹자'라고 부르는 2~5명의 자원봉사자들로 구성한다. 이들은 '서클 참여자'나 '서클 리더'라고 부르는, 가난한 가정이나 개개인들 곁에서 지원을 해준다. 동맹자들은 자신들의 시간과 재능, 인간관계, 심지어는 경제력을 사용해 서클에 참여한 가정이나 개개인들이 물질적인 빈곤에서 빠져나오도록 도우려는 사람들이다. 서클에 참여하는 사람들은 서클을 통해 물질적인 빈곤 근저에 있는 수치와 고립을 극복하고 좀 더 긍정적인 미래로 나아가려는 결의를 한다.

서클을 구성하고 유지하는 데에는 다양한 방법들이 있을 수 있지만 아이오와(Iowa) 주 에임스(Ames)의 비종파조직인 '복지를 넘어서'(Beyond Welfare)가 사용하는 방법은 주목할 만한 여러 가지 특징이 있다. [5]

- **대규모 그룹 모임**: 매주 동맹자들과 참여자들, 그들의 자녀들과 그 외 흥미를 가진 사람들이 모여 저녁식사를 한 뒤 아이들이 어울려 노는 사이에 어른들이 모임을 가진다. 모임에서 주요 내용은 모임의 중요 원칙들을 다시 확인하는 것으로, 각자 삶에 일어난 긍정적인 발전들을 소개하고 직업준비훈련이나 재정교육, 개인개발계좌 등과 관련된 주제를 학습한다(8장 참조).

- **후원자들의 서클 구성**: 어떤 사람이 후원자 서클을 구성하고 싶으면 자신이 원하는 동맹자들에게 서클에 들어올지 의사를 타진할 수 있다. 제의를 받은 동맹자들은 자유롭게 거절하거나 수락할 수 있다. 여기에는 몇 가지 장점들이 있다. 우선, 이전에는 알지도 못하던 사람들을 멘토와 멘티로 배정하고 성공적인 관계를 만들어내라고 주문하는 많은 멘토 프로그램들의 어색함을 없앨 수 있다. 그렇게 만난 멘토와 멘티가 서로 마음에 들어 하지 않으면 곤란한 일이다. 그리고 이런 방법은 참여자 한 사람당 동맹자 한 사람을 배정하지 않고 팀을 이용한다는 장점이 있다. '부담'을 여러 사람들이 나눠 가져서 봉사자들이 지치는 것을 막을 수 있고, 다양한 재능들과 능력들을 사용할 수 있으며, 참여자들에게 더 넓은 범위의 인적 네트워크를 제공할 수 있다. [6]

- **후원자들의 서클 모임**: 각 서클은 매월 모임을 가진다. 참여자는 종종 시각자료로 만든, 자신의 미래목표들에 관한 내용을 담은 '꿈을 향한 길'을 발표함으로써 서클 활동을 시작한다. 그 다음에는 참여자와 동맹자들이 그런 목표들을 이루려면 취해야 할 단계들을 생각하기 위해 브레인스토밍을 한다. 참여자는 구체적인 단계를 정한 뒤에 자신이 동맹

자들에게 원하는 도움들을 설명한다. 동맹자들은 그 요청에 자유롭게 반응할 수 있다. 동맹자들의 지원 아래 참여자는 자신이 결정한 단계들을 실천에 옮긴다. 이런 과정은 그림 10.1의 변화 주기를 실제 삶에 적용하는 것이다.

참여자들의 '꿈을 향한 길'은 그룹 전체 모임 주제들과 연결될 수도 있다. 예를 들어, 전체 그룹이 재무교육을 받는다면 참여자의 꿈은 채무를 벗어나는 것이 될 수도 있다. 그러면 동맹자들은 예산 짜는 법을 가르쳐 준다든지 저축계좌를 개설하도록 도와줄 수 있다.

기독교적 시각에서 볼 때 참여자들의 '꿈'은 공개할 수 있어야 한다. 동시에 그런 꿈들은 실제로 참여자들의 꿈이어야 한다. 온정주의에 빠진 동맹자들이 그들의 꿈과 목표들을 참여자들에게 강요하는 일이 있어서는 안 된다. 또한 사람들은 교정이 필요한, 선이 아니라 악을 좇는 목표들과 소망들을 꿈꿀 수도 있다. 세속적이거나 현실성이 떨어지는 꿈을 말하는 참여자들에게 진정한 사랑을 베푸는 길은 진심으로 충고해서 좀 더 거룩하고 현실성 있는 꿈을 가지도록 돕는 것이다.

서클 모임들의 바람직한 특징 가운데 하나는 일정한 틀을 지닌다는 사실이다. 인간 전체를 아우르는 사역의 전문가 에이미 셔먼은 정해진 초점이 있는 '조언 모임'(mentoring meetings)을 아무런 틀이나 목표가 없는 모임들보다 참여자들이 덜 어색해하고 혼란스러워하지 않는다는 것을 발견했다.[7] 교회나 사역자들이 후원자들의 서클을 활용하면 복음을 전파하고 제자의 삶을 전할 수 있는 좋은 기회를 얻을 것이다.

서클을 구성하는 데 도움이 되는 책들로는 *One Candle Power: Seven Principles that Enhance Lives of People with Disabilities and Their Communities*(촛불 하나의 힘)[8]와 *All My Life's a Circle, Using the Tools:*

Circles, MAPS & PATHS(내 삶은 끝없는 순환이다)[9])가 있다.

그런데 후원자들의 서클이나 다른 멘토링 프로그램들이 물질적인 빈곤을 겪는 사람들의 개인적인 문제들을 돕기 위한 것으로만 비쳐져서는 곤란하다. 우리가 2장에서 살펴보았듯이 문제가 있는 것은 개인만이 아니다. 경제나 사회, 정치나 종교에 얽힌 제도들이 모두 온전하지 못하다. 제도가 망가져 있을 때 이는 미국의 짐 크로(Jim Crow, 흑인을 경멸하는 호칭으로 사용되며, 공공장소에서 흑인과 백인의 분리와 차별을 주장한 미국의 법인, 이른바 '짐 크로 법'이 1876년부터 1965년까지 존재했다 — 편집자 주) 시대처럼 명백한 박해로 나타나거나 좀 더 은밀하게는 가난을 벗어나기 위해 네트워크를 사용하지 못하게 하는 형태로 나타날 수 있다. 예를 들어, 대부분 사람들은 그들의 사회적 네트워크를 통해 일자리를 구한다. 일자리 정보를 얻는 것도, 그 일자리에 지원하는 데 필요한 추천도 이미 그곳에서 일하는 친구들을 통해 얻는다. 그런 네트워크를 가진 우리는 그것이 우리가 성공하는 데 얼마나 중요한지 미처 의식하지 못한다.

그림 10.2에 나와 있듯이 동맹자들의 중요한 역할 가운데 하나는 자신들의 인적 네트워크를 이용해 서클 참여자들이 사회의 더 큰 제도에 접속하게 해주고, 또 그렇게 함으로써 망가진 제도들을 보완해주는 일이다. 때로는 적절한 전화 한 통화가 일자리면접과 대출신청, 부당판결의 재고 등 놀라운 결과를 낳을 수 있다. 중상층 북미 기독교인들은 자신들의 네트워크가 물질적으로 빈곤한 사람들의 삶을 향할 때는 엄청난 자원이 될 수 있음을 깨달아야 한다. 이는 단순히 자선행위를 떠나 빈곤한 사람들을 압박하고 소외시키는 망가진 제도들을 교정하는 행위이다.

개인적 · 제도적 타락에서 생겨난 관계단절이 가난의 원인이라면 이를 극복하기 위해서는 관계를 중시하는 고도의 방법들이 필요하다. 존재의 빈곤과 공동체정신의 빈곤, 주체성의 빈곤과 영적 친밀감의 빈곤을 극복하기 위한 그 어떤 사역에서도 동맹자들과 그들의 사회적 네트워크를 동원하는 일은 아주 중요한 요소이다.

참여자들을 네트워크와 제도로 연결하는 동맹자들

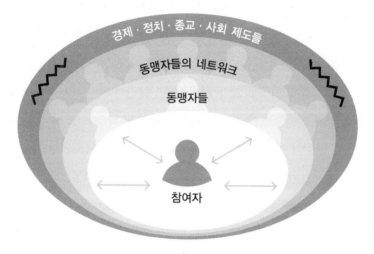

그림 10.2

원칙 3: 눈에 띄는 성공의 흔적을 빨리 찾아보라

변화는 어렵다. 사람들이 변화에 따르는 고통을 감수하게 하려면, 그래서 처음의 변화들에 만족하지 않고 계속 변화의 과정을 지속하기 위해서는 적절한 열의와 추진력이 필요하다. 6장에서 논의했듯이 사람들은 얼마나 자신이 직접 참여하여 선택하고 설계하며 실천하고 평가를 했느냐에 따라 그 프로그램에 대한 열의도가 달라진다. 하지만 참여만으로는 오랜 인고의 기간을 견뎌낼 열의와 힘이 생기지 않는다. 실제로 우리가 직접 참여를 했지만 방향을 잃고 좌초한 일들도 얼마나 많은가.

충분한 동기부여가 이루어지려면 참여자들은 빨리 눈에 띄는 의미 있는 성취를 맛보아야 한다.[10] 체중을 줄이기 위해 운동을 시작한다고 해보자. 운동을 하고 난 후 첫 주 동안 몇 백 그램 몸무게가 줄어든다면 다시 러닝머신으로 발걸음을 옮기기가 훨씬 가벼워질 것이다.

초기의 눈에 띄는 성취는 물질적으로 빈곤한 사람들에게 동기부여와 추진력을 주는 것 외에도 그들을 돕는 교회나 자원봉사자들, 기부금을 제공하는 사람들, 서클에 가입해야 할지 여부를 아직 결정하지 못하고 망설이는 사람들에게도 큰 힘이 될 수 있다. 적절한 관성의 힘을 얻으려면 가능한 한 빨리 일이 제대로 돌아가도록 하는 것이 좋다.

일찍 상당한 실적을 올리기 위해 제일 쉬운 방법은 "작은 규모로, 빨리 시작해서 성공을 거두는 것이다". 그러니 작은 규모로 시작하라. 참여자들이 오랜 시간이 걸리는 크고 복잡한 프로젝트에 제대로 참여하기란 어렵다. 그들은 보통 그런 프로젝트를 관리할 기술이 부족해 결국 '전문가'들의 도움을 받을 수밖에 없다. 정보를 수집하고 상황을 분석하며 어떤 일이 벌어질지 토론하는 데 너무 많은 시간을 써버리면 사람들은 흥미를 잃고 정말로 변화가 일어나기는 할 것인지 의심하게 된다.

작은 규모로 빨리 시작할 수 있는 방법들 가운데 하나는 이미 우리가 하고 있는 일들을 살펴보고 그런 일을 좀 더 발전적으로 할 수는 없을까 생각해보는 것이다. 모든 일을 아무것도 없는 맨바닥에서부터 시작할 필요는 없다.

예를 들면, 나는 대부분의 단기선교팀들이 제공하는 노동과 물자로 가난한 마을 사람들의 낡은 가옥들을 개선하는 일을 해온 사람과 이야기를 나눈 적이 있다. 그는 이 책 전반부를 읽더니 자신이 온정주의에 입각해 일해온 것은 아닌지 걱정하기 시작했고 전반적으로 자신의 방법에 대해

회의에 빠졌다. 그와 이야기를 하다가 나는 그에게 도움을 받는 가정들이 그들의 집을 보수하는 과정에서 돈이든, 물자든, 노동력이든, 기여할 방법이 있는지 물어보았다. 내 말을 듣고 그는 자신의 사역을, 실정에 걸맞지 않은 구제 프로그램에서 가난한 사람들이 외부로부터 받은 자원에 자신들의 자원을 더하는 자산 중심, 참여 중심의 발전형 방법으로 바꾸었다.

마찬가지로 2장에 소개한 크릭사이드 커뮤니티 교회도 가난한 마을의 부모들이 교회가 기증하는 크리스마스선물을 저렴하게나마 돈을 내고 구입하게 함으로써 아이들이 자존감을 잃지 않게 했다. 제리의 경우에도 푼돈을 토니에게 집어주는 대신 교회에서 일거리를 찾든지 노인들이나 수발을 들어주어야 하는 사람들을 돕는 일을 찾아서 토니에게 제공하여 일할 기회를 주어야 한다.

만약 당신이 가난한 사람들의 삶에 개입하고 싶다면 처음에는 적은 수의 사람들과 함께 일을 시작하라. 8장에서 논의한 직업준비훈련이나 재정교육, 개인개발계좌 등을 사용해 전체적인 접근방식을 시도할 수도 있다. 거대한 프로그램이나 새로운 비영리기구를 설립하는 대신 교회나 사역자들은 이런 개입방법들 가운데 하나를 적은 수의 사람들과 함께 시작할 수 있다. 작은 규모로 빨리 착수할수록 초기에 눈에 띄는 성과를 얻기가 쉬울 것이다. 그래야 시간이 지나가면서 프로그램을 더 자라게 할 힘과 열의가 생긴다.

원칙 4: 행동하며 배우라

몇몇 독자들은 이 책 전반부에서 제시한 충고, 즉 외부의 생각과 기술, 자원을 가지고 너무 빨리 뛰어들지 말라는 조언과 '일찍 시작하라'는 충고가 모순이 아니냐고 생각할지도 모른다. 하지만 여기에는 미묘한 차이가 있다.

먼저, 우리는 사람들의 말을 경청하고, 물질적으로 빈곤한 개인이나 공동체가 지닌 재능과 자산을 파악하고, 우리가 개입하여 빚어질 모든 측면들을 충분히 고려할 수 있을 정도로 시간적인 여유를 가져야 한다. 그래서 물질적으로 빈곤한 개인이나 공동체들의 아이디어나 자원, 꿈들을 파악하고 동원할 수 있어야 한다. 특히 기억해야 할 사항은 북미인들은 문제를 해결하려고 너무 서둘러 개입하는 바람에 주민들의 주인의식이나 주체성을 망쳐놓는 경향이 있다는 것이다.

하지만 이런 생각에 너무 사로잡힌 나머지 우리가 일을 시작하기 전에 공동체 사람들의 모든 사항을 다 알아야 한다고 여겨서도 안 된다. 자료를 얻고 분석하는 데 너무 많은 시간을 허비한다면 관련된 사람들, 즉 물질적인 빈곤을 겪는 사람들과 협력기관들, 직원들과 자원봉사자들, 기부금후원자들은 열의와 동기를 잃을 수 있다.

변화이론이 이때 도움이 될 수 있다. 그림 10.1은 행동과 반성의 나선형 주기인 '진행하면서 배워가는' 과정을 보여준다. 사람들과 같이 일하면서 함께 무엇인가를 시도하고 함께 그 경험을 반성하며, 함께 추가해야 할 사항을 결정하고 함께 시도하며, 다시 함께 반성하고, 다시 함께 시도하고 …. 그런 과정을 시작하기 위해 모든 것을 다 알 필요는 없다. 그런 과정을 통해 겸손하게 배우려는 마음을 지니는 것이 시작할 때 폭넓은 지식을 가지고 있는 것보다 훨씬 중요하다.

원칙 5: 변화를 가장 잘 받아들이는 사람들과 함께 시작하라

개발은 바꾸려는 마음이 있는 사람들에게만 일어날 수 있다. 긍정적인 삶의 변화를 만들어갈 책임이 자신들에게 있음을 믿지 않는 사람들은 삶을 진전시키기가 어렵다.

변화를 받아들이는 단계

물질적으로 가난한 사람의 태도	그들과 함께 앞으로 나아가는 접근법
긍정적 변화에 대한 수용성 증가 ↑	7. "나는 기꺼이 다른 사람들에게 해결책을 보여주고 변화를 지지할 것이다."	점점 개방적이 되어가며 자신감이 생기고, 학습과 정보, 향상된 기술 습득에 대한 열정이 있는 사람들에게서 이러한 반응들을 볼 수 있다. 긍정적인 변화, 즉 '개발'을 추구할 때 이런 사람들과 함께 나아가는 것은 상대적으로 쉽다. 그들과 '곧 시작'하기란 상대적으로 쉬울 것이다.
	6. "나는 어떤 행동을 시도할 준비가 되어 있다."	
	5. "나는 문제가 무엇인지 알고 있으며 내가 할 수 있는 일에 대해 좀 더 배우는 것에 관심이 있다."	
	4. "나는 문제가 있다는 것을 알고 있지만, 상실에 대한 두려움 때문에 변화가 두렵다."	이런 사람은 다른 사람들이 변화를 가져오려고 시도할 때 잠재적인 사회적·경제적 상실에 대해 종종 근거 있는 두려움을 가진다. 그들의 삶은 매우 취약할 가능성이 높으며, 실제로 당신보다 잠재적 해결책이 지닌 위험에 대해 더 잘 이해하고 있을지도 모른다. 그들과 함께 일하려면 그들의 두려움과 관심사를 잘 들어주면서 위험요소를 줄이기 위해 해결책을 변경하고 또 서로 지원하며 협력하는 분위기를 조성해야 한다.
	3. "나는 문제가 있다는 것은 알지만 변화가 가능하다는 말은 의심스럽다."	이런 사람은 긍정적인 변화가 가능하다는 사실에 대해서조차도 회의적이다. 그들의 의심 안에는 자신들의 상황에서 제안된 해결책이 얼마나 효율적인가에 대한 합법적인 의문이나 심지어 조력자의 능력에 대한 의심까지 포함된다. 또는 어쩌면 그들은 과거에 변화를 시도했으나 그 일이 너무나 어렵다는 것을 이미 경험했을지도 모른다. 그들과 함께 일하려면 그들의 두려움에 대해 귀를 기울여주고, 신뢰를 쌓으려고 노력하며, 그들에게 비슷한 상황에 처한 다른 이들의 긍정적 변화의 성공사례를 예로 들면서 변화가 가능하다는 사실을 보여주어야 한다.
긍정적 변화에 대한 수용성 감소 ↓	2. "내게 문제가 있을지도 모르지만 그것에 대해 뭔가를 하는 것은 내 책임이 아니다."	이런 사람은 문제의 원인과 해결책이 하나님 손 안에 있거나 정부 또는 어떤 외부요인에 있다고 믿는다. 비록 외부세력이 부분적 또는 전적으로 현재 상황에 책임이 있을지도 모르지만, 자신의 상황을 향상하기 위해 스스로 행동하는 책임을 받아들일 때까지는 이 사람에게 어떤 긍정적인 행동을 취하는 것이 매우 어렵다.
	1. "전혀 문제가 없다."	이 사람은 현재 상황에 매우 만족하며 어떤 문제나 변화할 이유를 찾지 못한다. 이런 사람을 변화시키는 것 자체가 어려운 일이지만, 더욱이 구제를 통해 그가 삶을 견뎌내도록 돕는 것은 그에게 매우 해롭다. 우리는 그에게 긍정적 변화에 대한 갈망을 유발할 수 있다는 희망을 가지고, 그가 자신이 내린 결정에 대한 고통스러운 결과를 실제로 경험하게 놔두어야 한다. 이런 태도를 고치는 데는 많은 시간과 노력이 필요할지 모르며 어떤 변화가 일어날 것이라는 보장은 없다.

표 10.1

출처_ Lyra Srinivasan, *Tools for Community Participation, A Manual for Training Trainers in Participatory Techniques*(Washington, DC: PROWWESS/UNDP, 1990), 161.

하지만 이 말이 물질적으로 빈곤한 모든 사람들은 그들이 처한 상황에 항상 책임이 있다는 뜻은 아니다. 미국의 흑인노예들은 스스로 사슬에 묶인 것이 아니다. 인도네시아 주민들이 쓰나미를 초청한 것도 아니다. 인간이 타락하여 제도와 인간 모두가 망가졌다는 사실을 기억하라. 하지만 어떤 이유로 개인과 공동체들이 난국에 처하게 되었든 변화를 이끌기 위해 자신의 재능과 자원을 사용해 자신이 할 수 있는 조처를 취하는, 신념을 가진 주체적인 자세가 필요하다. 믿음을 지닌 우리가 할 일은 그들을 도와 그들 힘만으로는 벗어나지 못하는 장애를 넘어서게 해주는 것이다.

표 10.1이 보여주듯이 개인과 공동체들은 모두 변화에 대한 감수성의 정도가 다르다. 물론 우리는 그들의 감수성 정도와 상관없이 모든 사람들을 사랑해야 하지만 그들이 다른 만큼 그들을 사랑하는 방식도 다를 수밖에 없다.

표의 가장 아래에는 변화하려는 마음이 전혀 없는 사람들이 있다. 미국의 노숙자들 일부가 이 부류에 속한다. 만약 변화할 가능성이라고는 조금도 보이지 않는 사람임이 분명한데도 무조건 돈을 주거나 의류나 거처를 제공해 그들이 죄 가운데 계속 지내도록 한다면 이는 사랑이 아니다. 그런 경우 사랑은 그들이 스스로 선택한 처지를 힘들어하도록 만들어 변화를 꾀하도록 이끄는 것이다. 여기에 한 가지 단서는 이런 조처를 정신적으로 장애가 있어 자신의 선택에 책임질 수 없는 사람들에게 행해서는 안 된다는 것이다.

성경은 우리에게 도움을 청하는 이들을 거절하지 말라고 했는데 물질적인 도움을 주지 말라는 건 또 무슨 말이냐며 따지는 독자들이 있을 것이다. 이런 어려운 문제에 대해 성경이 어떻게 답하는지 제대로 논의하려면 이 책 한 권으로도 모자랄 것이다. 관심 있는 독자들은 이런 문제를 폭넓게 다루는 다른 책자들을 참고해보는 것도 좋겠다.[11] 하지만 여기서는 우선 두 가지만 지적하려고 한다.

먼저, 성경말씀의 각 구절들은 성경 전체 이야기의 흐름 안에서, 즉 창조와 타락, 구속으로 이어지는 주제 안에서 해석해야 한다. 2, 3장에서 설명했듯이 이런 관점이 가난한 사람들이 당하는 곤경으로 향하게 되면, 그들을 도와 하나님이 애초에 그들을 만드신 대로, 즉 일을 하고 그 소산으로 자신과 가족을 부양해 하나님을 영화롭게 하는 소명을 완수하는 사람들로 회복시켜야 할 당위가 생긴다. 하나님은 변함이 없으시기 때문에 성경 안의 각기 다른 명령들은 그 지상명령을 완수하기 위한 것으로 이해해야 한다.[12] 가난한 사람들의 삶 속에서 벌어지는 하나님의 이런 위대한 일이 방해를 받아서는 안 된다.

이런 관점은 얼핏 모순되어 보이는 성경말씀들을 이해하는 데 도움이 된다. 예를 들면, 하나님이 당신의 백성들에게 물질적으로 빈곤한 사람들, 그중에서도 특히 과부를 돌보라고 말씀하신 구절들이 성경에는 많이 있다(레 19:9, 10; 신 14:28, 29; 마 25:31-46; 약 1:27; 요일 3:17, 18). 하지만 하나님은 신약의 교회들을 향해 자손이 있는 과부들을 물질적으로 돕지 말라고 말씀하셨고, 자손이 있든 없든 아직 60세가 되지 않은 과부도 돕지 말라고 하셨다(딤전 5:3-16). 주석가들은 그 당시 보통 60세까지는 일을 해서 자신을 돌볼 수 있다고 설명한다.[13] 자손이 없는 과부들에게도 무조건 도움을 주지는 않았다는 사실에 주목하라. 물질적인 지원을 받기 전에 과부들은 그들의 선행이 널리 알려져야 했다.

그렇다면 하나님이 과부들은 사랑하시지 않은 것일까? 우리는 성경의 두 입장을 어떻게 절충해야 할까? 총체적인 서사의 맥락에서 바라보면 이런 미스터리는 사라진다. 하나님은 우리가 빈곤한 사람들에게 시간과 돈을 내어주기를 원하신다. 우리는 "주린 자에게 … [우리] 심정이 동하며 괴로워하는 자의 심정을 만족하게"(사 58:10상) 해야 한다. 하지만 우리가 그렇게 할 때 그들을 하나님이 창조하신 원래 모습대로 회복시킨다는 궁극목표를 해쳐서는 안 된다.

사실 디모데전서 5장 13절을 보면, 하나님이 신약의 교회들에게 60세가 넘지 않은 과부들에게 물질적인 도움을 주지 말라고 하신 까닭은, 그들이 '게을러지고 소문이나 내고 남의 일에 쓸데없이 참견하는 사람들'이 되지 않음으로써 하나님 나라의 생산적인 일꾼이 되도록 하시기 위해서임을 알 수 있다. 성경은 무조건적인 베풂보다는 하나님이 창조하신 대로 사람들을 회복시킨다는 최종목표를 잊지 않는 지혜와 절제를 사용하라고 명한다.

아주 절박한 처지가 아닌 한 물질을 제공하지 않는 것이 그들을 돌아보지 않는 것은 아니다. 그와 반대로 우리는 그들에게 메시지를 보내야 한다. "우리는 당신이 지금 내게 요구하는 것 이상을 줄 수 있을 만큼 당신을 사랑합니다. 당신의 현재 처지의 원인이 무엇인지 파악할 때까지 우리는 당신과 함께하겠습니다. 이건 당신이 지금 요구하는 얼마 안 되는 돈보다도 우리에게는 더 힘든 일입니다. 하지만 하나님이 보시기에 당신은 그럴 만한 가치가 있기 때문에 우리는 더 힘든 길을 기꺼이 택하겠습니다." 이런 입장이 어떻게 그들을 못 본 척하는 것인가. 만약 그들이 우리 제의를 거절한다면 우리가 그들에게 거절당하는 것이다. 이렇게 되었을 때 우리가 할 수 있는 일은 기도뿐이다. 그들에게 문을 열어놓고 그들이 다시 돌아올 때 진정으로 그들을 돕고 싶다고 다시 제안하는 것이다. 하지만 그들이 작은 물질을 요구할 때 돕는다면 그들을 사랑하는 것이 아니다. 우리는 그들을 진정으로 사랑하도록 부르심을 받았다.

다시 표로 돌아가 3과 4 범주에 있는 사람들은 변화를 받아들일 용의가 있지만 그들의 발목을 잡는 구체적인 이유가 있다. '지식 온정주의'에 대해서는 이미 다룬 바대로 때로는 우리가 보기에는 유익한 개입 같지만 당사자들에게는 아주 해롭거나 위험한 일이 되는 경우들도 있다. 물질적으로 빈곤한 사람들이 그런 우려를 이야기할 때 우리는 조심스럽게 그들의 이야기를 경청해야 한다. 그들이 항상 옳은 것은 아니지만 그 점에서는 우리도 마찬가지이다. 그들이 제공하는 정보에 따라 우리의 개입이나 방법을 수정해야 할 수도 있다.

5에서 7 범주에 있는 사람들은 그들에게 제시한 변화에로의 초대를 가장 잘 받아들일 사람들이며 개발과정을 시작하기에 용이한 사람들이다. 일찍 일을 시작해 눈에 띄는 성공을 거두어 열의와 힘을 얻고자 한다면 이 범주 사람들과 일을 시작하는 것이 좋다. 그들이 성공하면 그들을 지켜보던 3, 4 범주 사람들도 근거 없는 두려움과 걱정을 떨쳐버릴 수 있다. 심지어는 이전에는 생각조차 할 수 없던 새로운 가능성들을 향해 1, 2 범주 사람들의 마음을 열 수 있다.

이때 사람들이 변화를 받아들이는 정도를 측정할 수 있는 도구가 있다면 아주 유용하다. 이런 도구들은 적어도 두 가지 사항들을 파악할 수 있어야 한다. 첫째, 개인이나 공동체가 크든 작든, 이런 처지에 이르게 된 데 대한 자신의 책임을 이해하고 있는지를 파악해야 한다. 2장에서 볼 수 있듯이 빈곤은 구조적인 불의와 자연재해, 개인의 죄 혹은 이런 것들이 조합된 결과일 수 있다. 사람들이 문제 상황에서 자신들이 스스로 초래한 부분이 얼마나 되는지 이해하고 이를 고치기 위해 노력하는 것은 아주 중요하다. 둘째로, 개인이나 공동체는 현 상황을 개선하기 위한 행동을, 그들의 힘이 닿는 한 취해야 할 의무가 자신들에게 있다는 것을 파악해야 한다. 다음 장에서 설명할 도구들과 방법들은 변화에 대한 감수성의 이 두 가지 측면들을 파악할 수 있도록 도와준다.

여기서 우리가 기억해야 할 것은 빈곤한 사람들만이 변화가 필요한 것이 아니라는 사실이다. 우리 모두는 다양한 면에서 빈곤하기 때문에 모두 변화가 필요하다. 북미의 많은 교회들 및 사역자들과 마찬가지로 파크뷰 펠로우십 교회도 변화의 촉발점을 경험하고 있다. 방아쇠를 좀 더 잘 당기면 그 교회는 사람들을 변화시키는 강력한 사역을 감당할 수 있을 것이다. 다음 장에서는 파크뷰 교회가 사역을 펼치는 다양한 상황에서 자산을 기초로 하는, 참여지향적인 개발 모델로 나아가기 위해 이 장에서 논의한 원칙들을 어떻게 적용할 수 있는지를 알아보겠다.

돌아보며

다음 질문에 답해보라.

1. 당신의 교회나 당신이 사역할 때 가난한 사람들과 일해온 방식을 생각해보라. 어떤 식으로 긍정적인 변화를 일으키거나 실패를 촉발시켰는가?

2. 당신의 교회나 당신이 사역할 때 개인이나 가정들을 변화시키기 위해 후원자들 팀을 사용한 적이 있는가? 이 일을 통해 당신은 무엇을 배웠는가? 만약 그런 팀을 사용한 적이 없다면 상황을 바꾸기 위하여 당신이 할 수 있는 일은 무엇인가?

3. 당신이나 주위 사람들이 직업을 구하게 된 과정을 생각해보라. 직업을 구할 때 인맥이 어떤 역할을 하는가? 인맥을 통해 당신 삶에 긍정적인 변화가 생긴 적이 있는가? 가난한 사람들을 돕기 위해 당신의 인맥을 사용할 수 있는가?

4. 당신의 교회나 당신이 사역할 때 시작하려고 했지만 실패로 끝난 운동들이 있는가? '작은 규모로 시작하기'나 '빨리 시작하기' 가운데 실천에 옮기지 못한 것이 있는가?

5. 당신이 도우려 하나 변화를 받아들이려 하지 않던 사람들이 있는가? 긍정적인 변화에 마음을 열도록 성령님이 그들 마음을 움직이시기를 간절히 기도하라.

6. 당신은 하나님이 당신의 삶에 일으키고 싶어 하시는 긍정적인 변화를 받아들일 준비가 되어 있는가? 당신의 마음이 좀 더 그런 변화들에 열리기를 하나님께 간구하라.

들어가며

잠시 다음 질문에 답해보라.

1. 당신의 교회나 당신의 사역에 있어 다른 기관들과 연대하여 활동하는 공동체들의 목록을 작성하라. 그들 공동체들 가운데 가난한 공동체들이 있는가? 공동체 전체가 가난하지는 않지만 가난한 가정들을 포함하는 공동체들이 있는가?

2. 만약 당신의 교회가 국내외 가난한 사람들을 대상으로 사역하는 다른 교회나 기관들과 연대하고 있다면 파트너 교회나 기관들은 당신의 교회가 제공하는 도움을 감사하게 받아들이는가? 무엇을 보면 그것을 알 수 있는가?

11장

이웃 사랑의 끝, 예수 그리스도

    제리와 댄 목사를 비롯한 파크뷰 교회 지도자들이 모여 앞으로 나아갈 방향을 토론하면서 그들은 파크뷰 교회가 세 가지 뚜렷한 분야에서 사역을 감당한다는 것을 깨달았다(그림 11.1 참조). 첫째, 비록 교회가 빈곤한 사람들이 사는 지역에 위치하지는 않지만 대로에 서 있어 사람들 눈에 쉽게 띄기 때문에 도시 전역에서 성도들이 오거나 이 부근을 지나치는 사람들이 많이 방문한다. 이들은 홀로 사는 사람들일 수도 있지만 핵가족이나

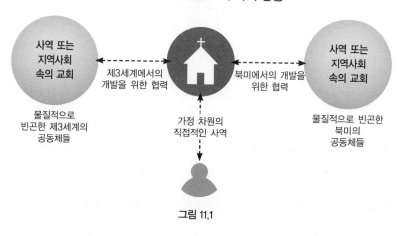

파크뷰 펠로우십 교회 사역 상황

사역 또는
지역사회
속의 교회

제3세계에서의
개발을 위한 협력

북미에서의 개발을
위한 협력

사역 또는
지역사회
속의 교회

물질적으로
빈곤한 제3세계의
공동체들

가정 차원의
직접적인 사역

물질적으로 빈곤한
북미의
공동체들

그림 11.1

대가족을 이루며 사는 사람들일 가능성이 더 많다. 둘째, 파크뷰는 수년 동안 3.2킬로미터 정도 떨어진 빈민가의 사역처에 재정적·인적 지원을 해왔다. 셋째, 파크뷰는 제3세계의 물질적으로 가난한 공동체들을 보살피는 교회들과 조직들, 선교사들과 함께 일할 단기선교팀들을 보내고 있다.

이 장에서는 파크뷰 펠로우십 교회와 그 동역자들이 세 가지 환경에서 자산에 기초한, 참여지향적인 사역을 감당할 수 있는 방법을 설명한다.

북미에서 펼치는 가정 차원의 직접적인 사역

가정 차원의
직접적인 사역

그림 11.1 A

북미의 많은 교회들처럼 파크뷰 펠로우십 교회도 빈곤한 주거 지역에 위치하지는 않는다. 하지만 파크뷰에도 재정지원을 요청하는 그리스도인들과 비그리스도인들이 찾아온다. 이들은 교회 근처에 살기도 하지만 도시 전역에서 찾아오기도 하고 고속도로를 타고 지나가다 잠깐 들르기도 한다. 교회에 도움을 청하는 가난한 사람들이 다양한 장소에서 찾아오고 파크뷰 교회가 위치한 지역에는 가난한 사람들이 없다는 사실만 보더라도, 교회가 위치한 지역사회를 위한 광범위한 개발계획보다는 가난한 사람들과 그 가정에 집중하는 편이 훨씬 나을 것이다. 파크뷰는 가난한 사람들 개개인과 그들의 가정을 위해 다음 절차를 따라 자산에 기초한, 참여지향적인 개발을 꾀할 수 있다.

1단계: 교회나 조직의 재능들을 파악하고 동원하라

파크뷰 교회 교인들이 가지고 있으며, 그래서 교회가 사용할 수 있는 재능과 능력, 자원들을 아는 것은 그런 자원들을 사용하기 어렵게 만드는 교회의 약점들을 파악하는 일만큼이나 중요하다.

재정적인 자원들도 도움이 되지만 물질적으로 빈곤한 사람들의 말을 들어주고 격려하는, 장기적인 인간관계를 맺을 수 있는 겸손하고 헌신적인 사람들을 모으는 일이 더 중요하다. 10장에서 묘사하듯이 멘토의 역할을 수행하는 데는 여러 방법들이 있을 수 있지만 후원자들의 서클처럼 멘토들의 팀을 이용하면 좋다. 파크뷰 교회가 빈곤한 사람들의 개발과정을 위해 본격적으로 중요한 역할을 맡기 이전에 멘토들을 발굴하고 빈곤한 사람들과 장기적인 관계를 맺을 준비를 시키는 일이 아주 중요하다.

교회의 자원들을 파악하고 동원하는 가장 좋은 방법은 성도들에게 자신들의 재능을 기록하게 하고 또 이를 교회에 제공할 수 있을지 묻는 간단한 설문지를 돌리는 것이다. 좀 더 종합적인 방법은 인간 전체를 아우르는 사역을 위해 교회의 경험들과 비전, 자세와 전반적인 능력과 약점들을 측정하는 것이다. 그 어떤 경우이든 교회에 기반을 둔 전체적인 사역에서 가장 뛰어난 전문가 가운데 한 명인 하이디 운루(Heidi Unruh)는 *Ministry Inventory Guide: Assess Your Church's Ministry Capacity and Identity*(교회 자산 가이드: 당신 교회의 사역 능력과 주체성)라는 아주 유용한 자원을 개발했다.[1] 하지만 비록 종합적인 측정이 도움이 된다 해도 '소규모로 빨리 시작해서' 열의와 추진력이 사라지지 않도록 하는 것도 중요하다.

2단계: 그 지역에 이미 존재하는 조직들과 기관들에 대해 배우라

파크뷰 주변 지역에는 이미 활동하고 있는 많은 기구들이 있을 것이다. 그들이 하는 일을 파악하여 그들이 제공하는 봉사를 피하거나 가난한 사람들이 그런 봉사를 받을 수 있도록 도움을 줄 수 있다. 하지만 파크뷰 교회는 가난한 사람들을 다른 기관들에 소개해주는 것으로 자신들의 일을 대신하여 결국에는 그들을 내쫓는 모양새가 되어서는 안 된다. 기억하라. 우리의 목표는 지속적인 변화를 일으킬 수 있는 장기적인 관계를 형성하는 일이다. 제리는 자신을 찾아온 토니에게 "토니, 우리가 당신의 생활비를 검토해보니 매달 전기세가 너무 많이 나가는 것 같아요. 내 차를 타고 함께 시내에 있는 전기회사 대리점으로 가서 전기세를 줄일 수 있는 방법이 있는지 한번 알아봅시다"라고 말할 수 있어야 한다. 그러고 나서 제리는 전기회사에서 제시한 방안들을 실천에 옮기는 과정도 토니와 함께해야 한다.

이미 존재하는 봉사단체들에 대해 알려면 쉽게 구할 수 있는 *United Way 2-1-1 Resource Guide*(연합된 길)라는 훌륭한 안내책자를 이용하면 된다. 만약 그런 자료를 사용하기가 여의치 않으면 전화번호 안내책이나 인터넷, 혹은 공공복지사업국이나 구세군 같은 잘 알려진 사회복지기관들에 문의할 수도 있고 다른 교회들이나 사역단체들, 혹은 파크뷰 교회가 알고 있는 물질적으로 빈곤한 사람들을 포함한 많은 사람들에게 물어볼 수도 있다. 노스웨스턴(Northwestern) 대학의, 자산에 기초한 공동체개발연구소에서 나온 신청양식들과 조언들을 포함한 쓸 만한 자료들도 구할 수 있다.[2]

3단계: 자산에 기초한, 참여지향적인 '첫 대면' 방침들을 채택하라

모든 교회들과 사역자들은 도움을 부탁하는 가난한 사람들을 처음 만나는 경우를 대비한 절차들과 방침들을 마련해놓아야 한다. '자선지침'(benevolence polices)이라고도 부르는 이런 방침들과 절차들은 물질적인 지원을 해야 하는 상황과 변수들, 그 사람들을 더 끌어안기 위한 후속 절차들을 설명할 수 있어야 한다. 이런 지침들을 시행하려면 각 개인이나 가정들에 관해 다음 사항들을 파악하기 위한 진단도구들이 필요하다. 첫째, 구제와 복구, 개발 가운데 어느 것이 필요한가? 둘째, 변화를 받아들일 용의가 있는가? 셋째, 교회나 사역자들에게 도움을 받는 지속적인 관계를 맺을 용의가 있는가?

캐나다의 다이애코널 미니스트리(Diaconal Ministries)에서 만든 아주 훌륭한 자료가 있다. 그중에서도 특히 그들의 자선지침에 있는 행동방침은 물질적인 지원을 요청하는 사람들을 진단하고 기본계획을 세우는 데 쓸 수 있다. 이 행동방침의 구조는 다음 질문들에서 볼 수 있듯이 자산에 기초한, 참여지향적인 방향과 일치한다.[3]

- 당신의 목표와 꿈은 무엇입니까?
- 그런 목표를 이루기 위해 어떤 능력과 힘, 자질들을 사용할 수 있습니까?
- 목표를 이루기 위해 당신의 재능을 사용한다면 제일 처음 할 일은 무엇입니까? 이 일은 언제쯤 할 생각입니까?
- 당신이 목표를 이루는 데 우리가 어떻게 지원하면 좋겠습니까?
- 당신은 목표를 달성하기까지 기꺼이 후원자가 당신에게 용기를 주고 격려할 수 있도록 하겠습니까?
- 당신의 계획이 잘 진행되고 있는지 언제 다시 만나서 점검해볼 수 있습니까?

자산에 기초한 참여지향적인 개발의 행동방침과 원칙

원칙	행동방침에 있어서의 적용
1. 인격적인 변화를 위한 방아쇠를 만들라	행동방침은 사람들에게 자신의 미래목표가 무엇인지 그리고 그 목표들을 달성하기 위해 활용할 수 있는 은사와 자원들이 무엇인지 고려해보도록 요청함으로써 방아쇠 역할을 할 수 있다. 아마도 그런 질문은 처음일 가능성이 크다.
2. 도움을 줄 사람들을 동원하라	행동방침은 교회나 사역기관이 그들과 함께하면서 지원해주는 사람들을 데려오는 것에 대해 마음이 열려 있는지 물질적으로 가난한 이들에게 물어본다. 만일 동의한다면 '협력자'를 붙여주거나, '복지를 넘어서'(Beyond Welfare)라는 단체가 지원그룹을 형성하기 위해 규모가 큰 그룹 모임을 활용하는 것처럼 좀 더 유기적인 과정을 활용할 수 있다(10장 참조). 협력자들이 미리 움직여 준비태세를 갖춤으로써, 물질적으로 가난한 사람들이 좀 더 깊은 도움과 관여에 대해 열린 마음을 표현할 때 바로 투입할 수 있도록 하는 것이 중요하다.
3. 눈에 띄는 성공의 흔적을 빨리 찾아보라	행동방침은 성공할 가능성이 높은 중단기 목표들에서 시작해야 한다. "먼저 아이들 독감예방주사 등록부터 시작합시다." "낙엽을 쓸어주면 현금을 좀 주겠습니다. 그러면 급한 돈은 마련할 수 있을 겁니다."
4. 행동하며 배우라	행동방침에서 사람들이 제공한 정보는 당신이 그 사람들에 대해 매우 빨리 배울 수 있도록 도와줄 것이다. 그들과 지속적인 관계를 유지하면서 당신은 그들에 대해 더 많은 것을 배울 수 있다.
5. 변화를 가장 잘 받아들이는 사람들과 함께 시작하라	행동방침을 만들려고 하지 않는 사람들은 변화에 수용적이지 않다. 그들을 위해 기도하되, 당신이 그들을 거절하는 것은 아니라는 사실을 기억하라. 단지 그들이 당신의 도움을 거절한 것뿐이다.

표 11.1

'자선지침'이 필요한 이유는 미리 준비된 대화를 통해 도움을 청한 상대와 당신이 함께 그가 처한 상황을 좀 더 잘 이해하고, 그 상황을 개선하기 위해 무엇이 필요한지를 고려하며, 앞으로 나아갈 준비가 되어 있는지 판단하고, 그 과정에서 당신의 교회나 사역이 담당할 역할을 알아보는 데 도움을 얻기 위해서이다. 삶에 변화를 일으킬 만한 위기상황이 아니고 상대가 행동방침을 수립하기를 거부한다면 당신이 아닌 그가 도움을 거절하는 것이다.

표 11.1에서 요약하듯이 이런 행동방침은 10장에서 논의한 다섯 가지 원칙들을 적용할 기회를 제공한다.

4단계: 새로운 사역을 시작할 기회를 모색하라

이전 단계들을 거치면서 파크뷰 교회는 그들이 마주치게 되는 빈곤한 사람들에게 지속적인 변화를 가져올 수 있는 새로운 사역을 시작할 기회를 발견할 수도 있다. 예를 들면, 파크뷰 교회 지도자들이 도움을 청하는 사람들과 함께 만든 행동방침을 살펴보면서 이미 그 도시 안에서 제공되는 서비스들을 찾다가, 그들이 이용할 수 있는 서비스들과 빈곤한 사람들이 앞으로 진전하기 위해 필요한 도움 사이에 큰 간격이 존재한다는 사실을 발견할 수도 있다. 이런 간격은 파크뷰 교회가 새로운 사역을 시행할 수 있는 특화된 분야를 제공한다.

사실 이런 간격은 적당한 서비스가 없는 탓일 수도 있고 사용할 수 있는 서비스가 복음 중심적이고 자산에 기초한 참여지향적인 개발이라는 목표에 적합하지 않기 때문일 수도 있음을 주목하라. 예를 들면, 지역사회에서 실시하는 무료재무교육과정이 이미 있을 수도 있지만 성경적인 관점에서 주체적인 재무관리원칙들을 취급하지 않고, 그래서 망가진 네 가지 근본관계들의 근저에 있는 세계관 문제들을 다루지 않을 수도 있다.

교회와 사역기관들은 특별히 다른 내용을 덧붙일 것이 없다면 이미 존재하는 서비스들을 위탁하여 그대로 제공할 수도 있다. 하지만 의도적으로 인간관계를 형성하고 복음을 전하며 주님의 제자를 삼을 수 있는 독특한 기회를 제공하는, 개발과정의 특징적인 내용들을 일반 서비스 제공자들과 계약하여 맡긴다면 큰 실수를 저지르는 것이다. 예를 들어, 돈을 잘 관리하게 하기 위한 교육의 일환으로 사람들에게 은행계좌를 개설하도록 권하는 문제를 생각해보자. 빈곤한 사람들에게 은행계좌를 열어주는 은행이 교회 근처에 이미 존재한다면 파크뷰 교회가 은행업무를 새로 시작한다는 것은 어리석은 일이다. 이처럼 교회가 은행업무를 본다는 것은 어불성설이지만 파크뷰 교회는 분명 재물을 주도적으로 관리하는 부분에 관한 성경의 원리들과 빈곤한 사람들에게 제자의 삶을 가르치는 것은 일반 서비스 제공자들보다 더 잘할 수 있다. 개발과정 가운데 이 부분이 지니는, 강력한 영향력을 끼칠 기회를 놓친다면 파크뷰 교회의 큰 실수일 것이다.

물론 파크뷰 교회는 지역 내에서 복음적인 사역을 펼치는 교회들이나 교회 관련 기구들을 발견할 수도 있을 것이다. 그럴 경우에는 중복되는 사역을 새로 시작하는 대신 이미 존재하는 사역들과 연계하고 그들을 돕는 데 최선을 다해야 한다. 예를 들어, 파크뷰 교회가 멘토들이나 교관들을 제공하는 등의 방법으로 지원할 수 있는, 성경에 근거한 재정교육과정을 제공하는 기관이 있을지도 모른다. 이렇게 다른 그리스도인들과 협력하는 것은 하늘나라의 자원을 주체적으로 관리하고 이용하는 일이며 세상에 대한 우리의 증언이 될 수 있고 하늘의 아버지를 기쁘시게 할 수 있는 일이다. 8장에서 논의했듯이 파크뷰 교회가 선택할 수 있는 세 가지 경제개발지원 프로그램들은 직업준비훈련과 재정교육, 개인개발계좌이다. '챌머스 센터워크'(Chalmers Center's Work)와 '세이빙네트워크'(Savings Network), '잡스포라이프' 등의 단체는 파크뷰 교회가 염두에 둘 만한 이런 프로그램들을 교육하고 훈련시킨다. 10장에서 말했듯이 후원자 서클 모델의 대규모 집회는 이런 세 가지 프로그램을 실시할 훌륭한 장을 마련해준다.

모색과정의 일부로서 파크뷰 교회는 시행하려는 사역과 관련한, 자산조사를 고도로 집중해서 해야 한다. 예를 들어, 만약 교회가 직업준비훈련 사역을 염두에 둔다면 이미 존재하는 서비스들을 충분히 활용하고, 파크뷰만의 특화된 서비스를 제공하기 위해 다른 서비스들을 알아보아야 한다. 이미 존재하는 기관들이나 협회들, 조직들과 공동체 안의 자원들을 알아보고 연계하며 이용하기 위한 일부 종합적인 자산조사에 비해 목표가 정해진 이 자산조사가 훨씬 집약적이라는 사실을 주목하라. 표 11.2는 특정 공동체에서 이미 존재하는 직업훈련과 직업안내 서비스들을 찾아보기 위해 실시한, 목표가 정해진 자산조사를 통해 이 사실을 보여준다. 노스웨스턴 대학의 자산에 기초한 공동체개발연구소 자료들도 목표가 정해진 자산조사표를 설계하고 실행하는 데 도움이 될 수 있다. [4]

북미에서 물질적으로 가난한 지역공동체 개발을 위한 동역

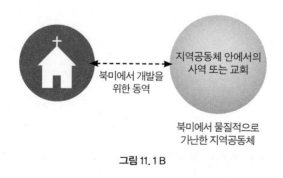

그림 11. 1 B

파크뷰 교회 지도자들은 교회가 벌이는 모든 사역들을 좀 더 개발지향적인 방향으로 만들기 위해 고심하는 과정에서 과거 쥬빌리 센터(Jubilee Center)와 동역하던 때를 떠올렸다. 쥬빌리 센터는 도시 내 최악의 빈민가인 웨스트사이드(Westside)에 위치한 기독교사역단체이다. 웨스트사이드는 실업과 범죄, 결손가정과 제구실을 못하는 학교들, 열악한 주거환경, 그리고 무엇보다 희망 없는 지역이라는, 북미 내 빈민 지역의 특징들을 다 갖추고 있다. 수년 동안 파크뷰 교회는 자원봉사자들을 보내 쥬빌리 센터의 지휘 아래 웨스트사이드 주민들을 위해 봉사해왔다. 분기에 한 번씩 자원봉사자들은 토요일 하루 시간을 내어 집들을 보수하고 페인트칠을 하며 쓰레기를 줍고 집집마다 음식바구니를 배달했다. 파크뷰에서 온 교인들은 중상층 백인들이고 웨스트사이드 주민들은 저소득층 흑인들이라는 사실 때문에 봉사자들과 주민들 사이에는 언제나 어색한 긴장감이 흘렀다. 하지만 쥬빌리 센터 직원들은 모두 웨스트사이드에서 성장한 사람들이고 언제나 자원봉사자들을 반갑게 환영했다. 그래서 자원봉사자들은 그들이 어색함을 느끼는 것이 쥬빌리 센터와 그들의 공동체를 섬기는 데 대한 작은 희생이라 여기고 계속 자원봉사를 하러 다녔다.

하지만 이제 파크뷰 교회 지도자들은 생각이 바뀌었다. 그들은 매달 토니를 위해 공과금을 내주는 일과 웨스트사이드 주민들에게 물질적으로 지원해주는 일이 비슷하다는 사실을 깨달았다. 자신들의 자원봉사가 사실은 '주민들에게 힘을 실어주고 자존감을 회복시키며 자립을 노와준다'는 목표 아래 쥬빌리 센터 사역을 훼손하고 있던 것은 아닐까 걱정까지 들었다.

제리는 쥬빌리 센터 총책임자인 마이클에게 전화해 자신들이 느낀 우려를 이야기했다. 제리가 말을 마치자 전화기 건너편에서 한참 동안 침묵

목표설정 자산평가 예: 직업훈련 및 배치와 관련한 지역 관계의 비율과 수치

지역사회 혜택을 위한 활동	이 분야에서 일한 적이 있다	관심은 있으나 실제 해본 적이 없다	전혀 참여하고 싶지 않다	다른 그룹과 협력하여 일하고 싶다
주변에서 직업훈련 프로그램 시작하기	15% (13)	35% (30)	48% (41)	39% (33)
주변에서 기존 직업훈련 프로그램에 참여하기	14% (12)	39% (33)	46% (39)	42% (36)
주민들의 직업기술과 흥미에 관한 조사에 참여하기	8% (7)	44% (37)	45% (38)	42% (36)
일자리를 제공하기 위한 노력의 일환으로 고용주들을 돕기	15% (13)	33% (28)	48% (41)	41% (35)
지역의 일자리에 주민들을 채용하기	19% (16)	33% (28)	44% (37)	45% (38)
광고 등을 통해 주변 이웃들에게 일자리 정보 알리기	29% (25)	29% (25)	39% (33)	48% (41)
광고 등을 통해 주변 이웃이 아닌 사람들에게 일자리 정보 알리기	25% (21)	31% (26)	44% (37)	47% (40)
지역의 십 대들이 일자리 찾도록 도와주기	24% (20)	38% (32)	36% (31)	49% (42)
직원을 채용하고자 하는 고용주와 주변의 실직자들을 연결시켜주기	29% (25)	29% (25)	38% (32)	45% (38)
회원들이 실직자나 최근 고용된 주민들에게 멘토링을 해주도록 하기	19% (16)	34% (29)	44% (37)	41% (35)

총 답변자는 85명   표 11.2

출처_ Nicol Turner, John L. McKnight, and John P. Kretzmann, *A Guide to Mapping and Mobilizing the Associations in Local Neighborhoods*(Evanston, IL: The Asset-Based Community Development Institute at Northwestern University, 1999), 40.

이 흘렀다. 얼마 후 마이클의 떨리는 목소리가 수화기에서 흘러나왔다. "제리, 사실은 지난 몇 달 동안 쥬빌리 센터 직원들은 어떻게 하는 것이 좋을지를 알기 위해 기도해왔어요. 지난 몇 년 동안 우리가 당신들에게 정직하지 못했거든요. 우린 사실 당신들의 교회 자원봉사자들이 우리 공동체를 위해 하는 일들을 원하지 않아요. 아니 우리 사역에 방해가 된다고까지 생각하죠. 하지만 파크뷰는 우리에게 가장 크게 후원을 해주는 교회이고, 또 거기서는 매 분기 자원봉사자들에게 일거리를 주어야 한다는 사실을 잘 알고 있지요. 솔직히 말하면 후원금이 끊길까 봐 두려웠어요. 우리의 사역 비용을 충당하려면 파크뷰에서 보내주는 후원금이 절실히 필요하거든요. 당신들에게 정직하지 못한 것을 용서하세요. 하지만 이런 전화를 받고 보니 우리 기도가 응답을 받은 것 같네요."

제리도 미안한 마음을 숨길 수가 없었다. 그는 몇 년 전 그가 처음으로 자원봉사자들을 보내주겠다고 했을 때 쥬빌리 센터에서 선뜻 답을 하지 않던 것을 떠올렸다. 하지만 그때 그가 어떻게 했는가? 그는 자신의 뜻을 굽히지 않았다.

왜냐하면 그 당시 그는 담임목사로부터 더 많은 성도들을 사역에 '참여'시키라는 명령을 받았고, 그래서 자원봉사자 수가 많아지는 것은 그에게 주어진 목표를 더 많이 성취했음을 의미하기 때문이다. 제리는 마이클에게 자신의 잘못을 사과했다. 두 사람은 곧 모임을 가지고 가장 좋은 방안을 찾기로 했다.

전화를 끊은 뒤 제리는 머리를 양손에 파묻고 눈물을 흘리기 시작했다. 쥬빌리 센터는 파크뷰 교회가 사역을 돕고 있는 시내의 수많은 사역단체들 가운데 하나일 뿐이다. 그들은 모두 제리의 고압적인 자세에 자원봉사자들을 환영하는 제스처를 취했다. '나는 단지 빈민촌들을 변화시키고 싶

을 뿐인데.' 제리는 생각했다. '하지만 그들이 변하기 전에 내가 먼저 변해야겠어.'

쥬빌리 센터는 어떻게 해야 좀 더 자산에 기초한, 참여지향적인 방향으로 나아갈 수 있는가? 파크뷰 교인들은 어떻게 하면 진정으로 쥬빌리 센터를 도울 수 있는가? 두 기관들의 제대로 된 역할들은 무엇인가? 다음과 같이 쥬빌리 센터처럼 저소득층 지역에서 사역하는 교회나 단체들이 행할 수 있는 두 가지 방안들과, 파크뷰 교회처럼 공동체들 외부에서 지원하는 교회들의 적절한 역할을 논의해보겠다.[5]

북미에서 가정 차원의 개발을 위한 협력

쥬빌리 센터가 할 수 있는 첫 번째 일은 웨스트사이드 지역에서 가정 차원의 사역을 하는 것이다. 만약 이런 방향을 선택한다면 쥬빌리는 앞서 '북미에서 펼치는 가정 차원의 직접적인 사역'이라는 제목으로 파크뷰에 관련해 언급한 네 가지 단계들을 따름으로써, 자산에 기초한 참여지향적인 방향으로 가닥을 잡는 셈이다. 이렇게 방향을 잡은 쥬빌리는 직업준비 훈련 사역처럼 도움을 주려는 가정의 각 사람들에게 자산에 기초한, 참여지향적인 접근을 할 것이다.

여기서 파크뷰 교회는 주로 보조역할에 머무르고 쥬빌리가 주도권을 가지게 해야 한다. 쥬빌리 직원들은 실제로 그 공동체 안에서 일하고 생활하는 사람들이기 때문이다. 그들이야말로 그 공동체를 가장 잘 이해할 수 있고 개발과정에서 아주 중요한 지속적인 변화를 일으키는 데 반드시 필요한 장기적인 인간관계를 맺을 수 있는 사람들이다.

그렇다고 해서 파크뷰 교회가 쥬빌리의 사역을 모두 당연하게 생각한다거나 다른 제안을 할 수 없다는 뜻은 아니다. 다만 파크뷰 교회는 사역

현장에서 가장 두드러져야 할 주체가 쥬빌리라는 사실을 인정해야 한다는 것이다. 다시 말해, 대부분 사람들이 흑인인 지역에서 역시 흑인 직원들을 가진 쥬빌리가 펼치는 사역에 가장 많은 기부를 하는 백인들의 교회로서 파크뷰는 자신들이 미칠 수도 있는 힘에 대해 매우 주의해야 한다는 뜻이다.

파크뷰 교회가 맡을 수도 있는 역할들은 다음과 같다. 기도후원자, 재정보조자, 격려자, 자산조사 시 조력자, 저소득 가정들을 위한 멘토 제공자, 지역공동체 주민들에 대한 직업 제공자, 네트워크 제공자, 쥬빌리 운영위원회 위원, 요청이 있을 때 쥬빌리의 최고책임자에 대한 조언자 역할 등등이 있다.

여기에서 주의할 사항이 하나 있다. 이 책 초판을 읽은 독자들 가운데는 "재력이 있는 개인이나 교회들은 돈을 기부하는 일을 그만두어야 한다"라는 잘못된 메시지를 받은 사람들이 있는 것 같다. 우리가 하려는 말은 그것이 아니다. 개인이든 교회이든, 사역단체이든 물질적으로 빈곤한 사람들에게 수표를 끊어주고, 현금을 주며, 물질을 제공하는 일이 대부분 옳지 않다는 말이다. 오히려 우리는 개인이나 파크뷰 교회처럼 물질적인 축복을 받은 주체들은 복음 중심적이고 자산에 기초한 참여지향적인 개발을 추구하는 교회들과 사역단체들에 훨씬 더 많이 기부해야 한다고 생각한다. 개발 중심의 프로그램을 시행하는 교회나 사역단체들은 관계중심적이고 시간이 많이 늘어가는 사역을 감당하기 위한 경비를 모으는 데 애를 먹는다. 그들의 사역에는 성공의 정도를 측정할 수 있는 분명한 수단이나 '투자대비 수익률' 같은 것들이 없다. 개발 중심의 사역단체들은 빈곤경감이 네 가지 근본관계들을 회복하는 일임을 이해하고 또 그런 목표를 달성하기 위해 길고도 많은 과정들을 거치면서 기꺼이 재정을 후원하려는 후원자들을 모집하는 데 애를 먹는다. 다시 말해 파크뷰는 더 많은, 아니 훨씬 더 많은 돈을 빈곤경감을 위해 분별 있게 사용해야 한다.

가정 차원에서 사역을 펼치는 것은 아주 합리적인 전략이지만 쥬빌리 센터는 자신들이 공동체 전체에 끼칠 수 있는 영향을 인식해야 한다. '가정상담 서비스'(Family Consultation Service, FCS) 창시자이자 북미에서 가장 뛰어난 기독교공동체개발가 가운데 한 명인 밥 럽튼은 가정상담 서비스가 각 가정들을 도와줄 때 사용하는 방법들 가운데 일부가 사실은 그들이 속한 공동체를 해치고 있다는 것을 발견했다. 예를 들면, 가정상담 서비스가 직업을 구해준 가정들은 더 살기 좋은 곳을 찾아서 빈민가를 떠나버리고, 그 결과 그들이 속하던 공동체들은 더욱 연약해졌다. 이를 인식한 가정상담 서비스는 가정 중심의 사역을 공동체 중심의 사역으로 바꾸었다. 다음에서 볼 수 있듯이 쥬빌리 센터도 한번 생각해볼 만한 대안들이다.[6]

북미에서 공동체 차원의 개발을 위한 협력

쥬빌리 센터가 선택할 수 있는 두 번째 방법은 웨스트사이드 공동체를 개발하는 좀 더 폭넓은 방법이다. 파크뷰 교회와는 달리 쥬빌리 센터가 위치하는 공동체의 소속원들은 비교적 균질적이다. 그곳의 모든 제도들, 즉 가정과 학교, 사업체들과 교회, 모임과 기관들은 모두 불안정하고 쇠락하고 있다. 게다가 주민들 상당수가 자신들의 삶에 아무런 변화가 없을 것이라 여기며 희망이라고는 찾아볼 수 없는 절망의 상태에서 생활한다 (그림 2.2 '존재의 빈곤' 참조). 그런 상황에서 쥬빌리 센터는 친밀한 인간관계 형성 및 추진력을 개발하기 위한 '공동체 조직화'를 통해 공동체 전체에 미치는 광범위한 변화를 꾀할 수도 있다.

공동체 조직화 과정은 어떤 모습일까? 정해진 길은 없다. 조직화가 일어나는 특정한 환경에 따라 그 과정은 독특한 형태들을 보인다. 그래서 전체적인 목표를 항상 염두에 두는 것이 중요하다. 본질적으로 공동체 조직화는 '공동체 동반자들'(때로는 그냥 '공동체 조직'으로 불리기도 함)을 형성하려 노력하는데, 공동체 동반자들은 공동체의 문제들을 해결하기 위해 공동체의 자산들을 동원하고 이용하기 위한 행동을 취하는, 한 공동체 안의 개개인이나 모임들, 기관들을 말한다. 만약 쥬빌리 센터가 이런 방법을 쓰기로 결정한다면 쥬빌리는 하나님의 왕국이 가지는 의미를 공동체 전체에 선포하고 증명하며 "거기에서 번성하고 줄어들지 아니하게 하라"(렘 29:4-7)라는 성경말씀을 실천할 기회를 얻을 수 있다. 사실 그리스도인들은 모든 것을 회복하시는 그리스도의 증인이 되기 위해 경찰서를 비롯 레크리에이션 센터, 반찬 가게에 이르기까지 공동체 전체와 관계를 맺을 필요가 있다.

한편으로는 이런 방식에서는 공동체 동반자들이 증가하면서 쥬빌리가 최종결정권자가 되지 못하고 그저 '탁상에 둘러앉은' 많은 목소리들 가운데 하나가 될 수도 있다. 하지만 쥬빌리가 맡게 될 작지만 중요한 임무는, 하나님이 제각각 역할을 부여해서 사회에 필요한 다양한 기관들, 즉 가정과 회사, 정부와 학교들을 창조하셨다는 사실을 반영하는 일이다. 그 어떤 기관도 하나님이 다른 기관에게 허락하신 책임을 떠맡으려 들어서는 안 된다. 가정은 회사가 아니고 교회는 정부가 아니다. 각각의 기관들은 더도 덜도 말고 하나님이 그들에게 부여하신 책임들을 완수해야 마땅하다.[7]

공동체 동반자들이 제대로 역할을 하게 되면서 그들은, 모두 합리적이고 좋은 일들이지만 대부분 교회들이 '사역'이라고 여기기에는 적절하지 않은 일들, 예를 들면 놀이터를 만든다든지 도시정부에 로비를 한다든지

하는 식으로 일을 착수할 것이다. 이런 때에는 공동체 동반자로 활동하는 그 어떤 교회이든, 비록 그런 활동들이 공동체 파트너인 다른 기관들이 추구하기에 정당하다고 여겨지더라도 직접적으로 참여하는 것을 지양해야 한다. 제도 교회가 더 큰 공동체의 활동에 어느 선까지 동참해야 하는가의 문제는 이 자리에서 설명하기에는 너무 벅찬 주제이고 신실한 그리스도인들 사이에서도 이에 대해서는 다양한 견해가 있을 수 있다. 여기서는 다만 기독교인들과 기독교단체들은 공동체의 삶의 모든 영역에 관여해야 하지만 제도 교회가 실제로 어떤 활동에 참여하게 될 때에는 실제로 참여하기 이전에 그런 관여를 통해 교회가 복음의 메시지를 얼마나 제대로 전할 수 있을지를 고려해야 한다.[8] 따라서 파크뷰 교회는 기도하면서 쥬빌리 센터의 공동체 조직화 활동을 지원하고 격려할 수 있는 최선의 길을 찾아야 한다.

이 책 뒤의 부록에서는 쥬빌리 센터가 그들 공동체의 전반적인 발전을 촉진하기 위해 사용할 수 있는 공동체 조직과정 단계들을 설명한다. 그에 더해 쥬빌리 센터는 북미에서 공동체형성을 촉진하는 기독교단체인 공동체우선연합(Communities First Association: http://communitiesfirstassociation. org)의 자원들이나 챌머스 연구소의 '상처 주지 않고 돕는 사람들의 네트워크'(Helping Without Hurting Network: www.chalmers.org)의 자원들을 사용할 수도 있다.

공동체의 외부인인 파크뷰가 공동체 구성과정에서 수행할 수 있는 역할은 쥬빌리 센터를 지원해주는 것과 공동체에 협력하는 것에 국한된다. 공동체에 대한 협력에는 기도와 재정 지원, 격려와 자산지도작성 돕기, 저소득 가정들에게 조언자팀들 제공하기와 공동체 구성원들에게 직업 제공하기, 공동체 구성원들을 파크뷰의 네트워크에 연결시켜주기와 쥬빌리의 위원회에서 일하기, 쥬빌리 센터가 요구할 때 자문 제공하기 같은 활동들이 있다.

제3세계에서 물질적으로 가난한 지역공동체 개발을 위한 동역

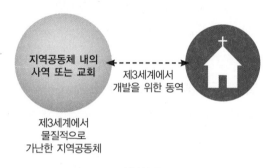

그림 11.1 C

파크뷰 교회 해외선교담당인 댄 목사는 현재의 선교 프로그램에 대한 대안을 찾기 위해 직접 현장에서 실상을 파악하기로 했다. 그는 현지에 지속적인 진전을 가져올, 파크뷰 교회에 대한 의존심을 줄이고 현지 주민들의 자신감을 북돋워줄 무엇인가를 찾아야만 했다. 신발을 나눠주고 여름성경학교를 개최하며 건물을 지어주고 그곳을 떠나버리는 식의 프로그램과는 전혀 다른 프로그램이 필요했다.

댄 목사는 케냐에 머물며 실천 모델을 찾다가 마사이족들이 거주하는 지역의 교회에서 흥미 있는 일이 벌어진다는 이야기를 들었다. 먼지투성이의 험한 길을 차를 타고 달려가면서 그는 마사이족에 대한 책자를 읽으며 그들을 만날 준비를 했다. 마사이족은 오랜 역사를 지닌 훌륭한 민족이지만 그들의 문화에서는 여성들이 천대시 된다. 그네들은 남편들의 소유물로 여겨지고 힘든 노동을 견뎌야 하며 여성할례(여성생식기 일부 혹은 전체를 훼손하는 무자비한 의식 — 편집자 주)를 받아야 하고 교육을 받을 기회도 없이 일부다처제의 결혼생활을 해야 한다.

하지만 그가 교회에 도착했을 때 찬양과 율동을 하는 마사이 여인들을 보고 적잖이 놀랄 수밖에 없었다. 여성도들의 리더는 댄 목사에게 자신들이 매주 열리는 SCA 모임을 하는 중이라고 설명했다. 그들은 함께 돈을 모으고 빌려주면서 서로에게 힘이 되어주고 SCA 모임 때에는 성경을 공부하고 기도를 드렸다.

그들의 교회가 소속한 교파로부터 파견된 사람이 그들에게 SCA를 조직하게 했으며 그 후 자신들이 SCA를 맡아 자율적으로 이끌고 있다고 마사이 여인들은 아주 당당하게 설명했다. SCA가 생김으로써 그녀들은 돈을 모으거나 대출을 할 수 있고 조그만 장사를 할 자신감도 얻었다. 한 여인은 "전 2만 케냐실링(약 3백 달러)을 빌려 암소를 한 마리 샀는데 잘 키워서 팔았어요. 이익이 꽤 많이 남았죠. 대출을 상환하고 다시 2만 실링을 빌렸어요. 전 정말 행복해요. 자신감도 생겼어요. 지금은 학생들이 국가고시를 보기 위해 풀어야 할 문제집들을 팔고 있어요. 거기서 남는 돈으로 우리 아이들 학비를 낼 수 있죠"라고 간증했다.

댄 목사는 여인들에게 남편들이 SCA 모임을 어떻게 생각하느냐고 물어보았다. SCA의 도움으로 가축업을 한다는 여인이 웃는 얼굴로 설명했다. "저희가 하나님을 믿은 이후로 주님이 저희를 도와주셨어요. 제 남편은 저를 아주 자랑스러워하죠. 마사이 남자들은 여자들이 아무것도 할 줄 모른다고 생각하거든요. 하지만 제가 아주 열심히 일해왔기 때문에 남편이 지금은 저를 아주 중요한 사람이라고 생각하죠."

마사이족의 다른 여인들도 SCA를 눈여겨보기 시작했다. 그녀들이 열심히 일하고 그 덕에 살림이 나아지는 모습을 보고 교회 밖의 여인들도 SCA에 가입할 수 있게 해달라고 부탁하기 시작했다.

댄은 모임이 진행되는 동안 열심히 그녀들의 말을 받아 적었다. 그가 자리를 정리하고 일어서려는데 한 여인이 그를 잡아 앉혔다. "목사님은 아직 저희가 어떤 비전을 가지고 있는지도 모르시잖아요? 잠깐만 더 앉아 계세요. 저는 순혈 마사이족이에요. 어떤 여인들은 제가 장사하는 것을 보고 마사이족이란 걸 믿지 않으려 해요. 마사이족 여인이 이 모든 일들을 할 수 있느냐는 거죠. 제 기도제목은 언젠가 저기 오지에 사는 마사이 소녀들을 돕는 거예요. 마사이족 아빠들은 딸들 교육에 투자하기를 꺼리죠. 결혼하면 남의 식구가 될 거라면서요. 저는 오지의 소녀들을 교육시켜 우리처럼 될 수 있다는 자신감을 심어주고 싶어요."

나이로비로 다시 돌아오는 먼 여정에서 댄은 좀 전에 만난 여인들의 놀라운 이야기들을 곱씹어보았다. 그들은 남편의 소유물이던 처지에서 남편과 아이들로부터 존경을 받는 위치로 성장했다. 장터에서 생산적인 인물들이 되었고 심지어는 마사이 소녀들에게 자신감과 능력을 찾아주기 위해 선교사가 되겠다는 꿈까지 지녔다. 댄은 생각했다. '이 여인들이야말로 잠언 31장에 나오는 여인들이 아닌가.'[9]

주민들의 자신감 회복과 자립, 계속적인 변화, 이것이야말로 댄이 찾던 모델처럼 보였다. 댄은 나이로비에 돌아와 마사이 여인들의 교회 교파 지도자들을 만났고, 거기서 마사이 여인들에게 벌어진 일이 일회적인 사건이 아니라 그 교파에서 대규모로 벌이는 운동의 일환임을 알게 되었다. 그들은 그들이 가지고 있는 인적·재정적·영적 그리고 사회적 자산들을 사용하여 케냐 전역의 수천 개에 달하는 가난한 교회들의 교인들과 그 지역공동체들에 영속적인 변화가 있게 하려고 노력했다.[10] 댄은 그들의 운동에서 외부인의 손길을 전혀 찾아볼 수 없다는 사실에 깜짝 놀랐다. 어느 곳을 둘러봐도 케냐인들이 그 사역을 담당하고 있을 뿐이었다. SCA의 자본조차 마사이족의 가장 낮은 계층인 여인들에게서 나왔다. 그들에 대해 더 깊이 연구한 결과, 댄은 서구 교회가 그들의 사역에 결정적인 영향을 미쳤다는 것을 알게 되었다. 하지만 그것은 파크뷰 교회에게 익숙한 방식은 아니었다.

댄은 미국으로 다시 돌아와 그가 새로 배운 사실을, 파크뷰 교회가 웨스트 아프리카의 작은 마을에 있는, 교인들이 80여 명인 세키나 교회와 새로 형성하려는 관계에 적용하려고 노력했다. 세키나 교회나 회중 모두 가난한 형편이어서 그곳의 대부분 사람들은 2달러도 안 되는 돈으로 하루하루 살아간다. 댄 목사와 그의 생각을 들은 제리는 파크뷰 교회가 쥬빌리 센터나 세키나 교회에 모두 비슷한 방식으로 접근해야 한다는 것을 깨달았다. 웨스트사이드의 빈민촌이 남아프리카에 있는 마을과는 외형적으로 많이 다르지만 쥬빌리 센터나 세키나 교회가 사용할 필요가 있는 과정이나 원칙들은 거의 동일하다.

그런 유사점들을 설명하기에 앞서 파크뷰 교회가 제3세계의 사역들과 연대할 때, 북미 내 사역들과 연대할 때와는 달리 더 조심해야 할 세 가지 사항을 알아보자.

지금 몇 시죠?

7장에서 논의했듯이 시간관념에서 파크뷰 교인들과 제3세계 동반자들 사이에는 커다란 차이가 있다. 그런 차이는 파크뷰 교회와 쥬빌리 센터 직원들, 그리고 웨스트사이드 공동체 사이에도 존재하지만 파크뷰 교회와 제3세계의 동역자들 사이에 존재하는 차이에 비하면 아무것도 아니다. 이 말이 의미하는 바는 제3세계의 현장에서 벌어지는 일들의 속도에 대해 파크뷰 교회가 지나친 기대를 하지 말아야 한다는 것이다. 그렇지 않다면 파크뷰 교회는 초조해지고 좌절감을 느낀 나머지 자신들이 다시 주도권을 잡으려 할지도 모른다. 제3세계의 형제자매들 사이에 활발한 움직임이 없다고 해서 그들이 무능력하다는 뜻은 아니다.

'나'에서 '우리'로

7장에서 언급했듯이 개인주의 문화에서 온 파크뷰 교회는 제3세계의 집단주의 문화가 제공하는 기회들과 어려움들을 인식하고 있어야 한다. 우선, 공동체 문화에서 지도자의 역할에 대해 특히 주의해야 한다. 그들의 권위를 인정하지 않는 잘못이라도 저지르게 된다면 어떤 운동도 모두 거절당할 수 있다. 또한 집단주의 문화에서는 사람들이 단체로 토론하고 일하는 것을 편하게 여기는데, 이는 북미의 여러 환경들과는 달리 '도움을 줄 사람들'이 언제나 주위에 있다는 뜻이기도 하다.

도널드 트럼프(Donald Trump) 효과

북미 최고의 부자 중 한 명인 도널드 트럼프가 미국에 있는 당신의 교회 연례총회에 모습을 나타낸다고 상상해보라. 그가 뒷자리에 자리를 잡고 앉아 교회 지도자들이 향후 4년 동안 펼칠 계획을 발표하는 것을 듣고 있다. 성도들이 그 계획을 받아들일지 여부를 투표하려는 순간 트럼프가 손을 들고 "제안을 하나 하겠습니다. 제가 아는 몇몇 교회들은 지역사회에 진출하기 위해 체육관을 지어주는 곳들이 있습니다. 제가 보기에는 이 교회도 그런 전략을 사용하면 좋을 것 같습니다"라고 말한다.

만약 당신의 교회가 대부분의 교회들과 같다면 불과 몇 분전만 해도 체육관이라는 항목을 내년 사업계획에 포함하지 않았는데도 갑자기 체육관이 현실적인 사업으로 보이기 시작할 것이다. 그 이유는 간단하다. 모든 사람들은 트럼프가 그 사업비용을 출연하리라고 생각할 것이기 때문이다. 어디 그뿐인가? 그가 일단 우리 교회 일에 연루되기 시작하면 생각만 할 뿐 실행에 옮기지 못하던 다른 사업에도 자금을 대줄지 모를 일 아닌가.

그래서 교인들은 체육관 건설을 사업계획에 포함시키고 역시 트럼프는 그 비용을 전액 부담한다. 그 후 트럼프는 다른 교회로 가버리고 당신 교회는 애초에 원하지도 않던 체육관을 떠맡게 될뿐더러 계속해서 체육관을 관리할 부담까지 지게 된다. 결국 당신의 교회는 진짜 하고 싶어 하던 사역들에도 지장을 받고 체육관도 시간이 지나면서 낙후 일로를 걷는다. 이 모든 일이 단지 도널드 트럼프가 체육관을 제안했기 때문에 발생한다.

여기서 내가 하려는 말은 바로 이것이다. 제3세계의 물질적으로 빈곤한 교회나 공동체에 발을 디디는 대부분 북미인들이 그들에게는 도널드 트럼프 같은 존재들이다. 바로 당신이 도널드 트럼프인 셈이다. 당신은 제안을 할 뿐이지만 당신의 제안은 바로 그들의 '방향'이 되고 예의 체육관만큼이나 해로운 결과를 가져온다. 이런 역학관계는 파크뷰 교회와 쥬빌리 센터 사이에도 존재할 수 있지만 파크뷰 교회와 제3세계의 동역자들 사이에는 아주 분명하게 드러난다.

이에 대한 해결책은 무엇일까? 우선 몇 가지 제안을 해볼 수는 있다.[11]

- 당신의 동역자들과 오랜 시간에 걸쳐 진실하고 투명한 관계를 유지하라. 그들이 실패를 하더라도 그들을 저버리지 말고 신뢰를 쌓아라.

- 당신의 존재를 드러내어 도널드 트럼프가 되는 대신 원주민들이 다니는 교회에 원주민 강사들을 보내라.
- '제안'을 할 때에는 아무리 조심해도 지나치지 않다. 말은 적게 하고 많이 들어라.
- 당신의 사역 동역자들이나 그들이 섬기는 사람들, 즉 주민들이 자신들의 시간과 돈, 기타 물자들을 프로젝트에 투자하도록 만들라. 이것은 그들이 얼마나 변화에 열려 있는지, 얼마나 열정적으로 힘써 프로젝트에 참여하는지를 알아볼 수 있는 좋은 준거가 된다. 무엇인가에 참여하기 위하여 희생을 치른다면 그들은 그것에 대해 '이해관계'를 가지게 되고 그들이 원하지 않는 일에는 명백하게 의사표시를 하게 된다. 프로젝트에서 조금이라도 혜택받기를 원한다면 아무리 가난한 사람들이라도 가치 있는 그 무엇인가에 기여하도록 하라. 만약 교인들이 모두 500달러씩 체육관을 짓는 데 보태게 한다면 체육관을 건립하는 일은 벌어지지도 않을 것이다.

The Beauty of Partnership Study Guide(동역의 아름다움) 교재와 비디오는 이문화 간에 동역의 도전들과 기쁨을 누릴 수 있도록 북미인들이 준비하게 해주는 좋은 교재들이다.[12] The Lausanne Standards: Affirmations & Agreements for Giving & Receiving Money in Mission(로잔 표준)도 그리스도의 지체 안에서 이문화 간에 이상적인 물실지원을 하기 위한 좋은 지침이다(www.lausannestandards.org).

제3세계에서 가정 차원의 개발을 위한 협력
쥬빌리 센터의 경우와 마찬가지로 세키나 교회가 택할 수 있는 한 가지

방법은 공동체 전체를 바꾸려는 것보다 교회 안팎의 가정 차원에서 사역을 펼치는 것이다. 전반적인 전개과정도 유사하다.

1. 세키나 교회의 재능과 자원들을 파악하고 동원한다.
2. 세키나가 위치한 지역사회가 이미 지니고 있는 자산들을 파악한다.
3. 프로젝트나 사역을 계획한다.
4. 프로젝트나 사역을 실행한다.
5. 결과를 평가하고 기념한다.

세키나 교회는 '주체적 참여에 따른 학습과 행동', 즉 PLA라는 수단을 이용해 이 과정을 진행할 수 있다. PLA는 이전에는 '참여적 지역평가'(participatory rural appraisal, PRA)라고도 불렸는데, 모두 권력이 있는 사람들에게서 권력이 없는 사람들에게 힘의 균형을 돌려 이제껏 제 목소리를 내지 못하던 사람들이 발언하게 하는 마음의 자세나 방법이라는 면에서는 동일하다. 예를 들면, PLA는 계획을 세우는 과정에서 벽에 붙인 차트 같은 언어나 글보다는 땅바닥에 그린 그림처럼 시각적 방법을 사용해 발표력이 없고 문맹인 사람들도 참여할 수 있게 한다.[13] 파크뷰 교회와 세키나 교회 사이, 혹은 세키나 교회와 그 지역공동체 내부 사이에서 있을 수 있는 역학관계들을 고려할 때 PLA는 자산에 기초한 참여지향적인 개발을 위한 유용한 방법이 될 수 있다.

영국의 기독교구제개발기구인 '티어펀드'(Tearfund)의 '우모자'(Umoja: 스와힐리어로 '함께'라는 뜻) 운동은 제3세계의 교회와 사역단체들이 위에 설명한 다섯 단계를 밟아나가도록 PLA 도구들의 사용을 돕고자 다운로드 받을 수 있는 자료들을 제공한다.[14] 가정 차원에서 사역하도록 세키나 교회를 돕기 위해 1단계로 '교회의 미래를 계획하고 준비'하는 데 집중하라. PLA 도구들을 더 다운로드 받으려면 Empowering Communities Participatory Techniques For Community−Based Programme Development[15]를 검색하라. PLA 훈련과 그에 관련한 기술들은 'Village Earth' (villageearth.org)에서 온라인 수강을 통해 배울 수 있다. 세키나의 사역이 앞의 3단계, '프로젝트나 사역을 계획한다'에 이르면 기술 지원이 더 필요할 것이다. 예를 들어, 세키나가 마사이족 교회처럼 구제신용조합을 이용하는 프로젝트를 실행하기로 한다면 그런 사업을 실행하는 데 필요한 추가훈련과 교육과정들을 이수해야 한다.

　이런 과정에서 파크뷰 교회의 역할은 무엇인가? 다시 말하지만 파크뷰의 역할은 앞서 이끄는 것이 아니라 세키나가 가진 재능과 자원들을 이용하도록 격려하며 보조하는 것이어야 한다. 파크뷰의 적절한 역할들은 다음과 같다.

- 세키나 교회가 PLA 과정을 밟도록 교육비용을 보조한다. 물론 세키나도 교육비용의 일부를 부담해야 한다. 그 지역의 구제개발기관들이나 PLA를 전문으로 하는 훈련기관들, 지역정부기구, PLA 이론과 실천 훈련을 받은 선교사들이나 공동체개발전문가들에게서 교육받을 수도 있다.
- 기도 지원과 격려를 한다.
- 프로젝트나 사역을 설계할 때 필요한 추가기술을 지원한다.
- 해당 지역 자원이 부족할 때에만 한정적으로 경제적 지원을 한다. 그때도 주민들로부터 받는 협찬은 무조건적이다.

마사이족 교회가 소속한 교파와 관계를 맺고 있는 노르웨이 선교기구는 바로 위와 같은 역할들을 감당했다. 케냐 교인들로부터 기술 지원을 해달라는 요청을 받자 노르웨이 사람들은 컨설턴트를 고용하여 교인들 가운데 한 명이던 공동체개발추진가에게 교파를 초월해서 그 지역의 가난한 교인들을 돕기 위한 기술들을 가르치게 했다. 노르웨이 사람들은 케냐의 공동체개발추진가에게 지급할 급여와 경비를 일부 보조해서 케냐의 교회들이 외부재정 지원 없이 자신들의 사역을 펼쳐갈 때 그들을 도울 수 있게 했다. [16], [17]

제3세계에서 공동체 차원의 개발을 위한 협력

세키나가 취할 수 있는 다른 대안은 각 가정이 아닌, 세키나가 위치한 지역공동체 전체의 변화를 촉진하는 것이다. 이것은 쥬빌리 센터의 두 번째 행동방침, 즉 공동체 전체의 개개인이나 모임들, 기관들을 동원하기 위한 '공동체 동반자들' 양성전략과 유사하다. 세키나 혼자 일을 해나가자면 비록 시간이 오래 걸리고 어렵지만 마을 전체에 더 광범위한 변화를 가져올 수 있고, 세키나 교회가 그리스도의 사랑과 화목을 나타내게 할 수 있다.

세키나가 그런 과정을 촉진하도록 사용할 수 있는 방법은 부록에 나와 있지만, 쥬빌리 센터가 사용한 방법과 유사하다. 둘 사이의 중요한 차이는 학습을 위한 대화나 자산조사보다는 PLA가 주된 도구로 쓰인다는 점이다.

앞서 기술한 바, 세키나 교회가 가정 사역 차원에서 사용할 수 있는 자원들은 지역공동체 차원에서도 사용할 수 있다. [18] 이때에도 주역이 아닌 보조자로서 파크뷰 교회의 역할은 동일하다. 파크뷰 교회는 원주민공동체 사역자의 월급과 경비를 도와주어 세키나와 지역공동체의 PLA 과정을 촉진시킬 수 있다. 하지만 그런 경우에도 세키나, 그리고 이 과정에 관계된 더 큰 기구나 교파 또한 다만 얼마라도 비용을 부담하게 해야 한다.

개발의 끝은 예수 그리스도

파크뷰 교회와 동역자들이 사역을 하면서 영속적인 변화를 불러일으키기 위해 사용할 수 있는 마법의 비결 같은 것은 없다. 개발은 결국 예수 그리스도의 화목하게 하시는 능력과 성령의 힘에 의지하는, 기본적으로 아주 힘든 과정이다. 개발은 병에 집어넣었다가 필요할 때 꺼내 사용할 수 있는 것이 아니다. 하지만 이 장에서 기술한 과정과 자료들은 독자들이 길고 험난한 개발의 여정을 걸을 때 지침이 될 수 있을 것이다. 하지만 이 책 말미에 있는 '끝으로'에서 볼 수 있듯이 우리가 여정을 시작하기 전 취해야 할 가장 중요한 한 가지 단계가 더 남아 있다.

돌아보며

다음 질문에 답해보라.

1. 당신의 교회나 사역은 구제원칙들을 가지고 있는가? 있다면 그것들은 자산에 기초한, 참여지향적인 개발방식을 따르는가? 그렇지 않다면 그런 방향으로 돌리기 위해 당신은 어떤 조치들을 취할 수 있는가?

2. 당신의 교회나 당신이 사역할 때, 당신의 지역 혹은 세계 다른 지역의 교회나 사역자들과 동역하는가? 그렇지 않다면 그 이유가 무엇인가? 요한복음 17장 20–23절 말씀과 빌립보서 2장 1–11절 말씀은 다른 그리스도인들과 연대하는 일에 대해, 또 그런 연대에 대한 우리의 태도에 대해 어떤 의미를 지니는가? 당신의 교회나 당신의 사역에 있어 더 훌륭한 동역자가 되기 위해 무엇을 해야 하는가?

3. 당신의 교회나 당신이 사역할 때, 혹은 당신이 개인적으로 무의식중에라도 동역자들에게 '도널드 트럼프 효과'를 끼친 적은 없는가? 만약 그렇다면 원상태로 상황을 돌리기 위해 당신은 무엇을 할 수 있는가?

4. 당신의 교회나 당신이 사역할 때 동역자들에게 행한 일로 회개를 할 일은 없는가? 당신의 교회나 당신이 사역하면서, 혹은 당신 개인적으로 쓸데없는 압력을 가한 적은 없는지 동역자들에게 물어보라. 그들이 아무 부담감 없이 속마음을 털어놓을 수 있는 방법을 모색하라.

5. 당신의 교회나 사역, 당신의 동역자들이 공동체 전체를 희생하면서 각 가정들을 돕고 있지는 않은가? 당신과 동역자들은 지금 사역을 펼치고 있는 공동체와 좀 더 효과적으로 일하려면 어떻게 해야 하는가?

6. 그림 11.1에서 보이는 세 가지 상황들에 대해 생각해보라. 그 가운데 당신의 교회나 당신이 사역할 때 어떤 상황에서 일을 하거나 협력을 하는가? 각 상황에서 자산에 기초한 참여지향적인 방향으로 나아가기 위해, 여기서 설명한 길을 따르기 위해 당신이 취할 구체적인 절차들은 무엇인가?

하나님은 모든 이의 눈물을 씻기신다

이 책은 독자들에게 가정과 공동체 차원에서 빈곤경감 이론과 실천을 소개하려 했다. 그 과정에서 교회와 사역단체들이 물질적으로 빈곤한 사람들과 일할 때 좀 더 효율적으로 사용할 수 있는 다양한 도구들과 기술들, 개입들과 절차들을 기술했다. 우리는 이 방법들이 유용하다고 믿으며 독자들이 국내외에서 일할 때 열심히 사용하라고 권하고 싶다. 하지만 학습을 위한 대화나 자산조사, PLA, 기타 우리가 논한 어떤 기법이나 도구들보다 중요한 단계가 남았다. 사실 이것이 가장 중요한데, 빈곤경감의 시작 때부터 사용해 전 과정에 걸쳐 반복 실행해야 한다. 이는 바로 회개이다. 우리 모두의 회개!

2장에서 우리는 물질적으로 빈곤한 사람들과 여유가 있는 사람들 사이의 관계를 종종 규정하여 당사자들을 정해진 태도와 행동양식들에 속박하는 파괴적인 등식을 소개한 적이 있다.

가난의 물질적인 정의		물질적으로 부유한 층의 신 콤플렉스		물질적으로 가난한 층의 열등감		물질적으로 부유한 층과 가난한 층 모두의 상처
	+		+		=	

이 등식의 처음 두 항은 물질적으로 여유가 있는 사람들에게 회개를 요구한다는 사실을 기억하라. 앞서 말한 대로 그런 회개가 없으면 물질적으로 빈곤한 사람들을 도우려는 우리의 노력은 그들과 우리 모두를 다치게 할 수 있다. 또한 그 같은 회개가 없으면 가난한 이들을 도우려는 우리의 노력은, 왕 되신 예수께 우리 모두의 빈곤의 근원적인 이유들을 치료해달라고 간구하면서 겸손하게 가난한 이들과 함께 관계를 세워가는 것이기보다는, 계속해서 가난한 이들에게 물질적인 도움을 제공하는 일로 대부분 끝날 것이다.

여기서 회개는 물질적으로 빈곤한 이들을 돕기 위해 사용해야만 하는 방법일 뿐 아니라 우리 모두가 우리 자신의 빈곤을 극복하기 위해 필요하다. 사실 물질적인 빈곤이 더 근원적인 단절의 표현이듯이 물질적으로 여유가 있는 북미인들이 드러내는 '빈곤에 대한 물질적인 이해'나 '신 콤플렉스'들도 우리가 모르는 사이 심각하게 서구문명을 오염시킨 근대적 세계관의 존재 때문에 생겨났다.

3장에서 볼 수 있듯이 북미 교회들은 성경적인 신관과 근대적인 세계관을 혼합해 하나님을 영적인 영역에만 국한시키고 나머지 창조세계에서 배제하는 '복음적 영지주의'를 만들어냈다. 복음적 영지주의는 예수 그리스도가 어떤 분인지 제대로 알지 못한 채 역사 속의 예수님을 스타트렉에서처럼 이 세상 밖에서 우리 영혼에 광선을 비추는 예수님으로 대치해놓았다. 그들의 예수님은 본질적으로 이 세상과는 유리된, 이 세상에는 아무 관심도 없는 예수님이다. 그들의 스타트렉 예수님은 우리 매일의 삶에는 아무 관계가 없고 다만 언젠가 우리 영혼을 이곳에서 옮겨 아무 실체가 없는 비인간적인 존재로 바꿔주겠다고 약속만 하는 분이다. 하지만 그들의 그런 주장에 대부분의 사람들은 솔직히 아무런 호소력을 느끼지 못한다. 우리는 결국 모두 인간이고 인간적인 것에 대해서만 생각할 수 있다.

그와 대조적으로 골로새서 1장의 예수님은 모든 것들을 창조하시고 유지하시며 화목하게 하시는 분이다. 그분의 왕국은 우리의 모든 죄들과 빈곤을 몰아내신다. 골로새서 1장의 예수님은 우리에게 이 세상에서든 다음세상에서든 인간이기를 그만두라고 요구하시지도 않는다. 그분은 우리몸과 영혼, 그리고 우리 몸과 영혼이 경험하는 온 세상에 관심을 가지신다. 팀 켈러는 이렇게 말한다.

> 다른 어떤 종교 창시자들과는 달리 예수님은 보통 인간들의 삶에 대한 희망을 놓지 않으셨다. 우리의 장래는 손에 잡히지 않는, 인간의 형태를 벗어난 의식이 아니다. 공기 중에 떠도는 존재가 아니라 우리는 하나님의 나라에서 지금으로서는 상상도 할 수 없을 정도의 능력과 영광, 기쁨 속에서 먹고 껴안으며 노래하고 웃으며 춤출 것이다.[1]

만약 당신이 물질적인 축복을 받은 북미 그리스도인이라면 여기 좋은 소식이 있다. 당신이 물질적인 빈곤을 겪는 사람들을 돕기 위해 첫걸음을 내디딜 때, 즉 근대적인 세계관을 회개할 때 당신 자신의 가장 깊은 갈증을 해결할 수 있는 답, 곧 당신의 세상과 연관되시고 당신의 모든 죄를 고치시며 당신을 하나님, 당신 자신, 다른 사람들, 기타 창조세계와 화목하게 하시고 당신과 물질적인 빈곤을 겪는 사람들을 모두 진정한 인간으로 다시 만드시는 왕, 골로새서 1장의 예수님을 발견할 수 있을 것이다.

이 타락한 세상에서 우리는 모두 집 없는 걸인들이다. 켈러가 설명하듯이 우리가 물질적으로 부유하든 그렇지 않든 우리 모두는 탕자처럼, 우리의 모든 물질적인 필요가 충족되고 우리의 모든 관계들이 회복되며 처음으로 우리가 진정한 인간됨을 경험할 수 있는 잔치가 벌어지는 집으로 돌아가기를 갈망한다. 걸인 같은 우리는 물질적인 자원들이나 모더니즘이 신으로 섬기는 첨단기술들을 통해서가 아니라 참된 만족을 주는 연회의 주재자이신 골로새서 1장의 예수님을 붙듦으로써 그런 환상적인 잔치가 벌어지는 집으로 돌아갈 수 있다.[2]

> "만군의 여호와께서 이 산에서 만민을 위하여
>
> 기름진 것과 오래 저장하였던 포도주로 연회를 베푸시리니
>
> 곧 골수가 가득한 기름진 것과 오래 저장하였던 맑은 포도주로 하실 것이며
>
> 또 이 산에서 모든 민족의 얼굴을 가린 가리개와
>
> 열방 위에 덮인 덮개를 제하시며 사망을 영원히 멸하실 것이라
>
> 주 여호와께서 모든 얼굴에서 눈물을 씻기시며
>
> 자기 백성의 수치를 온 천하에서 제하시리라
>
> 여호와께서 이같이 말씀하셨느니라"(사 25:6-8).

WHEN HELPING HURTS

How to Alleviate Poverty without
Hurting the Poor and Yourself

부록
북미에서 공동체 조직하기

그림 A.1에서 보이듯이 공동체 조직은 세 가지 상호작용을 하는 활동들을 계속해서 반복한다.[1] 이 과정은 '공동체 동반자들'을 만들기 위해서인데 공동체 동반자들은 개개인들, 교회들을 포함한 모임들, 기관들의 단체로서 공동체의 바람직한 변화, 즉 개발을 위해 공동체 자산을 사용해 문제들을 해결하기 위해 협력한다. 공동체 동반자들 모임은 멤버들 비전에 따라 우선 작게 시작해서 크게 키워갈 수도 있다. 이 부록에서는 반복되는 각 절차에 관련한 중요한 사항을 논의하려고 한다.

관심거리 발견하기

'관심거리를 발견한다'는 것은 주민들이 다루거나 해결하고 싶어 하는 문제들을 찾는다는 뜻이다. 이런 문제들은 그들을 돕는 외부인이 아니라 주민들의 관심과 꿈, 재능을 반영해야 한다. 종종 지역공동체를 도우려는 사람들은 자신들의 제안에 주민들이 흥미를 느끼지 않거나 적절한 행동을 취하지 않으면 좌절감을 느낀다. 그럴 때 그들은 주민들이 의욕이 없고 자신들의 삶을 개선하는 데 관심이 없다고 결론 내리기 쉽다. 이런 생각이 맞는 경우도 있지만 사실은 주민들이 자신들을 도우려는 사람들과 다른 문제들을 다루거나 해결하고 싶어 하기 때문일 수도 있다.

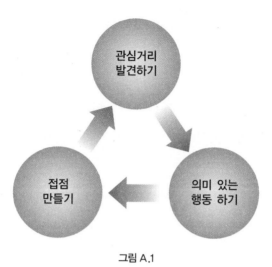

그림 A.1

출처_ Mike Green with Henry Moore and John O'Brien, *When People Care Enough to Act: ABCD in Action*(Toronto, Ontario: Inclusion Press, 2006), 93.

관심거리 발견하기 1단계: 쥬빌리 센터가 학습을 위한 대화를 실시하게 하라

쥬빌리 센터 연구원 가운데 '공동체조직가'(community organizer)라 할 수 있는 사람은 공동체 조직의 가장 중요한 도구인 '학습을 위한 대화'를 시작해야만 한다.[2] 학습을 위한 대화는 아주 인간관계적인 인터뷰로 45~60분 정도 공동체의 개인이나 모임, 기관들과 진행하는데, 그들이 행동에 옮기려는 문제들을 찾는 데 목적이 있다. 뿐만 아니라 쥬빌리 센터 연구원들과 공동체가 공고한 인간관계를 맺고 서로의 관심을 확인하며 인터뷰할 사람들을 더 찾고 '접점 지도자들'(connector leaders)을 발굴할 수 있게 해준다. '접점 지도자'에 대해서는 다시 설명하겠다.[3] 그런데 파크뷰 교회에서 온 자원봉사자들이 학습을 위한 대화를 시작하는 일을 돕는 것은 현명한 처사가 아니다. 공동체와 사역자들의 관계를 형성하는 과정에서는 언제나 쥬빌리 센터를 전면에 내세우는 게 중요하다.

관심거리 발견하기 2단계: 쥬빌리 센터가 '접점 지도자들' 그룹을 구성하게 하라

학습을 위한 대화를 참고로 쥬빌리 센터는 공동체 안에서 큰 변화를 이끌어내기 위해 공동체의 자산을 동원할 수 있는 '접점 지도자들'을 찾아내야 한다. 접점 지도자들에 대한 이상적인 자격은 다음과 같다.

- 공동체 내의 개인이나 모임, 기관들에 영향력이 있는 사람.
- 공동체 전체에 중요하고 가장 절박한 문제들을 다루는 데 관심을 가진 사람.
- 자신의 지식이나 네트워크, 능력을 자신의 위치를 지키려는 데만 사용하지 않고 공동체의 더 큰 유익을 위해 기꺼이 나누려는 사람.

쥬빌리 센터의 공동체조직가는 접점 지도자로서 잠정적으로 지목된 사람들에게 공동체가 직면한 문제를 다루는 공동체 동반자들을 구성하기 위해 함께 일할 의향이 있는지를 물어야 한다. 그때 공동체조직가는 학습을 위한 대화를 통해 파악한, 공동체 구성원들(개인, 모임, 기관)이 가장 관심을 보이는 문제들을 그들에게 알려주어야 한다. 가장 전형적인 예로는 폭력범죄와 실업, 주택 부족과 교육, 고리대금업자의 횡포 등이 있다.

관심거리 발견하기 3단계: '접점 지도자들'이 학습을 위한 대화를 더 진행하도록 하라

접점 지도자들은 기꺼이 행동하려는 개인이나 모임, 기관들과 항상 밀접한 관계를 유지하고 그들이 다루려는 문제들도 잘 알아야 한다. 첫 번째로 실시한 학습을 위한 대화와 접점 지도자들의 지식은 문제를 해결하기 위한 운동을 시작하기 위해 필요한 최소한의 인원을 모으는 데 충분할 수도 있다. 그렇지 못할 경우 접점 지도자들은 공동체조직가의 도움을 받아 자신들의 네트워크와 공동체 전체에서 공동체 동반자들에 참여할 더 많은 개인이나 모임, 기관들을 발굴하기 위해 학습을 위한 대화를 추가로 실시할 수 있다. 또한 공동체 동반자들이 우선 처리해야 할 문제들에 대한 정보들을 더 얻기 위해서도 학습을 위한 대화를 추가로 실시할 수 있다.

의미 있는 행동 하기

다시 말하지만 자료를 모으고 분석하느라 쓸데없이 많은 시간을 보내지 않는 것이 중요하다. 변화가 눈에 띌 때 열의와 추진력은 점점 더 커진다. 가능한 한 빨리 의미 있는 행동을 취하는 것이 중요하다.

의미 있는 행동 하기 1단계: 접점 지도자들이 다루어야 할 중요한 문제를 선택하게 하라

학습을 위한 대화에서 확인한, 공동체의 가장 절박한 문제들과 각자 행동하고자 하는 의지와 지식에 따라 접점 지도자들은 공동체 동반자들이 다루어야 할 최우선순위의 문제들을 결정한다. 쥬빌리 센터로부터 온 조력자는 그 그룹이 다음 특징들을 지닌 전략을 선택하도록 권한다.

- 일찍 그리고 확연한 성공을 보일 수 있는 가능성이 높다. 작은 규모로 가능한 한 빨리 일을 시작해서 성공을 거두어야 한다는 것을 고려한 전략이다. '세계의 기아를 해결한다'라는 문제는 바람직한 급선무라 할 수 없다.

'고리대금업자들의 횡포를 막는다'라는 문제는 그에 비해 납득할 만한 목표가 될 수 있다.

- 공동체 내의 개인들과 모임들, 기관들을 동원하고 이전보다 더욱 깊은 관계를 맺게 할 수 있다.
- 공동체 밖의 자산들에 새로운 접점을 만들 수 있다.

의미 있는 행동 하기 2단계: 우선 처리할 일들을 해결하기 위해 접점 지도자들이 '공동체 동반자들'을 구성하게 하라

우선 해결할 문제를 정하고 나면 접점 지도자들은 학습을 위한 대화에서 얻은 정보와 자신들의 지식을 사용하여 힘을 합쳐 문제들을 해결하기 위한 공동체 동반자들에 초대할 사람들을 정한다. 공동체 동반자들은 보통 '희망을 위한 동반자들'(The Partnership for Hope)처럼 이름을 붙일 수도 있지만 이 단계까지만 해도 공식적 비영리기구가 되어야 할 필요는 없다. 시급히 해결해야 할 공동체의 문제해결에 동참할 의사가 있는 개인이나 모임, 기관들을 초대한다. 다시 말하지만 공동체 전체를 초대할 필요는 없다. 활동을 시작할 수 있는 최소한의 인원만 있으면 된다. 해결하려는 문제에 이해가 걸려 있는, 물질적으로 빈곤한 이들도 동반자로 참여시켜 그들의 주장을 반영시키는 것이 중요하다.

의미 있는 행동 하기 3단계: 공동체 동반자들이 문제를 해결할 전략을 찾게 하라

공동체조직가의 도움을 받아 공동체 동반자들은 그들이 해결하려는 문제를 어떻게 성공적으로 해결해야 하는지 알아보아야 한다. 예를 들어, 공동체 동반자들이 고리대금 문제를 해결하려 한다면 은행이나 신용조합들과 이야기하고 재정상담가들 조언을 들으며 관련된 주제의 강의를 듣는다. 그 과정을 통해 그들은 자신들의 공동체에 효과가 있을 만한 특별한 전략과 방법들을 발견할 수 있다. 예를 들면, 고리대금업의 경우 다른 공동체들이 저소득층 사람들에게 재정교육훈련을 제공하여 고리대금업자를 찾는 일을 피하도록 만들었다는 것을 발견할 수도 있다. 또한 공동체에 들여올 수 있는 교재들과 훈련 프로그램들을 알아낼 수도 있다.

의미 있는 행동 하기 4단계: 공동체 동반자들이 공동체의 특정한 자산조사를 하게 하라

공동체 동반자들은 학습을 위한 대화나 자신들의 지식을 통해 공동체가 가지고 있는 자산들을 이미 알고 있을지도 모르지만, 그럼에도 자신이 고려하는 전략과 관계된 특정한 자산조사를 실시해야만 한다. 특정한 자산조사에 관해서는 11장의 '4단계: 새로운 사역을 시작할 기회를 모색하라'를 참조하라. 예를 들면, 고리대금업자들에 관한 문제를 다룰 때는 공동체 안에 존재하는 좀 더 합법적인 금융기관들과 거기서 제공하는 서비스를 조사한다든지, 이미 존재하는 금융교육 서비스를 살펴보는 것 등이 특정한 자산조사에 해당한다.

이런 자산조사는 공동체 안에 존재하는 모든 자산들의 종합정보를 수집하기 위함이 아니라는 데 주목하라. 사실 많은 자산조사들이 사용하지도 않을 많은 자료들을 모으고 처리하는 데 과도한 시간을 쓰는 실수를 범한다. 하지만 이 과정에서 진정한 목적은 두 가지이다. 첫째, 실행하려는 방법이 이미 존재하는지 그 여부를 확인하기 위해서이다. 둘째, 공동체 동반자들이 관련 있는 개인이나 모임, 기관들과 친밀한 관계를 맺고 문제를 해결할 때 그들을 동원하기 위해서이다. 파크뷰 교회의 자원봉사자들은 이 단계에서 자료를 모으고 요약하는 일을 도울 수 있다.

의미 있는 행동 하기 5단계: 공동체 동반자들이 프로젝트를 시행하게 하라

공동체 동반자들은 지금까지의 조사와 집중적으로 실시한 자산조사를 통해 알게 된 정보를 고려해 프로젝트를 계획하고 실행한다. 이때 새로운 조직을 만들 수도 있지만 교회를 포함하여 이미 존재하는 한 개 이상의 모임과 기관들을 통해 프로젝트를 시행하는 것이 더 바람직하다. 선택한 프로젝트와 그 구성은 당연히 자산에 기초한 참여지향적인 개발방식과 일치해야 한다. 만약 공동체 동반자들이 신체가 건강한 사람들에게 정기적으로 무료급식을 제공하는 것처럼, '개발'이 필요한 사람들에게 '구제'를 제공하는 프로젝트를 택한다면 이는 최악의 상황이다.

공동체 동반자들이 새로 시작하는 프로젝트는 쥬빌리 센터가 좀 더 깊숙이 사역에 몰두할 수 있는 기회를 제공한다. 예를 들어, 만약 선택한 프로젝트가 주민들에게 재정교육을 시켜 고리대금업자들을 피할 수 있는 능력을 길러주려는 의도라면 쥬빌리 센터는 그런 수업들을 받을 수 있는 장소를 제공할 수 있다. 그럴 경우 쥬빌리는 예수 그리스도를 모든 것의 화목자로 알려주는, 성경에 기초를 둔 커리큘럼들을 사용하고 교회에 기반을 둔 멘토팀들을 이용하는 등 복음에 중심을 두고 자산에 기초한 참여적인 개발방식의 모든 원리들을 채택해야 한다.

다른 말로 하면, 쥬빌리 센터에서 프로젝트가 시행될 때의 모습은 쥬빌리가 공동체 차원이 아니라 가정 차원에서 일을 하는 전략을 좇을 때와 같은 모습일 것이다. 단지 차이점이라면 쥬빌리 센터는 공동체 동반자들을 형성해 낳은 문제의 해결들을 촉진시킴으로써 공동체에 널리 변화를 가져오게 한다는 데 있다.

의미 있는 행동 하기 6단계: 공동체 동반자들이 평가하고 축하하게 하라

프로젝트의 첫 주기가 끝나면 공동체 동반자들은 모여서 프로젝트가 얼마나 성공적인지 평가하고 성공을 거둔 것이 있으면 축하를 한다. 이때 모든 동반자들, 특히 물질적으로 빈곤한 사람들의 발언을 듣는 것이 중요하다.

접점 만들기

'관심거리 발견하기'와 '의미 있는 행동 하기'를 진행하면서 공동체 동반자들은 서로는 물론 외부 사람들과도 더 깊은 인간관계를 맺을 수 있다. 이런 깊이 있고 새로운 연계들은 이미 성취한 것들을 바탕으로 새로운 관심거리들, 즉 또 한 차례의 주기를 가능하게 하는 동기부여를 발견할 수 있는 기회를 제공한다.

▬
다음에는 무엇이 기다리고 있는가?

순환과정 중 한 주기가 끝난 이 지점에서 공동체 동반자들은 다음 두 질문에 답해야 한다.

첫째, 처음에 우선사항으로 다루던 문제를 더 깊게 다룰 것인가, 혹은 전혀 새로운 문제를 택할 것인가? 더 깊게 문제를 다루는 것은 애초의 개입을 이용해 더 많은 사람들에게 영향을 미치게 하거나 처음의 개입을 더 확대하는 것일 수 있다. 예를 들면, 애초의 프로젝트가 재정교육훈련을 제공하는 일이라면 더 깊게 프로젝트를 다루는 것은 매년 더 많은 재정교육훈련을 제공하거나 재정교육훈련에 개인개발계좌를 덧붙이는 것일 수 있다. 어느 쪽이든 고리대금업자들의 영향력을 한층 줄이는 방법이다. 혹은 공동체 동반자들은 전혀 새로운 문제를 택하기로 결정할 수도 있다.

둘째, 자신들이 새로 만든 연계들을 사용해 공동체 동반자들을 더 확대해나갈 것인가? 혹은 처음 크기를 그대로 유지할 것인가? 많은 이론가와 현장 사역자들은 공동체 동반자들의 크기를 계속 늘려, 기관과 사회구조 안에 큰 변화를 이끌어내어 공동체 구성원들에게 영향을 미칠 수 있는 강력한 힘을 가지는 것이 목표가 되어야 한다고 주장한다.

결론

　많은 이야기를 했지만 이 책은 어디까지나 입문서이다. 우리가 소개한 모든 주제들은 더 깊은 연구가 필요하다. 이 책에 소개한 기관들과 자료들을 통해 더 깊이 연구하라고 권하고 싶다. 특히 이 책에 소개한 주제들에 대한 더 많은 자료와 훈련 프로그램을 찾아보려면 커버넌트 대학의 '챌머스 경제개발연구소'를 이용하면 된다.

　하나님이 이 책을 사용하셔서 하나님 나라의 복음을 말과 행위로 가난한 이들, 아니 어떤 의미에서는 우리 모두에게 전하도록 당신의 교회를 준비시키시기를 기도한다.

_ 스티브 코벳 · 브라이언 피커트

감사의 말

이 책에 담긴 생각들은 가난한 사람들의 경제적 · 사회적 · 영적 필요들을 위해 사역하는 전 세계 교회들을 돕기 위해 함께 사역해온 범학문적 기관인 '챌머스 경제개발연구소' 연구원들과 저자들의 10여 년에 걸친 협업을 통해 영글어진 것들이다. 우리는 다양한 장점과 약점을 가진 사람들이 함께 문제를 해결하기 위해 노력할 때 자연적으로 일어나는, '철이 철을 날카롭게 하는 과정'에서 큰 혜택을 입었다. 또한 우리는 과거는 물론 현재까지 셀 수 없는 방식으로 이 책이 담고 있는 생각들에 공헌한 챌머스의 연구원 한 사람 한 사람에게 감사를 전하고 싶다.

물론 연구원과 학자, 전문직종사자 그리고 가난한 사람들을 포함해 수많은 다른 목소리들이 심지어 더 오랜 기간 우리에게 영향을 주었다. 우리가 더 배우고 성장하도록 도와주면서 계속해서 인내해준 그들 모두에게 우리는 갚을 수 없는 빚을 졌다.

우리 두 사람이 경제 및 지역사회개발학을 가르치는 커버넌트 대학교 측에도 감사를 전한다. '골로새서 1장의 예수님'의 의미를 발견하기 위해 날마다 노력하는 풍요로운 공동체를 함께 만들어가는 이사회와 경영진, 교수진과 직원들 그리고 학생들에게 깊은 감사를 드린다.

오랜 세월 챌머스 연구소를 위해 아낌없이 재정적으로 도와준 기부자들에게도 심심한 감사를 표하고 싶다. 그런 기부금이 없었다면, 이 책에 담겨 있는 수많은 생각들은 빛을 보지 못했을 것이다. 특히 이 책은 엘링워스 부부(Dick and Ruth Ellingsworth)의 기부금으로 집필되었다. 이 책의 인세 수입은 모두 챌머스 연구소를 지원하는 데 사용할 것이다.

2006년, 다섯 달 넘게 브라이언 피커트와 그의 가족을 은혜롭게 품어준 우간다 기독교대학(Uganda Christian University) 측에도 감사하고 싶다. 이 책이 묘사하는 이야기들과 체험들 대다수가 브라이언이 안식휴가 기간에 연구하고 여행한 것들을 바탕으로 만들어졌다.

우리는 무디출판사팀, 특히 데이브 드윗(Dave DeWit)과 트레이시 셰넌(Tracey Shannon), 그리고 인내심을 가진 편집자 셰릴 던롭(Cheryl Dunlop)에게도 감사하고 싶다.

우리가 깨닫든 깨닫지 못하든 여러 가지로 우리의 작업을 이해하고 견뎌준 아내와 아이들에게도 감사한다. 언젠가 우리 아내들이 쓸 왕관에는 수많은 보석들이 장식될 것이다.

마지막으로 모든 것, 심지어 우리마저도 화해하게 해주시는 예수 그리스도께 감사드린다.

2012년 1월, 조지아 주 루카웃 마운틴(Lookout Mountain)에서
스티브 코벳 · 브라이언 피커트

주

1장 · 예수님은 이 땅에 왜 오셨을까?

1. 이 장의 일부 내용은 Brian Fikkert의 *Schools as Communities: Educational Leadership, Relationships, and the Eternal Value of Christian Schooling* 18장 (Colorado Springs: Purposeful Design Publications, 2007), 357–376, "Educating for Shalom: Missional School Communities"의 허락하에 인용함.

2. Timothy J. Keller, 『가서 너도 이와 같이 하라』(*Ministries of Mercy: The Call of the Jericho Road*, UCN 출간) 2nd ed. (Phillipsburg, N.J.:Presbyterian and Reformed, 1997), 52, 53.

3. Charles Marsh, *The Last Days: A Son's Story of Sin and Segregation at the Dawn of the New South* (New York: Basic Books, 2001), 44.

4. *The Last Days: A Son's Story of Sin and Segregation at the Dawn of the New South by Charles Marsh* (New York: Basic Books, 2001), 51에서 인용함. Robert Marsh, "The Sorrow of Selma."

5. Dennis E. Johnson, *The Message of Acts in the History of Redemption* (Phillipsburg, N.J.: Presbyterian and Reformed, 1997), 87–89.

6. Jeffrey D. Sachs, 『빈곤의 종말』(*The End of Poverty: Economic Possibilities for Our Time*, 21세기북스 출간) (New York: Penguin Press, 2005), 28.

7. 이 수치는 1993년 구매력을 달러로 표시한 것이며 변함이 없다. 이는 세계은행의 세계개발지수 2008을 사용한 추정치이다. (Washington, D.C.: World Bank, 2008)

8. UN 개발계획, *Human Development Report 2007/2008* (New York: Palgrave Macmillan, 2007), 25.

9. Mark R. Gornik, *To Live in Peace: Biblical Faith and the Changing Inner City* (Grand Rapids, Mich.: Eerdmans, 2002), 73.

10. Rodney Stark, *The Rise of Christianity: A Sociologist Reconsiders History* (Princeton, N.J.: Princeton Univ. Press, 1996), 155.

11. 같은 책, 166.

12. 같은 책, 84.

13. Philip Jenkins, *The Next Christendom: The Coming of Global Christianity* (Oxford: Oxford Univ. Press, 2002), 92.

14. Marvin N. Olasky, *The Tragedy of American Compassion* (Wheaton, Ill.: Crossway, 1992).

15. George Marsden, 『근본주의와 미국문화』(*Fundamentalism and American Culture*, 생명의말씀사 출간) (Oxford: Oxford Univ. Press, 1980).

16. James F. Engel and William A. Dyrness, *Changing the Mind of Missions: Where Have We Gone Wrong?* (Downers Grove, Ill.: InterVarsity, 2000), 23.

2장 · 성경적인 관점으로 가난을 바라보라

1. World Bank, *Hear Our Voices: The Poor on Poverty*, DVD (New York: Global Vision, 2000).

2. Deepa Narayan with Raj Patel, Kai Schafft, Anne Rademacher, Sarah Kock-Schulte, *Voices of the Poor: Can Anyone Hear Us?* (New York: Oxford Univ. Press for the World Bank, 2000), 65에서 인용.

3. 같은 책, 37.

4. 같은 책, 70.

5. 같은 책, 38.

6. 같은 책, 39.

7. 같은 책, 35.

8. 같은 책, 43.

9. 같은 책

10. 같은 책, 50.

11. 북미에는 도심의 게토, 시골 지역사회, 이민자들 그리고 새롭게 생겨난 교외 지역의 가난 문제를 포함해 다양한 형태와 장소에서 빈곤 문제가 드러난다.

12. Cornel West, *Race Matters* (New York: Vintage Books, 1993), 19, 20.

13. 물질적인 것에 대한 '충분한' 수준이 어느 정도인가를 정의하는 일은 현재 논의 범위를 넘어서는 중대한 문제이다.

14. 이들 네 가지 관계의 근본속성들을 지지하는 견고한 성경적 근거가 있다. 마태복음 22장 37-40절은 모든 율법과 선지자의 말이 이 명령에 달려 있다고 말하면서, 우리에게 하나님을 사랑하고 또 우리 자신을 사랑하는 것같이 다른 사람들을 사랑

하라고 가르친다. 또한 창세기 1장 28절에서 인간에게 주신 최초 명령은 청지기로
서 나머지 창조세계를 잘 다스리라는 것이다.

15. Bryant L. Myers, *Walking with the Poor: Principles and Practices of Transformational Development* (Maryknoll, N.Y.: Orbis Books, 1999), 86.

16. Jayakumar Christian, *Powerlessness of the Poor: Toward an Alternative Kingdom of God Based Paradigm of Response* (Pasadena, Calif.: Fuller Theological Seminary Ph.D. thesis, 1994).

17. Robert Chambers, *Rural Development: Putting the Last First* (London: Longman Group, 1983).

18. Amartya Sen, *Development as Freedom* (New York: Anchor Books, 1999).

3장 · 이 땅에 도래해야 할 하나님 나라

1. Alisa Collins의 이야기는 Tod Lending, Legacy라는 DVD에서 볼 수 있다 (Chicago: Nomadic Pictures, 1999).

2. Mark R. Gornik, *To Live in Peace: Biblical Faith and the Changing Inner City* (Grand Rapids, Mich.: Eerdmans, 2002), 170-173.

3. 같은 책, 175.

4. 같은 책, 177.

5. Scott D. Allen and Darrow L. Miller, *The Forest in the Seed: A Biblical Perspective on Resources and Development* (Phoenix: Disciple Nations Alliance, 2006), 15.

6. Lending, Legacy에서 인용.

7. David Hilfiker, *Urban Injustice: How Ghettos Happen* (New York: Seven Stories Press, 2002), 50.

8. LeAlan Jones and Lloyd Newman with David Isay, *Our America: Life and Death on the South Side of Chicago* (New York: Washington Square Press, 1997), 97.

9. Carl Ellis, "The Rise of Ghetto Nihilism," presentation given at the Second Annual Christian Economic Development Institute of the Chalmers Center for Economic Development, Covenant College, Lookout Mountain, GA, May 2004.

10. Ruby K. Payne and Bill Ehlig, *What Every Church Member Should Know About Poverty* (Baytown, Tex.: RFT Publishing, 1999) 참조.

11. 이 이야기는 Disciple Nations Alliance, *Aturo Cuba's Ministry among the Pokomchi in Guatemala* (Phoenix: Disciple Nations Alliance, 2004), 2에서 발췌.

12. Jones and Newman, *Our America*, 141.

13. 이 부분은 다음에서 인용함. Hilfiker, *Urban Injustice*; William Julius Wilson, *The Truly Disadvantaged: The Inner City, the Underclass, and Public Policy* (Chicago: Univ. of Chicago Press, 1987); and William Julius Wilson, *When Work Disappears: The World of the New Urban Poor* (New York: Knopf, 1996).

14. Gornik, *To Live in Peace*, 45–46.

15. Michael O. Emerson and Christian Smith, *Divided by Faith: Evangelical Religion and the Problem of Race in America* (New York: Oxford Univ. Press, 2000).

16. Darrow L. Miller with Stan Guthrie, 『생각은 결과를 낳는다』(*Discipling the Nations: The Power of Truth to Transform Cultures*, 도서출판 예수전도단 출간) (Seattle, WA: YWAM, 2001), 31–46.

17. 이 부분에 대한 유익한 논의는 Myers, *Walking with the Poor*, 8장 참조.

4장 · 나의 사마리아 여인에게는 어떻게 다가갈 것인가?

1. Jessica Murray and Richard Rosenberg, "Community–Managed Loan Funds: Which Ones Work?" Consultative Group to Assist the Poor, Focus Note No. 36, May 2006.

2. The Sphere Project, *Humanitarian Charter and Minimum Standards in Disaster Response*, 2004 개정판, www.sphereproject.org 참조.

3. Alvin Mbola, "Bad Relief Undermines Worship in Kibera," *Mandate*, Chalmers Center for Economic Development, 2007, no. 3, www.chalmers.org 참조.

4. This is a modification of the definition of paternalism found in Roland Bunch, *Two Ears of Corn: A Guide to People–Centered Agricultural Improvement* (Oklahoma City: World Neighbors, 1982).

5. Michael P. Todaro and Stephen C. Smith, *Economic Development*, 9th ed. (New York: Addison, Wesley, Longman, 2006) 참조.

6. Ruby K. Payne and Bill Ehlig, *What Every Church Member Should Know About Poverty* (Baytown, Tex.: RFT Publishing, 1999).

7. 사역에 있어 구제에서 개발로 옮겨간 대표적인 예가 Tara Bryant, "Broken but Beautiful"에 자세하게 설명되어 있다. *Mandate*, Chalmers Center for Economic Development, 2007, no. 1, www.chalmers.org 참조.

5장 · 성경이 말하는 구제사역 전략, ABCD

1. John P. Kretzmann and John L. McKnight, *Building Communities from the Inside Out: A Path Toward Finding and Mobilizing a Community's Assets* (Chicago: ACTA Publications, 1993).
2. Robert Chambers, *Whose Reality Counts? Putting the Last First* (London: Intermediate Technology Publications, 1997).
3. David L. Cooperrider and Suresh Srivastva, "Appreciative Inquiry in Organizational Life," *Research in Organizational Change and Development*, 1987, no. 1, 129–69.
4. Myers, *Walking with the Poor*, 179.
5. Bryant, "Broken but Beautiful."

6장 · 창조세계의 질서를 회복하라

1. Roland Bunch, *Two Ears of Corn: A Guide to People-Centered Agricultural Improvement*, 18, 19.
2. William Easterly, *The White Man's Burden: Why the West's Efforts to Aid the Rest Have Done So Much Ill and So Little Good* (New York: Penguin Press, 2006), 4.
3. Shaohua Chen and Martin Ravallion, "The Developing World Is Poorer Than We Thought, But No Less Successful in the Fight Against Poverty" (Washington, D.C.: World Bank Development Research Group, 2008), August, Policy Research Working Paper 4703, 20.
4. 미상, "Short-Term Missions Can Create a Long-Term Mess," *Mandate*, Chalmers Center for Economic Development, 2007, no. 3, www.chalmers.org 참조.
5. Lissette M. Lopez and Carol Stack, "Social Capital and the Culture of Power: Lessons from the Field," 2장 *Social Capital and Poor Communities*, ed. Susan Saegert, J. Phillip Thompson, and Mark R. Warren (New York: Russell Sage Foundation, 2001), 39.
6. Daniel Watson, "A Family's Journey Toward Restoration," *Mandate*, Chalmers Center for Economic Development, 2008, no. 2, www.chalmers.org 참조.
7. 예를 들면, Laura Hunter, "A Participatory Party in Mozambique," *Mandate*, Chalmers Center for Economic Development, 2008, no. 2, www.chalmers.org 참조.

7장 · 단기선교사역, 한 번 더 깊이 들어가라

1. 이 단락의 자료는 Interdenominational Foreign Missions Association과 Evangelical Missiological Society가 2007년 9월 28일 공동주관한 컨퍼런스, Minneapolis의 Roger Peterson 총회연설, '단기선교가 미치는 장기적 영향'에서 인용.
2. Miriam Adeney, "When the Elephant Dances, the Mouse May Die," *Short-term Missions Today*, inaugural edition, 2000.
3. Peterson 총회연설.
4. Myers, *Walking with the Poor*, 65, 66.
5. Adeney.
6. 미상, "Short-Term Missions Can Create a Long-Term Mess," *Mandate*.
7. Peterson 총회연설.
8. Rick Johnson, "Going South of the Border, A Case Study: Understanding the Pitfalls and Proposing Healthy Guidelines," *Mission Frontiers*, January 2000.
9. Kurt Alan Ver Beek, "Lessons from a Sapling: Review of Research on Short-term Missions, Study Abroad and Service-Learning," Calvin College 조사보고서, Grand Rapids, Michigan, 2006.
10. 같은 책.
11. Randy Friesen, "The Long-Term Impact of Short-Term Missions," *Evangelical Missions Quarterly* 41(4), 2005, 448-454.

8장 · 이웃 사랑, 전략적으로 시도하라

1. Eval Press, "The New Suburban Poverty," *The Nation*, 23 April 2007.
2. Alan Berube and Elizabeth Kneebone, *Two Steps Back: City and Suburban Poverty Trends 1999-2005* (Washington, D.C.: Brookings Institution, December 2006), Living Cities Census Series.
3. Bob Lupton, "Suburbanization of Poverty," *Urban Perspectives*, FCS Ministries, March 2008, www.fcsministries.org 참조.
4. 같은 책.
5. Harvie M. Conn, *The American City and the Evangelical Church*, A Historical Overview (Grand Rapids, Mich.: Baker, 1994).
6. Press, "The New Suburban Poverty."
7. Education Trust, *Funding Gaps 2006*, Washington, D.C., 2006.
8. U.S. Census Bureau, *Public Education Finances: 2006*, Washington, D.C.,

April 2008.

9. Ruby K. Payne and Bill Ehlig, *What Every Church Member Should Know About Poverty* (Baytown, Tex.: RFT Publishing, 1999) 참조.

10. Michael Wayne Sherraden, *Assets and the Poor: A New American Welfare Policy* (Armonk, N.Y.: M. E. Sharpe, 1991); and Thomas M. Shapiro and Edward N. Wolff, eds., *Assets for the Poor, the Benefits of Spreading Asset Ownership* (New York: Russell Sage Foundation, 2001) 참조.

11. Joint Center for Housing Studies of Harvard University, *The State of the Nation's Housing 2008* (Cambridge, Mass.: President and Fellows of Harvard College, 2008), 4.

12. Commonwealth Fund Commission on a High Performance Health System, *Why Not the Best? Results from the National Scorecard on U.S. Health System Performance, 2008* (New York: Commonwealth Fund, July 2008), 12.

13. 같은 책, 36.

14. Michael Rhodes, "Jobs, Money, and Jesus: The Gospel in Inner-City Memphis" *Mandate*, Chalmers Center for Economic Development, 2008, no. 3, www.chalmers.org 참조.

15. Jobs for Life에서 www.jobsforlife.com 참조.

16. Marsha Regenstein, Jack A. Meyer, and Jennifer Dickemper Hicks, *Job Prospects for Welfare Recipients: Employers Speak Out* (Washington, D.C.: Urban Institute, 1998), New Federalism Issues and Options for States, Series A, No. A-25, August.

17. Dean Foust, "Predatory Lending: Easy Money," *BusinessWeek*, 24 April 2000.

18. *Predatory Payday Lending Traps Borrower* (Durham, N.C.: Center for Responsible Lending, 2005).

19. Danna Moore, *Survey of Financial Literacy in Washington State: Knowledge, Behavior, Attitudes, and Experience* (Pullman, Wash.: Social and Economic Sciences Research Center of Washington State University, 2003), Technical Report No. 03-39.

20. Bradley R. Schiller, *The Economics of Poverty and Discrimination*, 10th ed. (Upper Saddle River, N.J.: Pearson Education, 2008), 291.

21. Steve Holt, *The Earned Income Tax Credit at Age 30: What We Know* (Washington, D.C.: Brookings Institution, 2006), Metropolitan Policy Program, Research Brief, February.

22. 같은 책, 11.

23. Stephan Fairfield, "A Penny Saved Is a Penny Matched," *Mandate*, Chalmers

Center for Economic Development, 2008, no. 1, www.chalmers.org 참조.

24. Margaret Clancy, Mark Schreiner, and Michael Sherraden, *Final Report: Saving Performance in the American Dream Demonstration* (St. Louis, Mo.: Center for Social Development, at the Washington University 2002).

9장 · 일어나 자리를 들고 걸어가게 하라

1. Muhammad Yunus, 『가난한 사람들을 위한 은행가, 무하마드 유누스』(*Banker to the Poor: Micro-Lending and the Battle Against World Poverty*, 세상사람들의 책 출간) (New York: Public Affairs, 1999).

2. Grameen Bank, *Grameen Bank Monthly Update*, Statement No: 1, Issue No. 345, 11 October 2008.

3. www.microcreditsummit.org에서 마이크로크레딧(Microcredit) 운동 참조.

4. Shaohua Chen and Martin Ravallion, *The Developing World Is Poorer Than We Thought, But No Less Successful in the Fight Against Poverty* (Washington, D.C.: The World Bank, 2008), Policy Research Working Paper 4703, 20.

5. Stuart Rutherford, *The Poor and Their Money* (New Delhi: Oxford Univ. Press, 2000).

6. An excellent discussion can be found in Gailyn Van Rheenen, *Communicating Christ in Animistic Contexts* (Grand Rapids, Mich.: Baker, 1991).

7. 기독교 소규모 금융기관과 관련한 문제들에 대한 도움이 될 만한 자료로, David Bussau and Russell Mask, *Christian Microenterprise Development: An Introduction* (Oxford, UK: Regnum, 2003) 참조.

8. 빈곤선이란 '가난한 자'와 '가난하지 않은 자'를 나누는 소득 수준이다. 흔히 사용하는 국제빈곤선은 하루 미화 1달러 소득 수준이다.

9. Brian Fikkert, *Christian Microfinance: Which Way Now?* working paper #205, Chalmers Center for Economic Development at Covenant College, www.chalmers.org 참조.

10. 때로 소규모 금융기관은 저축 서비스를 제공한다고 주장하지만 실제로는 대출자들에게 대출금액에 대한 담보로 예금을 요구한다. 이러한 '저축'은 대출액을 상환할 때까지 대출자들이 접근할 수 없기 때문에 사실 긴급상황을 견디는 데에는 아무런 소용이 없다.

11. Martin Ravallion, Shaohua Chen, and Prem Sangraula, *New Evidence on the Urbanization of Global Poverty* (Washington, D.C.: World Bank, 2007), 정책 연구 조사보고서 4199.

12. Brian Fikkert, "Fostering Informal Savings and Credit Associations," *Attacking*

Poverty in the Developing World: Christian Practitioners and Academics in Collaboration, ed. by Judith M. Dean, Julie Schaffner, and Stephen L. S. Smith (Monrovia, Calif.: World Vision and Authentic Media, 2005), chapter 6, 77–94.

13. Laura Hunter, "A Participatory Party in Mozambique," Mandate, Chalmers Center for Economic Development, 2008, no. 2, www.chalmers.org 참조.

14. David Larson, A Leap of Faith for Church-Centered Microfinance, working paper #204, Chalmers Center for Economic Development at Covenant College, www.chalmers.org, 10.

15. 같은 자료, 13.

16. Dean Karlan and Martin Valdivia, Teaching Entrepreneurship: Impact of Business Training on Microfinance Clients and Institutions, working paper at the Department of Economics, Yale University, October 2008; Jennifer Sebatad와 Monique Cohen, Financial Education for the Poor, Financial Literacy Project, working paper no. 1, Microfinance Opportunities, April 2003; Bobbi Gray, Benjamin Crookston, Natalie de la Cruz, and Natasha Ivans, Microfinance Against Malaria: Impact of Freedom from Hunger's Malaria Education When Delivered by Rural Banks in Ghana, research paper no. 8, Freedom from Hunger, January 2007.

17. Tetsuanao Yamamori and Kenneth A. Eldred, eds., On Kingdom Business: Transforming Missions through Entrepreneurial Strategies (Wheaton, Crossway, 2003); Steve Rundle and Tom Steffen, Great Commission Companies (Downers Grove, Ill.: InterVarsity, 2003).

18. 챌머스 경제개발연구소에서는 다양한 형태의 훈련을 제공한다(www.chalmers.org 참조). 선교사들과 선교지 교회들을 위한 훈련보조 방법들에 대해서는 챌머스 연구소에 연락하라.

19. 챌머스 연구소의 전 세계 훈련생들 교제 프로그램은 사람들이 훈련생들을 훈련하는 자들이 되게 한다. 더 자세한 정보는 www.chalmers.org 참조.

10장 · 이웃 사랑에 성경적 방법을 적용하라

1. Scott C. Miller, Until It's Gone: Ending Poverty In Our Nation, In Our Lifetime (Highlands, TX: aha! Process, Inc. 2008), 19, 20.

2. 안타깝게도 대다수 교회들은 자신들의 문화와 태도, 예배스타일과 복장, 언어와 규칙 그리고 인종구성 비율과 같은 여러 가지 문제 때문에 물질적으로 가난한 자들이 얼마나 접근하기 어려운지 그 정도에 대해 재고해야 한다.

3. The Faith and Service Technical Assistance 네트워크에는 도움이 되는 자료가 많다. 특히 *Mentoring Programs Toolkit: Equipping Your Organization for Effective Outreach*, www.urbanministry.org/wiki/mentoring-programs-toolkit-equipping-your-organization-effective-outreach 참조.

4. Miller, *Until It's Gone: Ending Poverty In Our Nation, In Our Lifetime*.

5. Mike Green, Henry Moore, John O'Brien, *When People Care Enough to Act: ABCD in Action* (Toronto, Ontario: Inclusion Press, 2006), 44-53.

6. Amy L. Sherman, *Establishing a Church-based Welfare-to-Work Mentoring Ministry: A Practical "How-To" Manual* (Washington DC: Hudson Institute, 2000).

7. Amy L. Sherman, *The ABCs of Community Ministry: A Curriculum for Congregations* (Washington DC: Hudson Institute, 2001).

8. Cathy Ludlum, *One Candle Power: Seven Principles that Enhance Lives of People with Disabilities and Their Communities* (Toronto, Canada: Inclusion Press International, 2002).

9. Mary A. Falvey, Marsha Forest, Jack Pearpoint, Richard L. Rosenberg, *All My Life's a Circle, Using the Tools: Circles, MAPS & PATHS* (Toronto Canada: Inclusion Press International, Second Edition, 2003).

10. 이 부분은 Roland Bunch, *Two Ears of Corn: A Guide to People-Centered Agricultural Improvement* (Oklahoma City, OK: World Neighbors, 1982), 21-36에서 대부분 인용함.

11. Craig Bloomberg, 『가난하게도 마옵시고 부하게도 마옵소서』(*Neither Poverty Nor Riches: A Biblical Theology of Material Possessions*, IVP 출간) (Grand Rapids, MI: Eerdmans, 1999) 참조.

12. 성경의 전체 내러티브 상황 안에서 개별적인 본문을 해석하는 것의 중요성에 관한 토론에 대해서는 Dan McCartney와 Charles Clayton의 *Let the Reader Understand: A Guide to Interpreting and Applying the Bible* (Phillipsburg, NJ: Presbyterian and Reformed Publishers, 2002) 참조.

13. Craig Bloomberg, 『가난하게도 마옵시고 부하게도 마옵소서』(*Neither Poverty Nor Riches: A Biblical Theology of Material Possessions*, IVP 출간) 209.

11장 · 이웃 사랑의 끝, 예수 그리스도

1. Heidi Unruh, *Ministry Inventory Guide: Assess Your Church's Ministry Capacity and Identity*, from the Congregations, Community Outreach, and Leadership Development Project, 2007, www.urbansermons.org/f/ministry-

inventory-guide-assess-your-churchsministry-@capacity-and-identity 참조.

2. Nicol Turner, John L. McKnight, and John P. Kretzmann, *A Guide to Mapping and Mobilizing the Associations in Local Neighborhoods* (Evanston, IL: The Asset-Based Community Development Institute at Northwestern University, 1999). 특히 1, 2장을 참조.

3. Diaconal Ministries Canada, *Guidelines for Benevolence* (Burlington, Ontario: Diaconal Ministries Canada), www.diaconalministries.com/resources/pguidelines.html 참조.

4. Nicol Turner et al., *A Guide to Mapping and Mobilizing the Associations in Local Neighborhoods*. 특히 3, 4장 참조.

5. 북미 상황에서 효과적인 파트너십에 대한 좀 더 포괄적인 논의를 보려면 Ronald J. Sider, John M. Perkins, Wayne L. Gordon, and F. Albert Tizon, *Linking Arms, Linking Lives: How Urban-Suburban Partnerships Can Transform Communities* (Ada, MI: Baker Books, 2008) 참조.

6. Robert D. Lupton, *Compassion, Justice, and the Christian Life: Rethinking Ministry to the Poor* (Ventura, CA: Regal Books, 2007), 104-109.

7. 일부 독자들은 이것이 아브라함 카이퍼(Abraham Kuyper)가 말하는 '영역주권' 개념임을 깨달을 것이다.

8. 이 점에 대해 좀 더 도움이 되는 논의는 Tim Keller, "The Gospel and the Poor" 참조. *Themelios*, December 2008, 33 (2).

9. 이 이야기는 Brian Fikkert, "Proverbs 31 Women in Tribal Dress"에서 인용. *Mandate*, Chalmers Center for Economic Development, 2007, no. 2.

10. 이 놀라운 사역에 대해 관심 있는 독자는 Roy Mersland, "Innovations in Savings and Credit Groups_Evidence from Kenya", *Small Enterprise Development*, vol. 18, no. 1, March 2007, 50-56을 통해 더 많이 알 수 있다.

11. 이 모든 원칙들은 챌머스 연구소의 ASSET(Advancing Stewardship, Social Enterprise, and Training) Program에 있다. 좀 더 자세히 알려면 www.chalmers.org 참조.

12. Werner Mischke editor, *The Beauty of Partnership Study Guide, Standard Edition* (Scottsdale, AZ: Mission One, 2010), www.beautyofpartnership.org 참조.

13. 이것에 대해 좀 더 알려면 Robert Chambers, *Whose Reality Counts? Putting the Last First* (London, UK: Intermediate Technology Publications, 1997), 154-156 참조.

14. Francis Njoroge, Tulo Raistrick, Bill Crooks, and Jackie Mouradian, *Umoja: Transforming Communities Facilitator's Guide and Co-ordinator's Guide*

(Teddington, UK: Tearfund, 2011), http://tilz.tearfund.org/Churches/Umoja 참조.

15. Bérengère de Negri, Elizabeth Thomas, Aloys Ilinigumugabo, Ityai Muvandi, and Gary Lewis, *Empowering Communities Participatory Techniques For Community-Based Programme Development, Volumes 1 and 2, Trainer's Handbook and Participant's Manual* (Nairobi, Kenya: The Centre for African Family Studies in collaboration with The Johns Hopkins University Center for Communication Programs and the Academy for Educational Development, 1998), http://pcs.aed.org/empowering 참조.

16. Mersland, "Innovations in Savings and Credit Groups-Evidence from Kenya." 참조.

17. Program. 챌머스 연구소는 ASSET(Advancing Stewardship, Social Enterprise, and Training) 프로그램에서도 약간의 중요한 변경사항이 있지만 서부아프리카에서 비슷한 모델을 조사하고 있다. www.chalmers.org 참조.

18. Francis Njoroge et al. *Umoja: Transforming Communities Facilitator's Guide and Co-ordinator's Guide* 참조. 이 지침에서 2~5단계는 지역사회를 조직하는 과정과 특별히 관련이 있다. 추가로 도움이 되는 PLA 도구들은 Jules N. Pretty, et al., *Participatory Learning and Action: A Trainer's Guide*에서 찾을 수 있다.

끝으로: 하나님은 모든 이의 눈물을 씻기신다

1. 가장 중요한 1단계. Timothy Keller, *The Prodigal God: Recovering the Heart of the Christian Faith* (New York: Dutton, 2008), 104.

2. 같은 책, 107, 132, 133.

부록: 북미에서 공동체 조직하기

1. 이 단락은 Mike Green with Henry Moore and John O'Brien, *When People Care Enough to Act: ABCD in Action* (Toronto, Ontario: Inclusion Press, 2006)을 많이 인용한다.

2. 같은 책 96~100쪽은 효율적인 지역사회 조정자의 자질에 대해 논의한다.

3. 같은 책 102~104쪽은 학습을 위한 대화의 주요요소를 설명하며 예를 제공한다.

국제제자훈련원은 건강한 교회를 꿈꾸는 목회의 동반자로서 제자 삼는 사역을 중심으로 성경적 목회 모델을 제시함으로 세계 교회를 섬기는 전문 사역 기관입니다.

Help 상처를 주지 않고 도움을 주고받는 성경적인 방법

초판 1쇄 발행 2014년 3월 28일
초판 2쇄 발행 2014년 4월 14일

지은이 스티브 코벳, 브라이언 피커트
옮긴이 오세원

펴낸이 국제제자훈련원
펴낸곳 사단법인 사랑플러스
등록번호 제2013-000170호(2013년 9월 25일)
주소 서울시 서초구 효령로68길 98 (서초동)
전화 02-3489-4300 **팩스** 02-3489-4329
E-mail dmipress@sarang.org

ISBN 978-89-5731-646-7 03230 Printed in Korea